浙江省“十四五”普通高等教育本科规划教材

浙江省普通高校“十三五”新形态教材

现代管理研究方法与论文写作

向永胜　古家军　/主　编
何　静　王文迪　/副主编

Modern MANAGEMENT Research Methods and Essay Writing

ZHEJIANG UNIVERSITY PRESS
浙江大学出版社

图书在版编目(CIP)数据

现代管理研究方法与论文写作/向永胜,古家军主编.—杭州:浙江大学出版社,2020.4(2025.7重印)

ISBN 978-7-308-20018-9

Ⅰ.①现… Ⅱ.①向… ②古… Ⅲ.①管理学—研究方法 ②管理学—论文—写作 Ⅳ.①C93 ②H152.3

中国版本图书馆CIP数据核字(2020)第025850号

现代管理研究方法与论文写作

向永胜 古家军 **主编**

责任编辑 朱 辉

责任校对 高士吟 汪 潇

封面设计 春天书装

出版发行 浙江大学出版社

(杭州市天目山路148号 邮政编码310007)

(网址:http://www.zjupress.com)

排 版 浙江大千时代文化传媒有限公司

印 刷 杭州高腾印务有限公司

开 本 787mm×1092mm 1/16

印 张 17.5

字 数 448千

版 印 次 2020年4月第1版 2025年7月第5次印刷

书 号 ISBN 978-7-308-20018-9

定 价 49.00元

前言

毕业论文是实现学生培养目标的重要教学环节，是培养学生创新能力、实践能力和创业精神的重要组成部分，也是考查学生综合分析和解决问题能力的一项重要工作。为此，教育部专门出台了《关于加强普通高等学校毕业设计（论文）工作的通知》，强调在教学评估工作中将加大对学校毕业论文的考查力度，并将其列为确定评估结论的关键指标。

毕业论文写作强调研究过程的规范性、研究方法的科学性及研究结果的创新性，这需要较为系统的训练和强化。对于本科学生而言，他们对管理研究的过程、研究的技能技巧及科学的研究方法等方面缺乏基本的认识和系统的了解，因此觉得论文写作难度非常大，论文写作质量也一般。同时，目前已有的关于现代管理研究方法和论文写作的著作在内容阐述上比较深奥，不太容易让初学者入门理解。本教材针对这一现状，通过精心安排组织内容，围绕高质量完成课程，规范毕业论文，锻炼学生综合分析问题、解决问题能力这一总体目标，根据管理研究提出问题—分析问题—解决问题的三阶段过程范式，结合毕业前围绕毕业论文需要上交的外文翻译、文献综述、开题报告和毕业论文，将课程总体内容细化为五大篇：总论、基础篇、案例研究方法篇、统计研究方法篇和结束篇。其中包括管理研究的一般过程，论文写作总体思路和框架，文献查找、录入，文献综述写作，开题报告，案例研究方法，统计研究方法等。同时围绕每一部分要求，分解课程教学总体目标，设计教学重点内容和教学阶段性目标任务，使得每阶段都有各自明确的教学目标和教学任务，既清晰了教学内容，又减轻了学生最后一次性完成论文的难度。

本教材结合本科学生的特点，在教材各节中设计了导入故事、知识专栏、应用实例以及重要知识小结等不同模块，并辅以清晰的图表进行总结归纳，使基础知识和拓展知识、要点知识和难点知识相互衔接和相互补充。另外，还通过二维码的形式有效嵌入了视频教学、课程 PPT、文献综述、开题报告、案例类论文和统计类论文范本等多种教学资源，并对文字类毕业论文的相关材料做了详细批注，有助于降低学习难度，提高内容的可读性和论文写作过程中的可参考性与规范性。因此，本教材适合作为管理类本科高年级学生、低年级硕士研究生、MBA 学生的课程教材，以及课外的辅助读物。

本教材为跨校联合编写。教材编写组成员单位包括浙江工商大学、浙江工商大学杭州商学院以及浙江财经大学东方学院等。编写组的各位老师发挥各自专长，优势互补，极大地提高了教材的编写质量。编写具体分工为：古家军编写第一章和第十四章，向永胜编写第二章、第五章和第六章，胡永铨编写第三章，杨正宇编写第四章，向永胜和黎常编写第七章，向永胜和吴志新编写第八章，王文迪编写第九章和第十章，何静编写第十一章、第十二章和第十三章。全书最后由两位主编完成统稿和校对。在教材编写过程中，我们也参考了已有学者的相关成果，在此表示衷心感谢！由于我们水平有限，书中可能存在不足之处，请各位同行多批评指正！

目　录

第一部分　总论篇

第二部分　基础篇

第三部分 案例研究方法篇

第四部分 统计研究方法篇

第五部分 结束篇

＞＞＞ 第一部分

总论篇

第一章　管理研究的过程与论文写作

管理学研究者的任务不是解答问题，而是提出问题。

——[美国]彼得·德鲁克

【本章教学主要内容】

➢　模块一：管理研究的一般过程与要求

1. 管理研究的一般过程

2. 规范管理研究需要掌握的技能要求

➢　模块二：管理研究分析问题的两种常用方法

1. 自下而上的定性研究：案例研究方法

2. 自上而下的定量研究：统计研究方法

3. 两种研究方法的比较分析

【本章教学目的】

1. 明确管理研究的思维逻辑，并由此理解管理研究的一般过程

2. 掌握科学管理研究的定性和定量研究方法，明确不同研究方法的适用情景，理解案例研究和统计研究的异同

3. 领会案例研究和统计研究两种不同研究方法的研究过程

第一节　管理研究的一般过程与实现

【本节知识分解】

1. 管理研究的三段式过程

2. 管理研究过程三部分的核心要求

3. 实现管理研究过程需要的技能要求

科学研究过程是系统的、受控的、批判性的。它可以始于理论，也可以终于理论（陈晓萍等，2008）。无论是自然科学领域的研究还是社会科学领域的研究，无论是科学家做的重大

研究还是入门学者做的一般研究，都需要遵循一般的研究过程，并运用科学严谨的研究方法。由此，对于管理研究而言，明确和掌握管理研究的一般过程，能根据研究条件的成熟度和研究问题的差异选择科学适当的方法，是管理研究最基本也是最重要的基础。

然而，现在很多本科生包括部分研究生，在写作毕业论文或者学术性论文时，往往缺乏对管理研究的一般过程和研究方法方面的学习和锻炼，导致论文的逻辑框架混乱、研究过程经不起推敲、研究论证不严谨等诸多问题，严重影响了论文的写作水平和总体质量。因此，本部分主要阐述管理研究的一般过程及实现这一过程的重要技能要求。

【导入故事】

牛顿是如何发现万有引力的

传说1666年秋天的一个黄昏，牛顿坐在果园里的一棵苹果树下，突然间一个熟透的苹果从树上掉了下来。这件很平常的小事触动了牛顿的思绪，使他联想到科学上的一个很重要的问题。原来那时候，他正在研究地球的引力有多大。他经过初步的研究后，产生了一个大胆的科学假设：地球不仅吸引着苹果，也吸引着地球表面上的一切物体，而且它还吸引着遥远的月亮和其他星体。他认为这种吸引力可以达到很远的地方，但随着距离的增加，吸引力会逐渐减弱。牛顿为了证实自己的假设，仔细地研究月亮的运动。因为月亮是地球仅有的一颗卫星，比起其他星体来，它最接近地球。牛顿认为，月亮在不停地运动，由于惯性的缘故，它时刻要摆脱地球，然而地球对于月亮具有一种吸引力，就像一根无形的绳子拉住了月亮，使它不能逃脱而乖乖地在目前的轨道上围绕着地球运行。要是地球的吸引力突然消失的话，月亮就会逃之夭夭；要是月亮停止运动，它也会像苹果一样掉到地球上来。就这样，牛顿发现这种吸引力是万有的，每个物体都会吸引其他物体，而这股引力的大小只跟物体的质量与物体间的距离有关。

资料来源：整理自《科学24小时》，2002年第11期。

思考并回答：

请根据上述故事提供的资料，简要谈谈科学研究的一般过程是怎样的，它可以被归纳概括为哪几个典型的步骤或阶段。

一、科学研究的一般过程

人类开展科学探索、进行科学研究的过程，其实质是解释现象，并透过现象无限逼近真理和揭示事物本质的过程。因此这一过程是人类认识和解决问题的一般过程，也是人们将观察到的自然和社会现象上升为理论的过程。我们可以将科学研究的一般过程简单概括归纳为“提出问题—分析问题—解决问题”的三阶段过程。

从上述认识和解决问题的一般过程出发，实际上这是一个三段式的研究范式过程：首先是提出问题，其次是分析问题，最后是解决问题。具体而言，通过从观察到的现实中的一个具体现象或者一个理论上的疑惑，提出“是什么？为什么？”这样的问题；进而采取科学可行适合的方法，去分析问题背后可能的真相“应该是什么？到底为什么？”；最后是得出可信有效的结论，回答“实际是什么？原因是什么？”从而最终明确解决问题（见图1-1）。

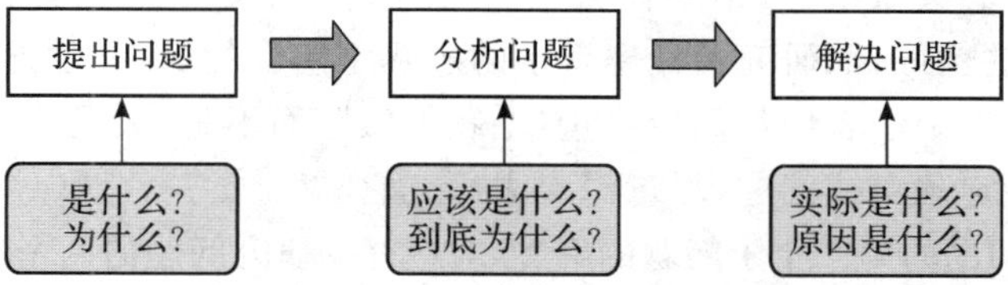

图 1-1　科学研究的一般过程

二、管理研究的一般过程

PPT：
管理研究的
一般过程

管理研究是科学研究的一个领域，因此科学研究认识和解决问题的三段式的研究范式，也同样适用于管理研究的过程。但由于管理研究属于社会科学研究范畴，它的研究过程和实现也有其相对的特殊性。

(一)提出问题阶段

1. 问题提出的首要衡量标准

管理研究中提出问题这个阶段，是管理研究的第一步，往往也是最重要的一步。提出一个好的、重要的研究问题往往比后续分析问题和解决问题两个阶段更为关键和困难。在提出问题阶段，首先需要思考和明确的是：作者想要研究的问题是否值得研究？而衡量的关键是所研究的问题是否有研究意义。研究意义又分为两个层面——理论意义和现实意义，前者指所研究问题的结果对现有相关理论的贡献；后者指所研究问题的结果对现实社会具有什么指导意义和价值。从这个衡量标准出发，则管理研究的问题首先必须是科学的问题，而不能是伪科学问题或伪命题，如研究“上帝到底长什么样？”“永动机如何创造？”这样的问题。

2. 好的研究问题及其来源

在明确了需要让所研究的问题具有研究意义这一首要衡量标准后，我们需要进一步思考的是：如何让我们所研究问题的研究意义更大？将这一问题具体解析，又包括了两个细分的子问题：

- 什么样的问题才是好的研究问题？
- 这样的研究问题从哪里得来？

这两个子问题其实是具有内在关联性的。第一个子问题，可以回答：好的研究问题就是具有更大理论和现实意义的问题。因此，好的研究问题比较公认的两个重要标准可以归纳为：

(1)现实热点问题，即目前社会中出现且普遍关注的问题；

(2)理论前沿问题，即当前该领域学者们正在研究的最新理论问题。

研究大家普遍关注的现实热点问题使研究具有现实启示和现实意义，而研究当前理论中的重要问题使研究具有理论贡献和理论意义。

另外，好的管理研究问题还必须是适合研究的问题，这里的适合研究有两方面的含义：一是研究的题目要能在现有的知识储备、技术手段下可行，否则即使再好的研究问题也无法进行，比如在一百多年前如果有人要设计电脑，在当时的科技水平下是无法实现的；二是研究的题目不要过大，过大的研究题目往往会导致对研究过于广泛、浅尝辄止。对于刚开始进行学术研究的人而言，最容易犯的错误就是选题过大，形象的比喻是“带着想拯救世界，发现宇宙普遍真理"的野心去做研究,结果什么也没有得到。比如研究一种包治百病的药,往往不如研究治疗感冒的药好,而研究治疗感冒中的风热型感冒的药,又显然更有针对性和实用性。因此,在管理研究中学者们都倡导尽量"小题大做",而不是"大题小做"。即选一个小的切入点,针对某一特定现象或问题,尽量深入去研究它。

对于好的研究问题的第二个子问题的解答,对应好的研究问题的两个重要来源,分别是:

(1)了解理论前沿。只有对现有研究主题最新、最权威的相关研究有了相应理论积累,才可能明晰当前该领域的最新理论进展,才有可能提出当前主流研究关注但还没有解决的问题。

(2)保持现实敏感。通过关注国内外最新政策动向,深入企事业单位和日常个人生活进行访谈调研,才能敏锐地获悉当前政府、企事业单位、个人所普遍关注的热点问题到底是什么,也才可能得到研究问题的灵感。

【知识专栏】

社会责任相关问题研究成为管理领域研究的重大热门问题

随着市场经济的高速发展,一些企业为了追求高额利润,实现自身利益的最大化,浪费资源,破坏环境,违法经营,损害消费者和社会公众利益的恶性事件层出不穷。如近年来"有毒大米""苏丹红""三鹿奶粉""地沟油"等事件频繁发生,使企业应当担负的社会责任日益被社会所关注。学者们呼吁:企业不仅仅应当成为一个追求盈利的"经济人",还应当是一个对消费者、社区和环境承担责任和社会义务的"社会人"。由此,企业社会责任成为经济学、管理学、社会学以及哲学、法学等学科领域共同研究的热门问题。

综合对管理研究提出问题阶段的分析,其首要的衡量标准、实现来源总结如图 1-2 所示。

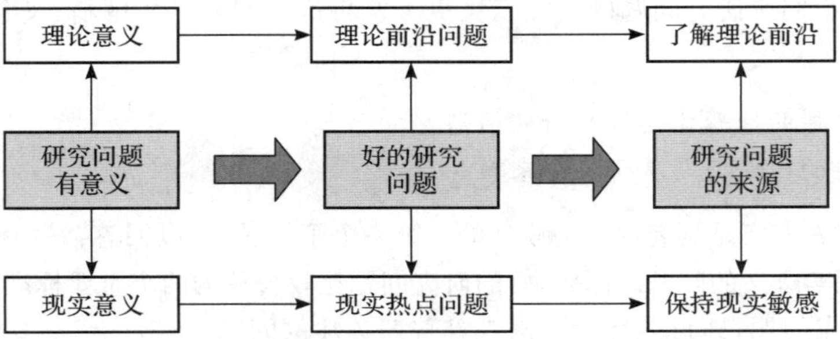

图 1-2　提出问题阶段的要点

(二)分析问题阶段

提出了重要的、值得研究的问题后,就进入了管理研究的第二个阶段:分析问题,即要知道所要研究的问题"到底是什么或者到底为什么"。这就需要采取严谨、科学的方法来实现。因此,在第一阶段提出了研究问题后,在第二阶段就需要采取正确的方法来分析问题。

人类在一步步认识世界的过程中,必须要用正确的方法去解答问题与疑惑,才可能获得真理。比如远古时期,人们看到天上打雷这一自然现象时,在那时认知能力有限的情况下,只能用天神发怒来解释。这种对现象的认识，既没有采取任何科学的方法，同时实际结果也是不可信和无效的。后来美国人富兰克林在打雷时，采用将带有金属杆的风筝放上天的方法，验证了打雷是一种放电现象。

【导入故事】

富兰克林验证雷电的风筝实验

本杰明·富兰克林是美国历史上一位享有国际声誉的科学家和发明家，风筝实验是他的一次关于雷电的实验。1752年6月的一天，阴云密布，电闪雷鸣，一场暴风雨就要来临了。富兰克林和他的儿子威廉一道，带着装有一根金属杆的风筝来到一个空旷地带。富兰克林高举风筝，他的儿子则拉着风筝线飞跑。由于风大，风筝很快就被放上高空。父子俩焦急地期待着，此时，刚好一道闪电从风筝上掠过，富兰克林用手靠近风筝上的铁丝，立即感到一阵发麻。他抑制不住内心的激动，大声呼喊："威廉，我被电击了！成功了！成功了！我捉住'天电'了！"随后，他又将风筝线上的电引入莱顿瓶中。回到家里以后，富兰克林用雷电进行了各种电学实验，证明了天上的雷电与人工摩擦产生的电具有完全相同的性质。富兰克林关于天上和人间的电是同一种东西的想法，在他的这次实验中得到了证实。

资料来源：整理自《科学世界》，2018年第7期。

思考并回答：

在没有验证研究问题前，研究相关的推理与想法能否称为理论？

1. 从本体论到方法的研究实现过程

研究是一个循环的过程，要为人类理论增加新的可信和有效的知识，就必须要采取正确的方法。研究的整个过程包括本体论、认识论、方法论和方法四个部分。具体而言，本体论是回答什么是存在的问题；认识论是回答哪些证据可以被我们接受并组成可信和有效的知识；方法论则是回答如何产生可信和有效的知识，其核心是方法选取，即采取什么方法来回答知识是科学、严谨和适用的。由此可见，当人们看到各种存在的现象，试图去解释或者挖掘其内在的本质与规律时，需要采取正确的方法，通过选取科学方法，揭示现象背后的原因，从而解决问题，这就是从方法选取到最终认识事物、得到真理的过程（见图1-3）。

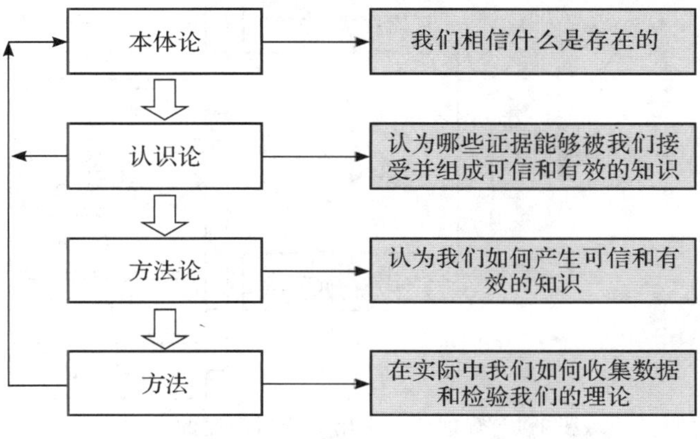

图1-3 从本体论到方法的循环过程

2. 定性研究和定量研究方法比较

对于管理研究而言，分析问题的研究方法主要有两大类：定性分析方法和定量分析方法。定性分析方法主要是对研究对象进行"质"的分析，回答事物的属性以及事物之间的关系产生的原因，得到的结果是定性地界定事物以及回答事物之间关系的内在机制。主要是运用访问、观察和文献法收集资料，进行概括归纳，抽象提炼得到结果的过程。主要的定性分析方法有扎根研究、案例研究、民族志等。定量分析又称为量化分析，强调根据量化的数据来分析事物之间的关系，结果是得到一个准确的数字关系。主要是运用统计调查法或实验法，建立研究假设，收集精确的数据资料，进行统计分析和检验的研究过程。主要的定量分析方法有统计研究、实验法、内容分析等。对于定性和定量研究方法的差异，以衡量一个学生是否是好学生为例，定性研究会收集这个学生的日常活动及班级同学、老师等对他的看法，最后可能得到"优秀"的定性评价；而定量研究则会收集这个学生的各门功课成绩，最后可能给出"95 分"的综合评分。

【知识专栏】

定性研究与定量研究的主要区别

①着眼点不同。定性研究着重事物质的方面，定量研究着重事物量的方面。

②依据不同。定性研究依据的是文字材料，定量研究依据的主要是数据。

③手段不同。定性研究主要运用逻辑推理、历史比较等方法，定量研究主要运用经验测量、统计分析和建立模型等方法。

④结论表述形式不同。定性研究结论以文字描述为主，定量研究结论主要以数据、模式、图形等来表达。

定性研究方法中最为基础和常用的是案例研究方法，定量研究方法中最为基础的是统计研究方法（见图 1-4）。

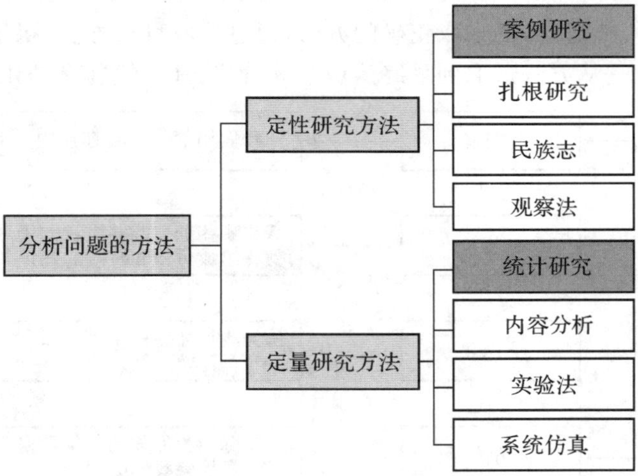

图 1-4　管理研究常用的分析问题的方法

（三）解决问题阶段

解决问题阶段是管理研究的最后一个阶段。在运用研究方法对提出的问题进行分析后，将可能揭示出隐藏在问题和现象背后的本质与根源，得到"实际是什么"和"到底为什么"这样的答案，从而解决问题，为现有理论库增加新的知识，并推动人类不断认识世界。

在解决问题阶段，重点需要完成和报告的工作包括两个方面：

- 研究的理论贡献：该研究得到了什么结论？对现有该领域的研究有什么贡献？
- 研究的现实贡献：该研究的结果具有什么启示？对企业和政府等的实际工作有什么指导价值？

解决问题阶段的这两个方面是衡量一个研究价值大小的标准，同时也是与提出问题阶段中界定好问题的理论意义和现实意义两个方面对应和呼应的（见图 1-5）。

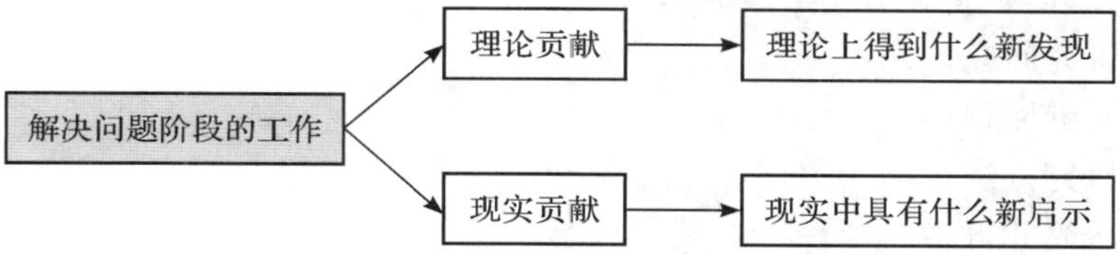

图 1-5　解决问题阶段的两个重要工作

完成了上述两个方面的工作和文字阐述，整个管理研究的过程就顺利地结束了。图 1-6 概括了管理研究的一般过程与每个阶段步骤的实现方法。

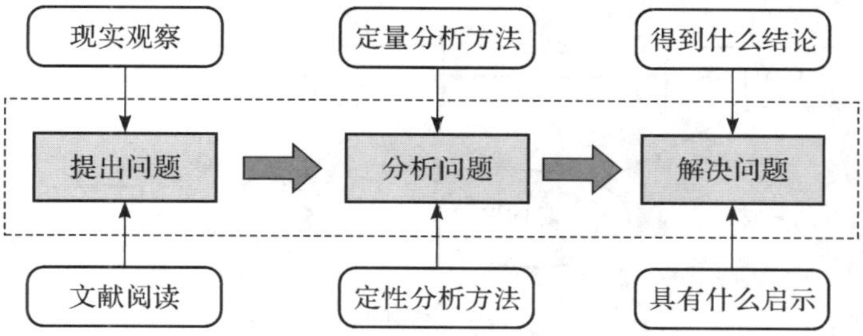

图 1-6　管理研究的一般过程与实现方法

【应用实例】

运用案例研究方法进行管理研究的一般过程：动态能力理论的提出

视频：管理研究的一般过程

理论产生背景：动态能力理论源于 20 世纪 90 年代市场环境的变化。市场环境日益动态化，技术创新速度加快，经济的国际化、市场的全球化以及顾客需求的多样化，造成了竞争内容更新速度越来越快，竞争优势的可保持性越来越低。

- 提出问题：在战略管理领域，关于竞争优势来源的研究一直是一个焦点问题。在 20 世纪 90 年代，学者们提出了资源观、能力观、知识观等来解释企业竞争优势的来源，但随着外部环境的快速多变与动荡，企业原有的资源、能力和知识都可能过时，如何才能使企业在动荡变化的环境中获得和维持竞争优势呢？

• 分析问题：著名学者大卫·蒂斯等人，选取所处环境更加多变的行业中的一些发展较好的企业，通过对企业的高管团队进行调查访谈等获取相关的资料，对这一研究问题进行了分析。

• 解决问题：蒂斯等人的研究指出，在动荡的环境下，竞争优势来自于动态能力，即企业不断改进、更新、重构资源，形成新的功能能力，使之与外部环境相匹配。对企业而言，动态能力理论强调企业需要以变革为导向，强调战略前瞻、快速创新、实时反应，以及让企业目前资源与能力进行重整、组合、获取与调适。

三、管理研究的四个步骤及过程中需掌握的方法

(一)管理研究实际进行的四个步骤

根据前述管理研究的三阶段过程，以及每一阶段的实现方法，可以进一步将管理类研究概括归纳为四个步骤(陈晓萍等，2008)，具体如图 1-7 所示。

(1) 提出研究问题；

(2) 进行文献回顾；

(3) 选择研究方法；

(4) 开展研究并得出结论。

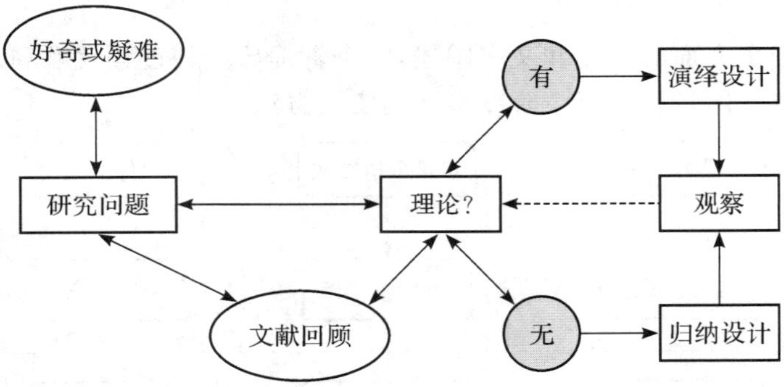

图 1-7 科学研究的四个步骤

结合前述从本体论到方法论再到实现方法，以及管理研究的三阶段过程与实现方法，图 1-7 进一步概括说明了从提出研究问题到提炼具体理论的四个步骤。

第一步是提出问题，它可能来自于研究者对某一现象或者问题的好奇或疑惑，如同牛顿看到苹果落地时提出“苹果为什么会朝地上落而不是向天上飞?”的问题。

第二步是针对这一研究问题，研究者搜寻国内外有关的已有研究，查看对于这一问题前人是如何开展研究的，得到了哪些结论或研究发现，对该问题是否已经有了较为深入、获得公认的解答。这一步相当于是“站在巨人肩上”的活动。

第三步是在研究文献后，根据实际情况的不同，选择后续分析和解决问题的研究方法。当现有文献比较成熟，已经有相关理论支持的时候，则选择演绎方法。演绎法是一种自上而下的方法，也就是从一般化的理论出发，推演出特殊化的研究假设。相反，当现有文献对该问题的研究还处于初级起步阶段，已有研究很不成熟的时候，则选择归纳法。归纳法与演绎法相反，是一种自下而上的方法，也就是从特殊的、具体的实例出发，抽象归纳出一般性的结论。归纳法和演绎法的具体比较分析可参见下一节的内容。

第四步是开展研究并得出结论。这是解决问题的过程，通过归纳法或者演绎法进行实际的研究工作。演绎法在这部分的工作是检验第三步中提出的假设是否正确，是一种理论验证性活动；而归纳法则是自下而上，从特殊事例推导出一般性结论，是一种理论探索性活动。

管理研究实际进行的四个步骤对应管理研究的三个阶段：好奇或疑难是提出问题的基础；而文献回顾既是研究问题提出的另一个来源，也是分析问题时决定采取何种研究方法的重要步骤，因此它是在第一阶段和第二阶段中承前启后的重要环节；此后选择归纳或者演绎方法开展实证分析是分析问题阶段；最后得到结果是解决问题阶段。管理研究四个步骤是对管理研究三阶段过程的进一步操作化明晰，特别是文献回顾和研究方法选取这两个步骤。

（二）管理研究需要掌握的基本方法技能

通过前述对管理研究的一般过程、实现途径及实际操作的分析，我们可以明确开展科学、严谨、可行的管理研究必须掌握的七个方面的基本方法与技能：

（1）掌握国内外文献数据库检索的基本方法；

（2）能进行文献收集与摘记；

（3）掌握文献综述写作方法；

（4）掌握案例研究与统计研究的基本方法；

（5）明确论文写作的基本格式规范；

（6）掌握论文写作的基本框架；

（7）学会实地访谈和网上收集案例，研究相关资料。

第二节　管理研究论文的特点与框架

【本节知识分解】

1. 管理研究论文写作的主要框架
2. 管理研究论文每部分的主要内容

理论来自于实践，也需要服务于实践。因此，如果把管理研究当作一个知识的创造过程，那么将研究成果以文字形式记录下来并发表就是这一过程的最后一步。好的研究还需要通过好的表达形式展示，这样才有助于知识的传播和应用。

【导入故事】

韩春雨事件始末

北京时间 2017 年 8 月 3 日，《自然—生物技术》发表题为“是该数据说话的时候了”的社论，称“撤回韩春雨团队于 2016 年 5 月 2 日发表在该期刊的论文”。一年多前，正是这篇论文，让韩春雨及其研究团队研究的新基因编辑技术 NgAgo 名噪一时。然而，“剧情”很快反转，韩春雨研究团队这篇论文的可重复性受到国内外学者的广泛质疑，一时间诸如“实验没法重复”等说法开始蔓延，韩春雨本人也身陷舆论漩涡。如今论文被撤，这一事件似乎就此画上句号。然而韩春雨事件背后的学术争鸣是否就此结束？对所谓新基因编辑技术NgAgo的争议是否会尘埃落定？

整个事件肇始于一篇专门研究和阐述新基因编辑技术NgAgo的论文。2016年5月2日，这篇论文经国际知名期刊《自然—生物技术》发表后，韩春雨研究团队及其报告的NgAgo技术便引来极大关注。然而，从2016年7月开始，对该论文可重复性的争议接踵而至——先是2016年7月2日，学术打假人方舟子发文公开质疑韩春雨团队的实验可重复性，关于NgAgo基因编辑技术的争议开始进入大众视野。随后，来自澳大利亚、美国、西班牙的学者纷纷在社交媒体上公开发声，表示无法“看到”韩春雨论文中的实验结果，为避免资源浪费，呼吁科研工作者停止使用NgAgo技术。同年10月10日晚，北京大学、浙江大学、中国科学院等单位的11位学者实名发声，公开表示他们所在的实验室未重复出韩春雨的实验。同年11月，国内外20位生物学家联名在国际期刊《蛋白质与细胞》上发表学术通讯，以学术规范的形式质疑韩春雨研究团队该论文的可重复性。当月，美国、德国和韩国的生物学家在《自然—生物技术》发表通讯文章，报告无法重复该实验……一年多来，有关韩春雨实验“可重复性”的质疑、回应较量了若干个回合，争议不休，未有定论。如今，《自然—生物技术》宣布该论文撤回，给这些争议按下了暂停键。

资料来源：引自《中国青年报》，2017年8月4日第1版，有删减。

思考与回答：

通过该事件，你认为学术论文有哪些方面的重要要求？

一、学术论文的含义及特点

(一)学术论文的含义

学术论文，也称科学论文、科研论文或研究论文。根据《科学技术报告、学位论文和学术论文的编写格式(GB/T 7713—1987)》的定义：“学术论文是某一学术课题在实验性、理论性或观测性上具有新的科学研究成果或创新见解和知识的科学记录；或是某种已知原理应用于实际中取得新进展的科学总结，用以提供学术会议上宣读、交流或讨论；或在学术刊物上发表；或作其他用途的书面文件。”

由此可见，学术论文不是对现有知识的复述，而是在一定专业水平和研究基础上进行的文字表达，提出自己独特的观点、见解和发现。

(二)学术论文的特点

了解并掌握学术论文的特点既是撰写学术论文的需要，也是对学术论文的水准及价值进行评价的重要依据。学术论文的特点可以归纳为五点(见图1-8)。

1. 科学性

科学性是学术论文的根本特征，是评价学术论文发表价值的重要标准。学术论文的科学性又具体表现在三个方面：

第一，内容的科学性。即特别强调论文表述的是客观存在的事实，内容真实、准确，实验数据、研究方法、研究结论都要忠于事实和材料。

第二，结构和表述的科学性。结构的科学性要求论文结构要严整，推理要严密，措辞要严谨。表述的科学性要求学术论文研究的方法要科学，论证应合乎逻辑，表达方式应具有正确的内在逻辑关系，符合逻辑推理的过程。

第三，结果的可重复性。即论文的结果要能经得起实践检验，其他科研工作者在相同条件下也可以得出相同的结果。

2. 创新性

创新性是学术论文的本质特征，也是学术论文的核心价值所在。学术论文的创新程度应是相对于已有的知识和信息而言的。学术论文的创新性表现在研究和写作的选题、取材、立意、谋篇、布局等各个方面。如使用了新的方法，从新的角度进行论证得出了新的研究结论或者对某一现有理论进行了补充和完善。

3. 专业性

学术论文的专业性主要体现为两个方面：

第一，内容专业。作为反映科学研究过程和结果的学术论文，其内容所反映的应是科学技术发展的前沿水平，而非低水平层次上的简单重复。

第二，语言表述专业。学术论文通过大量使用公式、图表等专业术语和符号，力求以科学语言进行表述和分析，体现出学科的专业性。

4. 规范性

规范性是为了使学术论文更好地实现表述和交流目的的准确无误。学术论文的规范性主要体现在三方面：

第一，学术论文结构体系和编写格式的规范性。学术论文要符合提出问题、分析论证、解决问题的逻辑顺序关系，其构成要素也应按照内在逻辑结构排列。

第二，语言文字、标点符号使用的规范性。学术论文主要使用议论、说明的表达方式，强调使用科学语言，语言文字表述应力求书面化、术语化、规范化。

第三，图表制作与参考文献录入的规范性。学术论文中的图标、表格、图形的制作与表示，也要精确化、标准化，严格按照规范的方式使用。

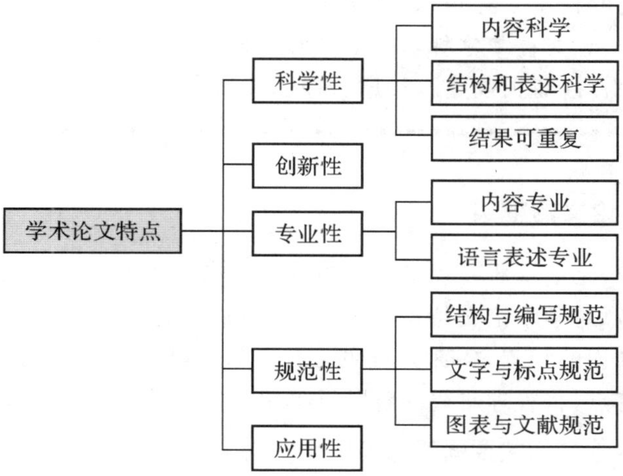

图 1-8　学术论文的五大特点及具体阐述

5. 应用性

应用性是评价学术论文发表价值的另一个重要特征。学术论文的应用性主要体现在理论上解决了专业领域某方面的问题，具有一定的学术价值；实践上解决了专业领域的某些实际问题，具有一定的实用价值。

总结学术论文上述五个方面的特点，针对学术论文水准和价值的评价，要求其选题新颖，内容真实，方法科学创新，推理论证严密；论文表述术语专业，论文结构、图表及标注规范；得到的结论具有创新性；提出的策略、对策具有针对性和应用价值。所以学术论文的写作，既要注重内容本身，包括“选题、论点、论据、方法和结论”等，也要注重文字表现形式，如“结构、图表、参考文献”等。

【知识专栏】

论文晦涩难懂：写得连科学家都看不懂

最近，英国《泰晤士报》报道，很多学术论文在普通读者看来仿佛天书，明明每个字都认识，串在一起就是看不明白，这时候可能会让人自叹学识浅薄。其实不必，因为不少论文表达方式晦涩难懂，连科学家都看不懂，忍不住吐槽。

美国哈佛大学心理学教授平克批评有些论文作者“用一个词就能说明白，却偏用三个长长的词”，称这种写法是“专业自恋”。平克说：“我常常被我自己专业的期刊上的文章所难倒，甚至包括《认知科学趋势》这种能够帮助我这样的人获取本领域最新信息的期刊。”

英国曼彻斯特大学免疫学家戴维斯与平克有同感：“很难看明白我的专业以外的内容，有时即便是本专业的也看不明白。”

在英国沃里克大学研究数据学的莱奇福德认为，论文中充斥术语、缩略语，费解难懂，会导致一些重要的思想见解被埋没，而论文表述晦涩复杂也容易令人兴味索然。莱奇福德和同事8月在《皇家学会开放科学》杂志上发表研究结果说，论文题目每多一个词，论文被其他科学家引用的次数就少几个百分点。

资料来源：引自《新民晚报》，2015 年 9 月 7 日第 14 版。

二、管理类学术论文的框架

学术论文的写作，是学术研究成果展示的重要形式。在第一章中，我们明确了管理研究的三阶段过程，在本章对学术论文特点的探讨中，我们熟悉了学术论文写作的特定要求，根据这两个方面已有知识的积累，本部分将主要分析管理类学术论文的写作框架。它实际上就是遵循学术论文特点，将管理研究三阶段过程用文字科学严谨、逻辑清晰地呈现出来。

(一)管理类学术论文的主要框架结构

一般而言，管理类学术论文(包括毕业论文和期刊发表的论文)的框架包括三个部分：

第一，前置部分。前置部分具体又包含了中英文题目、中英文摘要、中英文关键词以及中文目录四个方面。

第二，正文部分。正文部分是论文的主体和重点，这部分内容包括了引言/绪论、文献回顾、实证分析以及结论与启示四个方面。

第三，结束部分。结束部分的内容主要为参考文献，部分论文还包括了附录，如致谢、访谈提纲、问卷等内容。

(二)管理类学术论文各部分的写作要求

1. 前置部分的内容要求

通俗地说，管理类论文的前置部分就是放在论文正文前，让读者对论文整体情况有一个概览的内容，特别是当论文正文较长的情况下，前置部分的内容有助于读者快速了解该论文的研究主题与主要结论等。依据这一出发点和目的，前置部分中的四个方面有着各自不同的具体要求。

(1) 标题的写作要求

①准确得体。学术论文的题目是论文主题和中心内容的高度概括，必须用最精练的语言来表达论文期望阐述的问题。

②简短精练。论文题目不宜过长，尽可能删除可有可无的字和词，短一些可使主题内容更集中、更突出，能提高标题的信息量。一般要求题目尽量不超过 20 字，必要时可加入副标题。

③新颖有趣。一方面，将研究的新主题、新方法或新视角等写入标题，标题就会新颖而有吸引力；另一方面，很多文章采取疑问句或对立观点作为标题，也能达到引起读者兴趣的目的。

如发表在《管理世界》2016 年第 5 期上的一篇文章题目“烙印效应：民营企业谁在‘不务正业’?”就比较符合上述三个标准。

(2) 摘要的写作要求

摘要是论文全文重要内容的浓缩，因此其基本要求是使读者能通过摘要了解全文主要内容。基于上述分析，本科毕业论文(也包括一般期刊论文)的摘要一般控制在 200～350 个汉字，摘要应当包括文章的研究对象、研究方法、研究内容和研究结论四个方面。

(3) 关键词的写作要求

关键词是体现论文核心内容、研究主题、研究对象、研究方法等的概括性词语。因此，选择关键词要考虑的是能通过关键词搜索到该篇文章，能用其表示全文主题、重要内容信息。基于这一出发点，学术论文的关键词一般是 3～6 个。关键词可以从文章题目、研究的核心内容、研究主题、研究对象、研究方法中寻找，一般以名词或者动词，抑或两者组合为主，不要用助词(的、地、得)。关键词之间用分号隔开，最后一个关键词后不要添加标点符号。

(4) 目录的写作要求

学术论文的目录部分相对较为简单，一般采取自动生成的方式。在期刊论文中没有目录，在学位论文中，目录一般生成 2～3 级标题，有的要求图表也单独生成目录。

2. 正文部分的内容要求

学术论文的正文是主体，它实际上是把管理研究的提出问题、分析问题、解决问题三阶段用文字形式科学、严谨、规范地阐述出来的过程。对应管理研究三阶段和实施过程四步骤，学术论文的正文部分的写作按上述逻辑进行。引言是提出问题，文献回顾与实证分析是分析问题，结论与启示是解决问题。具体而言，正文部分四个方面的内容要求如下(见图 1-9)。

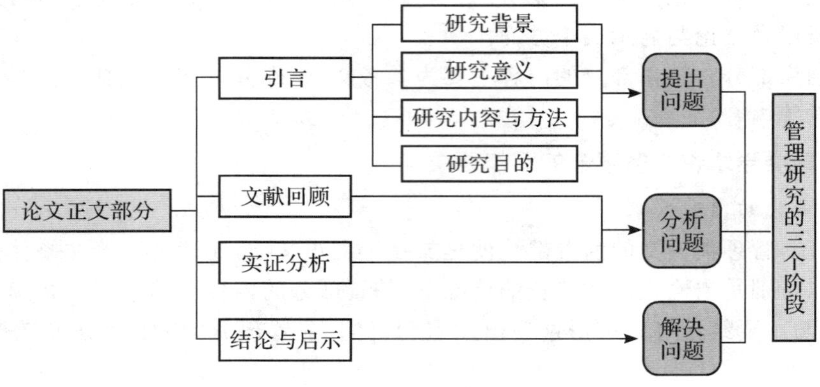

图 1-9　学术论文写作正文部分与管理研究三阶段的对应关系

（1）引言的内容要求

引言部分对应管理研究三阶段的提出问题阶段。根据提出问题阶段好的研究问题的判断标准和来源，引言部分的内容按照先后顺序包括研究背景、研究意义、研究内容与方法、研究目的四个方面。首先，管理研究好的问题需要具备理论意义和现实意义，而它们分别来自于了解理论前沿和保持现实敏感，以及对当前该主题研究的理论和现实状况有比较清晰的认识，这就构成了引言的研究背景（理论背景、现实背景）和研究意义（理论意义、现实意义）。在此基础上，引言部分要阐述研究的主要内容及采取的研究方法，最后是试图实现的研究目的。

①研究背景。包括理论背景和现实背景。其中，理论背景回答当前针对本文研究的主题已经进行了哪些研究，存在什么不足；现实背景回答当前本文研究的主题的现实状况是什么，强调该研究开展的现实紧迫性和社会关注性。

②研究意义。包括理论意义和现实意义。它们需要分别阐述本文的研究在理论和现实中具有什么重要性。

③研究内容与方法。研究内容部分需要阐述本文主要的研究内容是什么，各个章节（部分）是如何安排的，相关的逻辑关系是什么；研究方法部分需要阐述本文采用的研究方法是什么，为什么选取这种方法以及如何实施，该部分完成后学位论文往往还会形成由研究的内容章节和相应方法构成的论文技术路线图。

④研究目的。需要阐明本研究要解决什么问题，具有什么理论和现实价值。

（2）文献回顾的内容要求

文献回顾是对本文研究主题的已有研究成果的总结梳理，因此要求围绕论文的主题，有逻辑、有层次地精练总结前人的相关研究，切忌文献堆述或者简单的复制粘贴。关于文献回顾的写作详见第三章。

（3）实证分析的内容要求

实证分析部分对应管理研究三阶段的分析问题阶段。在这个部分的写作过程中，首先需要根据论文的研究主题和研究内容确定好研究方法，在有的情况下（如采用案例研究方法）需要阐述选取该研究方法的原因；其次是详细阐述实证分析的过程，针对需要解决的问题，有逻辑、有条理、有依据地展示出实证的数据资料。需要注意的是，根据研究内容和研究方法选取的不同，实证分析的框架结构也有较大差别，在后续案例研究和统计研究方法章节会有详细阐述。

(4) 结论与启示的内容要求

结论与启示部分对应管理研究三阶段的解决问题阶段。在结论部分，主要阐述研究得到了什么重要的、有价值的研究发现，该研究结论与其他相关研究结论的异同及原因，该研究结论有何理论价值与创新。在启示部分，需要重点阐述该研究结论对政府相关部门制订政策有什么建议，对其他企业开展工作有什么实践的启示和帮助。

3. 结束部分的内容要求

结束部分主要阐述本研究引用的参考文献。参考文献应是论文作者亲自研究过的对论文有参考价值的文献，主要来自于正文部分提到的文献回顾。参考文献的引用，一方面是对前人研究成果的尊重，另一方面也有助于读者进一步查阅了解这些文献的具体内容，获取更多有参考价值的内容。因此，参考文献的引用有比较严格的格式规范要求。

【知识专栏】

参考文献格式规范

常用参考文献类型：普通图书[M]，会议录[C]，报纸文章[N]，期刊文章[J]，学位论文[D]，报告[R]。

常用参考文献格式：

1. 普通图书格式：[序号]作者. 书名[M]. 版本项. 出版地：出版社，出版年。

例：[1]刘国钧，陈绍业，王凤翥. 图书馆目录[M]. 北京：高等教育出版社，1957.

2. 报纸文章格式：[序号]作者. 文章题目[N]. 报纸名，出版日期(版面).

例：[8]谢希德. 创造学习的新思路[N]. 人民日报，1998-12-25(10).

3. 期刊文章格式：[序号]作者. 文章名称[J]. 刊名，年，卷(期)：起止页码。

例：[1]何龄修. 读顾城《南明史》[J]. 中国史研究，1998(3)：167-173.

4. 学位论文格式：[序号]作者. 论文题目[D]. 出版地：作者所在学校，出版年.

例：[1]赵天书. 诺西肽分阶段补料分批发酵过程优化研究[D]. 沈阳：东北大学，2013.

【本章重要知识小结】

1. 科学研究的过程是人类不断认识世界、获取真知的过程，这一过程是一个“提出问题—分析问题—解决问题”的三阶段过程。三阶段过程同样适用于管理研究。

2. 在管理研究提出问题阶段，首先需要思考的是研究的问题是否有理论和现实意义，这也是衡量问题是否值得研究的重要标准，研究意义越大，问题越好。好的问题的提出可以通过了解理论前沿和保持现实敏感来实现。

3. 在管理研究分析问题阶段，需要采用科学的研究方法进行。根据研究方法的差异，可以分为定性研究方法和定量研究方法两种类型。前者主要通过文字材料等进行事物“质”的分析，后者则通过量化数据表征进行事物“量”的分析。在实际研究过程中，方法的选取需要根据相关理论是否存在进行。

4. 在管理研究解决问题阶段，需要明确研究的理论和现实贡献两个方面，即研究在理论上得到什么发现、对实际具有什么启示。

5. 管理研究的论文写作是对研究过程的记录呈现，它需要具备科学性、创新性、专业性、规范性和应用性五个方面的特性。

6. 管理类论文的框架包括前置部分、正文部分和结束部分三个方面。其中，正文部分的引言、文献回顾与实证分析、结论与启示这三个模块分别对应管理研究过程的三个阶段，是按照这三个阶段的逻辑进行的学术性文字撰写。

【复习题】

一、判断题

1. 管理研究方法有好坏之别。 （ ）

2. 论文的引言是在论文前置部分里的。 （ ）

3. 以 M 标注的参考文献表示该类文献属于期刊类。 （ ）

二、选择题

1. 研究方法选取属于管理研究过程三阶段中的 （ ）

A. 提出问题阶段　　B. 分析问题阶段

C. 解决问题阶段　　D. 以上都不是

2. 案例研究属于 （ ）

A. 定量研究　　B. 定性研究

C. 定性与定量相结合　　D. 以上都不是

第二章　管理研究的两种常用方法

在科学事业中，真正的天才是那些发明新的研究方法的人。

——[英国]罗素

研究方法，是指在研究中发现新现象、新事物，或提出新理论、新观点，揭示事物内在规律的工具和手段。任何一项研究都离不开方法的支撑。没有研究方法的科学研究是不存在的，没有研究方法，科学研究就成了无源之水、无本之木，就不是真正的研究。在上一章论述了管理研究的一般过程与对应的学术论文写作框架后，本章重点针对管理研究过程中分析问题阶段的两种常用方法，即定性的案例研究与定量的统计研究，对其研究逻辑、过程进行对比分析，并阐述各自的优缺点与适用条件。

【本章教学主要内容】

➢ 模块一：科学研究的两种逻辑范式及比较

1. 科学研究的两种逻辑范式
2. 归纳研究与演绎研究的过程比较

➢ 模块二：案例研究方法与统计研究方法的比较与适应情景

1. 案例研究方法和统计研究方法的研究逻辑与研究过程对比
2. 案例研究方法与统计研究方法的适用情景

【本章教学目的】

1. 明确科学研究的两种不同逻辑范式的过程及其相互关系
2. 理解案例研究方法和统计研究方法的研究过程及对应的逻辑范式
3. 掌握案例研究方法和统计研究方法的适用情景，并能根据不同的情景选择运用不同方法

第一节　案例研究与统计研究的逻辑与过程

【本节知识分解】

1. 明确科学研究过程的现实归纳和理论演绎的逻辑过程

2. 理解现实归纳和理论演绎的区别与联系

科学的研究需要采取科学的方法。在科学研究过程中，从不同的研究问题和目的出发，有着截然不同的逻辑起点和逻辑过程，但它们又具有重要的关联关系，由此共同构成了科学研究丰富多样、精彩纷呈的逻辑范式，为推动科学研究的发展起到了重要的作用。在本节的内容中，将重点阐述科学研究过程中两种不同的逻辑范式，并分析它们的区别和联系，从而为后续进一步分析案例研究方法和统计研究方法这两种不同逻辑范式的研究方法提供重要的理论基础和铺垫。

【导入故事】

伽利略的比萨斜塔实验

关于落体运动，古希腊哲学家亚里士多德凭借直觉和观感，曾经做出这样的结论：重的物体下落速度比轻的物体下落速度快，落体速度与重量成正比。而意大利人伽利略却认为，如果不计空气阻力，轻重物体的自由下落速度是相同的。

为了证明这一观点，1589 年的一天，比萨大学青年数学教师，年方 25 岁的伽利略，在比萨斜塔的塔顶，将一个 10 磅(1 磅约 0.45 千克)重的铁球和一个 1 磅重的铁球同时抛下。在众目睽睽之下，两个铁球出人意料地差不多是平行地一齐落到地上。面对这个事实，在场观看的人个个目瞪口呆，震惊不已。这个被科学界誉为“比萨斜塔实验”的美谈佳话，用事实证明，轻重不同的物体，从同一高度坠落，加速度一样，它们将同时着地，从而推翻了亚里士多德“物体下落速度和重量成比例”的学说，纠正了这个持续上千年的错误观点。这就是被伽利略所证明的，现在已为人们所熟知的自由落体定律。

思考并回答：

从这个故事中，你得到什么启示？

一、科学研究的两种逻辑范式：归纳研究与演绎研究的对比

(一)归纳研究和演绎研究在逻辑上的区别

归纳研究是一种从特殊到一般、自下而上的逻辑过程，而演绎研究是一种从一般到特殊、自上而下的逻辑过程。那归纳研究的逻辑和演绎研究的逻辑具体区别在哪里呢？

1. 归纳逻辑：从特殊到一般、自下而上的过程

归纳逻辑通常被定义为从特殊到一般的逻辑推理，也常被称为一种或然性推理或扩展性推理。具体而言，所谓归纳逻辑是指人们以一系列经验判断或知识储备为依据，寻找出其遵循的基本规律或共同规律，并假设同类事物中的其他事物也遵循这些规律，从而将这些规律作为预测同类事物中的其他事物的基本原理的一种认知方法。可见，归纳逻辑是从特殊结论推知一般理论的过程，特殊的结论相对具体，处于下层；一般理论则更为抽象，更具统领性和概括性，处于上层。因此，归纳逻辑也是一个自下而上的研究过程。

用一个例子来阐述归纳逻辑：当观察或已知“金鱼是一种鱼，它生活在水里”，同时也观察或已知另一同类鱼“鲤鱼也是一种鱼，它也生活在水里”，则可以大胆推测更为一般的基

本原理——“凡是鱼都生活在水里”。这一过程首先是来自于对特殊的、个别现象的认知，然后通过不断增加类似的同类事物的知识，进而合理预测推断出该类别事物遵循的共同的、一般性的基本原理。因此，归纳逻辑是一个从特殊到一般的过程；同时，由于推论的基础是从个别事物的知识出发，推演得到该类事物中的更为概括性的结论，是从小范围推演到大范围，前者所处的层次低，后者所处的层次高，因此，归纳逻辑也是一个自下而上的过程（见图2-1）。

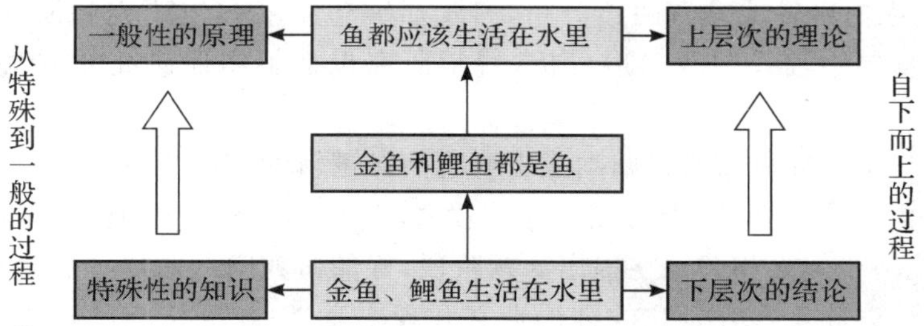

图 2-1　归纳研究的逻辑

2. 演绎逻辑：从一般到特殊、自上而下的过程

演绎逻辑是从一般性的、高度归纳的理论到特殊性的、较为具体的理论的逻辑推理方法，也常被称为一种必然性推理或保真性推理。因此，演绎逻辑必须以一定的基本原理为前提，它是一种从一般到特殊、自上而下的逻辑过程。

用类似对归纳逻辑进行分析的例子来阐述演绎逻辑：假如“鱼都生活在水里”是一个大家都公认的、正确的一般原理，那么，我们就可以从这个原理进一步做如下合理推理——“既然金鱼是鱼的一种，那么金鱼就应该是生活在水里的”。这样，我们就从一个比较抽象、一般性的基本原理出发，通过推理演绎，得到了一个比较具体的、特殊的新理论。很明显，前一个基本原理是已经被证实的、相对一般的基本原理，而得到的后一个推论则是相对具体的、特殊的理论。因此，演绎逻辑是一个从一般到特殊的推演过程；同时，前一个理论由于是更为一般的、普适性的理论，比起得到的后一个具体的、特殊的推论，它具有更高的统领性，所处的理论层次更高，因此，演绎逻辑也是一个自上而下的过程（见图2-2）。

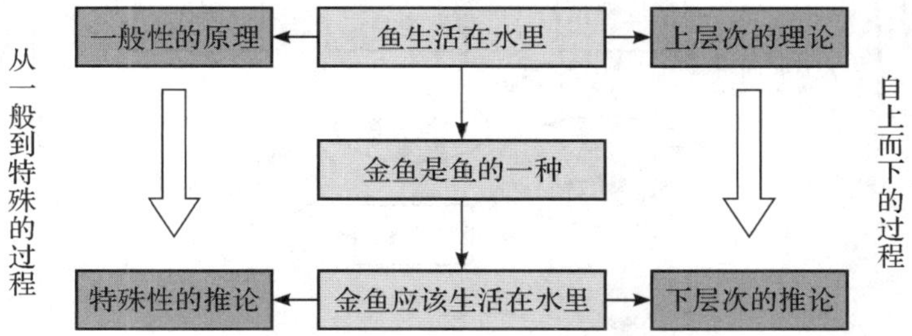

图 2-2　演绎逻辑过程

综合上述分析可见，归纳研究是一种从特殊现象出发，不断归纳提炼出一般性、抽象结论的过程，因此，它是一个从特殊到一般、从具体现实到抽象理论的自下而上的逻辑；而演绎研究则是一种从一般性理论出发，推演到具体事物观点的过程，它是一个从一般到特殊、从

抽象理论到具体现实的自上而下的逻辑。

(二)科学研究的归纳逻辑和演绎逻辑过程

科学研究包括归纳研究和演绎研究两种不同的研究逻辑。科学研究过程是认识和解决问题,获取真知、探寻本质的过程,也有两种截然相反却相互关联的研究逻辑:科学研究既可以通过归纳研究建构理论进行,也可以通过演绎研究应用现有理论进行。而归纳研究和演绎研究两种不同的研究逻辑,都包括了实证研究的方法和理论升华的方法两个方面。

从图 2-3 的纵向中轴线左右两边分析,科学研究包括了归纳研究和演绎研究两种不同的研究逻辑;从横向中轴线上下两边分析,科学研究包括了实证研究的方法和理论升化的方法。

具体而言,科学研究可以通过归纳逻辑或者演绎逻辑的方法来进行,归纳逻辑和演绎逻辑都必须遵循第一章阐述的科学研究的三阶段过程范式,而科学研究整个过程的三个阶段都和理论与实践两个方面相关。在提出问题阶段,好的研究问题需要了解理论前沿,同时需要保持现实敏感,以此来提升研究的理论意义和现实意义;在分析问题阶段,需要采取定性或定量研究方法进行,这两种研究方法的实施,需要在一定的文献回顾下,对研究对象的文字/数据材料进行收集;在解决问题阶段,则需要阐明研究的理论意义和现实意义。可见,科学研究的整个过程都是理论与现实的紧密结合。但归纳研究和演绎研究的逻辑过程是完全相反的,如图 2-3,右半部分表示的演绎研究的过程是从现有理论出发,通过逻辑推演形成假设(推论),再到现实中进行抽样分析验证假设的过程。它的研究终点恰好是左半部分归纳研究的起点,即归纳研究是从观察现实的特殊现象出发,不断进行抽象总结,形成概念和命题,最终发展得到理论的过程。

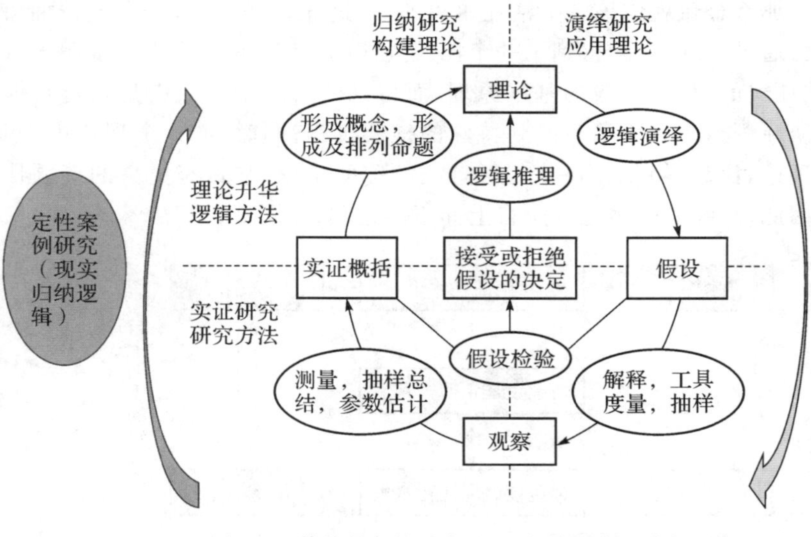

图 2-3　科学研究的两个过程:归纳研究和演绎研究

1. 归纳研究逻辑的研究过程

归纳的检验假设的研究过程

- 建立理论的研究从观察开始;
- 接下来是通过测量等收集观察资料进行分析,并将其转化为实证概括;

- 最后实证概括通过形成抽象的概念以及概念间关系的命题等转化成理论。

归纳研究是从现实特殊的现象观察出发，通过对文字、数据资料的收集、分析、提炼，不断抽象概括，进而形成一系列高度抽象化、具有一般性的概念和概念之间关系的命题，最终形成理论的过程。因此，归纳研究是从特殊的现实现象分析，不断抽象出一般性的概念和基于概念间关系的命题，最终得到结论的过程。这是一个从特殊到一般、自下而上的理论构建过程。

【知识专栏】

演绎主义者对归纳逻辑的质疑

演绎主义者反对或贬低归纳逻辑，认为归纳逻辑不是一种科学的方法，其基本理由有两个：

一是认为归纳逻辑不可能给人以具有普遍性或必然性的知识。因为，归纳逻辑是从小范围推知大范围、从过去推知未来的方法，故无法保证其普遍性和必然性。比如，过去欧洲人通过世世代代经验的归纳，确信"凡是天鹅都是白的"，但是后来在澳大利亚发现了黑天鹅，这一认知就被否定了。

二是所谓的休谟问题。休谟认为，由归纳前提到归纳结论的推理是建立在所谓的"归纳原理"之上的，而归纳原理本身却又正是归纳的结果，因此，这里就犯了循环论证的错误。也就是说，纯粹的、单一的归纳逻辑的使用也不具有合理性的基础。休谟问题也被称为"归纳合理性问题"。

2.演绎研究逻辑的研究过程

演绎的检验假设的研究过程

- 首先，通过逻辑演绎的方法，理论被转变为假设(一般到特殊过程的理论演绎)；
- 接下来，假设将指导研究设计转化为观察及对假设概念的测度与抽样；
- 然后，通过测量，样本归纳转化成实证概括；
- 最后，检验假设的一致性。

演绎研究是从最上面的理论出发，在一般性理论基础上进行逻辑演绎，推导出一系列相关的有待实证检验的假设，然后通过量化测度、实验抽样等工具度量、抽样方法，检验假设的正确与否，从而对现有的理论进行发展。这是一个从一般性的理论出发，通过现实中的样本选取检验理论的验证过程。因此，它是一个从一般到特殊、自上而下的理论应用过程。

【知识专栏】

归纳主义者对演绎逻辑的质疑

归纳主义者反对或贬低演绎逻辑，认为演绎逻辑不是一种科学的方法，其基本理由有两个：

一是认为演绎逻辑不能给人以新知识，因为它的结论本身就包含在前提之中。比如，从“凡人皆死”这个前提，推知“苏格拉底必死”这个结论，并没有告诉人任何新知识。因为，“凡人皆死”本身就包含了“苏格拉底必死”。

二是认为演绎逻辑不能证明其前提的正确性，必然导致先验论。演绎逻辑必须以一定的基本原理为前提，在不引入更基本的基本原理之前，这些基本原理是不可能通过演绎逻辑本身被发现或证明的。而引入更基本的基本原理之后，这些基本原理虽然能被演绎逻辑所发现或证明，但是所引入的那些更基本的基本原理却又不能被演绎逻辑本身所发现或证明。因此，依此类推，演绎逻辑要能作为一种完全的、根本性的方法而存在，就必须假设存在一些“先验”的、根本性的、绝对的真理，这些真理是不可能被演绎逻辑本身所发现或证明的。

科学研究过程包括了归纳研究和演绎研究两种范式，通过对上述两种范式的研究逻辑和过程的分析，我们可以看到：归纳研究和演绎研究两者的研究方向和过程是相反的，演绎研究的起点(作为推理基础的理论)恰恰是归纳研究的终点(得到抽象的理论命题)，而归纳研究的起点(具体现实现象)恰恰是演绎研究的终点(从现实的小样本中去验证)。

二、案例研究方法与统计研究方法的研究逻辑与过程

PPT：两种不同方法下的研究过程

案例研究方法和统计研究方法分别属于归纳研究和演绎研究，在分析完了归纳研究和演绎研究在过程和逻辑上的区别之后，我们具体来分析案例研究方法和统计研究方法的研究逻辑与过程。

1. 案例研究方法的研究逻辑与过程

案例研究方法属于归纳研究，因此，前述对归纳研究的过程和逻辑的分析也适用于案例研究方法。即案例研究方法采用的是从现实观察到的个别、特殊现象出发，推导得出更为一般、抽象的结果的研究逻辑。

同时，从研究过程分析，科学研究是一个实证研究的过程，因此，对于现实归纳过程来说，得到的研究结果需要采取文字材料等实证方法作为论据和论证过程，使研究的结果有理有据、严谨科学。

从图 2-4 的实际例子可见，案例研究方法遵循的是归纳逻辑与过程。

(1)研究的出发点首先来自于对现实的特定观察；

(2)然后针对当前相关文献的分析并不能很好地回答这一问题的情况，选取典型的、有代表性的或者极端的案例进行分析；

(3)通过访谈等方式进行相关材料的收集整理，抽象、归纳、提炼，得到新的概念和概念间关系的命题。

显然，图 2-4 中的第一步和第二步是提出问题的阶段，第三步是分析问题的阶段，第四步是解决问题的阶段。整个过程是一个从实际现象开始，选取案例，收集资料，进而提炼出一般结论的自下而上的过程。从分析问题所使用的佐证材料看，案例研究主要是以一手资料和二手资料中的文字材料为主，辅之以数字等其他材料，得到事物内在属性与本质等的描述性结果，因此它是一种定性研究方法。

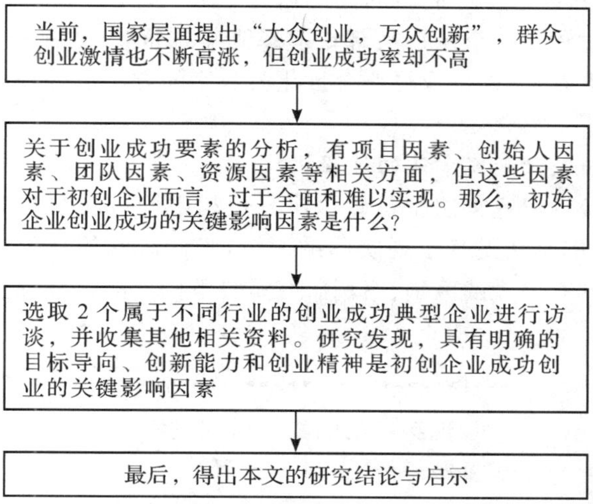

图 2-4　运用案例研究方法的逻辑与过程实例

2. 统计研究方法的研究逻辑与过程

统计研究方法属于演绎研究，因此，前述对演绎研究的过程和逻辑的分析也适用于统计研究方法。即统计研究采用的是从一般的理论出发，推导得出特殊推论的研究逻辑。

同时，从研究过程分析，科学研究是一个实证研究的过程，因此，对于理论演绎过程来说，还需要采用统计研究的实证方法进行推论的验证。

由此可见，统计研究方法遵循的是一种自上而下、从一般到特殊的演绎逻辑；同时，它又是一个采取量化方法分析问题，对推导得到的推论进行实证检验的研究过程。

从图 2-5 的实际例子可见，统计研究遵循演绎研究的逻辑和过程。

(1)从理论出发，通过文献回顾，在有比较成熟的相关基本理论的基础上，合理进行理论推演，得到相对较为具体的概念与概念间关系的假设；

(2)通过对概念的量化，进行概念的量化测量，设计问卷并抽取样本进行问卷发放回收；

(3)最后进行数据的分析与运算，检验之前的研究假设。

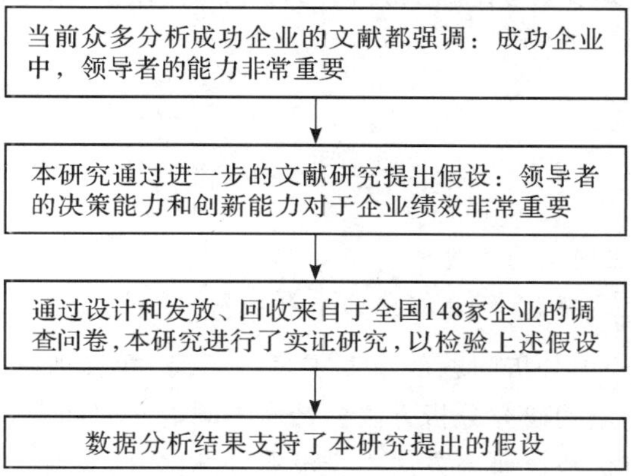

图 2-5　运用统计研究方法的逻辑与过程实例

图 2-5 中，第一步和第二步是提出问题的阶段，第三步是分析问题的阶段，第四步是解决问题的阶段。整个过程是一个从一般理论演绎到特殊推论，再进行样本检验的自上而下的过程。从研究方法上看，它是采取将概念量化为数字的方法进行理论检验的，因而是一种量化研究方法。

3. 案例研究方法与统计研究方法的过程比较

案例研究方法和统计研究方法都是管理研究过程中分析问题的常用方法，但它们来自于不同的研究逻辑：案例研究是基于现实归纳逻辑，统计研究是基于理论演绎逻辑。因此，两者在研究过程上也具有巨大的区别：案例研究是自下而上的过程，统计研究是自上而下的过程。

现实归纳的案例研究过程

1. 建立理论的研究从观察开始；

2. 选取小样本，采用访谈等方式收集文字类资料进行分析；

3. 最后提炼上升为概念、命题并转化为抽象的理论。

理论演绎的统计研究过程

1. 通过逻辑演绎，将理论转变为特定研究问题和假设；

2. 选取大样本，将问题中的各个关系变量进行数字量化，分析它们之间的关系；

3. 最后检验假设是否成立。

可见，案例研究和统计研究两种方法的研究起点、样本选取与资料收集以及分析的重点和目的都具有重要的区别。

第二节　案例研究方法与统计研究方法的适用条件

视频：管理研究的两种常用方法及研究过程

【本节知识分解】

1. 理解案例研究方法的适用条件
2. 理解统计研究方法的适用条件
3. 明确案例研究方法和统计研究方法的主要区别

研究方法是研究过程中分析问题的重要工具与手段，在管理研究过程中既需要定性的研究分析方法，也需要定量的研究分析方法。针对不同的研究问题，以及研究过程的不同阶段，不同的分析方法各有优势。研究方法本身没有好坏之分，只有是否适用的区别。在管理研究中，千万别为了方法而方法，也不要不根据实际研究情况乱用研究方法。

【导入故事】

方法对科学研究的意义

方法是人类探索自然的利器，面对奥妙无穷的宇宙之谜和浩瀚繁复的自然现象，“科学方法是我们借以达到知识的唯一道路”。培根用实验法最早发现了热的运动本质；笛卡儿用他提出的“直觉—演绎”创立了解析几何学；伽利略用“实验—数学”方法发现了自由落体定律，运用理想实验发现了惯性定律，开创了动力学研究的先河；牛顿用公理化的方法、归纳与演绎的方法完成了经典力学体系；汤姆逊等用模型化的方法揭开了物质微观粒子的结构，建立了各种原子结构模型；爱因斯坦运用理想实验方法、演绎方法和各种非理性的直觉、顿悟方法创立了相对论；康德和拉普拉斯运用思辨的方法与假说方法提出了天体演化学说；拉瓦锡用定量方法、理论思维方法创立了氧化学说；门捷列夫用分类、比较法发现了元素周期表；海特勒、伦敦等把量子力学的理论引入了化学研究，创立了量子化学；达尔文用观察法、实验法、分类法和比较法等提出了进化论。

资料来源：整理自《科学研究中的方法创新》，社会科学文献出版社，2011 年。

思考并回答：

结合上面材料，谈谈你对方法作用的理解。

一、案例研究方法与统计研究方法的适用情景分析

案例研究方法和统计研究方法都是管理科学研究非常重要而基础的方法，在研究的过程、主要的论证方式上具有重大区别。这两种方法并无优劣之别，只有是否适合的差异。因此我们不禁要问，这两种方法分别在什么情况下采用才是合适的？

从一个实例出发，我们来分析案例研究和统计研究分别在什么时候采用是合适的。现代女性非常在意自己的身材，如何不长胖从而保持较好的身材变成了一个重要话题，很多女性通过节食、抽脂、吃减肥药等方法减肥。这也催生出一个潜力巨大的减肥市场。那如何才能让人不长胖呢？节食少吃是不是能有助于减肥呢？换句话说，是否吃得多就会导致长胖呢？如果要针对这个问题进行研究，我们应该如何实现？显然，这是研究吃得多是否会导致长胖的问题，是研究两个概念之间关系的问题。一般而言，人们不会采用特殊的样本（案例）去验证这一关系，因为如果选取特殊的人群，比如有的人吃了很多但是却不长胖，那上述问题就无法验证，从常理上也不符合实际。因此，我们应当采用大样本定量统计方法，具体操作步骤为：

(1) 在操作过程中，将“吃得多”和“会长胖”两个概念量化，也就是用数字来测量它们。比如，“吃得多”可以用平均在校每餐（午餐和晚餐）吃几两饭、几个荤菜、几个素菜来衡量（如花费的费用或者测算出摄入食物的卡路里），“会长胖”则可以通过体重来衡量；

(2) 将量化的测量方法设计成问卷，在某一大学各个年级选取部分学生发放并收回问卷；

(3) 检查收回的问卷，剔除回答问题不全的问卷，最后将有效问卷中代表各个概念的数字输入统计软件，进行统计运算；

(4) 通过得到的结果，证实或者证伪本研究提出的问题。

显然，如果不出意外，上述研究是会得到证实的，“吃得多”和“长得胖”之间从大样本统

计分析看，是存在显著正向因果关系的。而在现实生活中，我们也发现，一些人吃很多也不会长胖，还有一些人则恰恰相反，吃得少也会长胖。这些特殊情况和前面的结论不一致。如果我们想知道为什么有的人吃得多不会长胖，而有的人吃得少也会长胖，上述的统计研究方法就难以解决了，我们只能去问这些特殊的个体，为什么会这样？这就变成了运用案例研究方法进行的研究，其研究的步骤就变成：

（1）选取一些吃得多但是不长胖和一些吃得少但是会长胖的人；

（2）针对“你每天的就餐情况和身体生长情况，谈谈是什么原因导致的”这一主题进行访谈，并将访谈记录为文字材料；

（3）对这些人的文字材料进行提炼分析，抽象出内在逻辑关系，比如发现一个新的概念：吸收能力在“吃得多”和“长得胖”之间起到了重要作用；

（4）总结分析，得出结论。

通过上述的实例可以总结得出案例研究方法和统计研究方法的适用情景（见图 2-6）。

从研究针对的问题分析：案例研究针对的不是两个概念之间是否存在关系和关系强弱的问题，而是针对两个概念之间为什么具有关系、关系背后的内在机制是什么的问题。即案例研究更适合用于分析事物的“为什么”和“怎么样”这样的问题，这是无法通过简单的数据量化分析实现的，必须用丰富的文字材料进行详细的过程或机制分析。相反，统计研究则相对适合分析两个或多个变量间关系的强弱、正反。统计研究通过将变量量化为数字，辅以相关软件，运算分析数字间的内在关系，得到变量间关系强弱、正反的准确结果。

从研究相关主题的理论成熟度分析：案例研究是一种自下而上的现实归纳，一般所研究问题的现有文献对该问题的分析还不够深入，因此很难直接根据理论提出假设，需要从实际特定案例中去提炼发掘。统计研究则是一种自上而下的理论演绎过程，需要所研究问题的现有相关文献相对比较成熟，这样才可以直接进行理论的演绎，提出研究的假设进而开展验证。

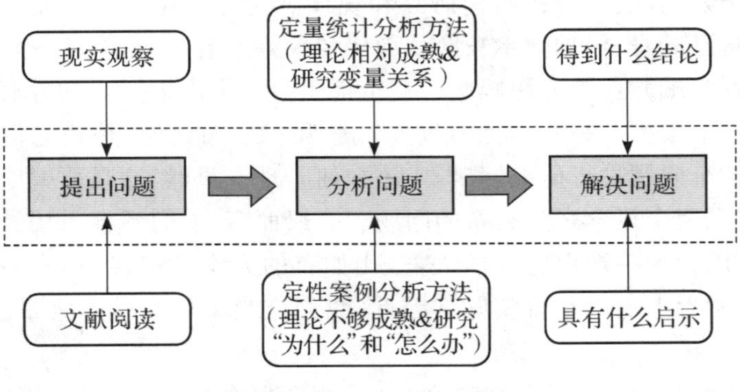

图 2-6　管理研究中方法选取的适用情景

视频：
管理研究
两种方法的
比较分析与
使用情景

二、案例研究方法与统计研究方法的优缺点

（一）案例研究的优点与缺陷

1. 案例研究的优点

案例研究的优点主要表现在以下六个方面：

（1）案例研究的结果能被更多的读者所接受，而不局限于学术研究圈，给读

者以身临其境的现实感。

(2)案例研究为其他类似案例提供了易于理解的解释。

(3)案例研究者有可能发现被传统的统计方法忽视的特殊现象。

(4)案例研究适合于个体研究者,无须组成研究小组。

(5)案例研究不仅对现象进行翔实的描述,更对现象背后的原因进行深入的分析。它既回答"为什么"和"怎么样"的问题,也有助于研究者把握事件的来龙去脉和本质。

(6)案例来源于实践,没有经过理论的抽象与精简,是对客观事实全面而真实的反映,将案例研究作为一项科学研究的起点能够切实增加实证的有效性。

2. 案例研究的缺陷

案例研究的缺陷主要表现在以下三个方面:

(1)案例研究的结果不易归纳为普遍结论。

(2)案例研究的严格性容易受到质疑。比如,案例的选择不像统计问卷那样有普遍意义。

(3)案例研究非常耗时耗力,所以采取该方法进行一项研究时,通常不会调研大量的案例,而是采用小样本研究。当小样本的研究结论被应用于较大群体时,案例研究法的效度会极大降低。也就是说当把小样本案例研究的结果外推到更大范围时,这一结果的普适性和准确性无法保证。

(二)统计研究的优点与缺陷

1. 统计研究的优点

统计研究的优点主要表现在以下三个方面:

(1)采用统计学的数字分析方法,标准化和科学化程度相对案例研究高。

(2)逻辑推理过程比较严谨。

(3)数据分析的结果更为直观、简洁、准确,能得到有关现象间因果关系的精确结果。

2. 统计研究的缺陷

统计研究的缺陷主要表现在以下三个方面:

(1) 数据获取过程复杂,数据本身可能不够真实、客观。

(2) 用样本的数据来验证总体的结论,首先可能会导致以偏概全,从而导致结论错误;其次,从样本证实的结论外推到更广的范围可能是错误的,从而使结果的外部效度受到影响。如前面例子中分析"吃得多"与"长得胖"之间的关系,虽然多数样本的结果显示"吃得多"和"长得胖"之间具有显著正向关系,但还是有极少部分的人和这个结果不相符。此外,徐淑英等人 2006 年在《管理科学季刊》发表的一篇文章显示:在国外研究中发现的占据"结构洞"对个人创新具有正向作用的结论,在中国情境下是不成立的。

(3) 只能展示因果关系的结果,不能解释内在的原因,可能导致数据驱动式的过程与结果分析。

【知识专栏】

科研中多种方法的融合使用

现代科学的发展呈现出一个相互融合、相互渗透、相互影响的趋势，其中一个突出的表现就是研究方法的相互借鉴。各种不同的方法既有其优点，也有其不足之处，只有使用多种研究方法，才能从多个角度来对问题进行全面的研究，才能得到科学的结论。一般而言，在学术研究中，先使用案例研究进行归纳，然后可以进一步通过统计研究对案例研究归纳得到的结果进行验证。

科学研究通常是分阶段进行的，在不同的阶段应该选择不同的研究方法来完成相应的研究任务。选题阶段可以通过观察法、文献调查法、历史研究法等来获取相关的数据，进而保持所选课题的学术价值、社会价值和经济价值等。调研文献阶段可以借助问卷调查法、文献调查法，从期刊、图书、档案等传统文献和现代的光盘、网络等新型资源当中，查找相关的学术信息、研究成果。在提出假说和构建理论阶段，可以借助公理化方法、从抽象到具体方法、历史与逻辑相统一法等，将自己的想法和观念符号化而变成显性信息。在推出研究成果阶段，可以借助数学方法或统计方法把相关的数据或理论以文字、图表甚至是影像的方式显现。

三、案例研究方法与统计研究方法的比较总结

通过上述对案例研究方法和统计研究方法在研究类型、研究过程、研究适用情景等方面的分析，我们可以对这两种研究方法进行一个对比总结(见表2-1)。

(1)在研究起点上：案例研究是从对现实的观察开始，而统计研究是从理论研究出发。

(2)在研究方向上：案例研究是自下而上的研究过程，而统计研究是自上而下的研究过程。

(3)在研究结果上：案例研究通过归纳分析，从特殊事例中抽象提炼得到一个一般化的结论，因此结果是建立了一个理论模型，即得到概念与概念间的关系模型并提出了相关的命题；而统计研究则是从理论出发，通过演绎方法，提出概念间关系的假设，并量化这些概念进行数据分析验证，因而结果是验证一个理论模型。可见，案例研究的终点，即案例研究得到的理论模型，恰好是统计研究的起点。它们是研究过程相反，但是具有紧密关系的研究，往往在案例研究之后，可以进一步通过统计研究来验证独特个案研究得到的命题的普适性。

(4)在研究类型上：案例研究是理论探索型研究，而统计研究是理论验证型研究。

(5)在研究性质上：案例研究主要依据文字作为佐证，从文字材料中提炼出概念和概念间关系，因而是定性研究；而统计研究则是通过对概念的量化，将其转变为数字进而进行分析运算，因而是定量研究。

(6)在研究问题类型上：案例研究适用于变量(构念)之间存在为什么、怎么样的问题，而统计研究适用于变量(构念)之间是否存在某种关系、关系强度如何的问题。

PPT：
管理研究
两种方法的
比较与使用

(7)在研究理论阶段上:案例研究所研究问题处于理论研究初期,相关研究不多、不成熟;统计研究所研究问题处于理论研究繁荣期,相关研究较多、较成熟。

(8)在研究资料及获取上:案例研究以访谈调研获取的文字类材料为主,统计研究以问卷获得的数据类材料以及网上二手数据为主。

表 2-1　案例研究方法和统计研究方法对比

比较方面	案例研究	统计研究
研究起点	从观察开始	从理论开始
研究方向	自下而上	自上而下
研究结果	建立一个理论模型	验证一个理论模型
研究类型	理论探索型	理论验证型
研究性质	定性研究	定量研究
研究问题类型	变量(构念)之间存在为什么、怎么样的问题	变量(构念)之间是否存在某种关系、关系强度如何的问题
研究理论阶段	所研究问题处于理论研究初期,相关研究不多、不成熟	所研究问题处于理论研究繁荣期,相关研究较多、较成熟
研究资料及获取	文字类材料为主,访谈调研与其他二手资料	数据类材料,问卷调查以及网上二手数据

【本章重要知识小结】

1.科学研究包括归纳逻辑和演绎逻辑两种范式。归纳逻辑是一个从特殊到一般、自下而上的研究过程,演绎逻辑是一个从一般到特殊、自上而下的研究过程。这两种逻辑的研究过程恰恰相反,循环进行。

2.案例研究方法和统计研究方法分别遵循归纳逻辑和演绎逻辑。定性的案例研究方法是从现实观察到的个别、特殊现象出发,推导得出更为一般、抽象结果的自下而上的过程;定量的统计研究方法是从一般理论演绎到特殊推论,再到进行样本检验的自上而下的过程。

3.在科学研究中,采取案例研究方法还是采取统计研究方法,主要从两方面的研究情景出发:一是研究针对的问题差异;二是研究相关主题的理论成熟度差异。

4.以文字材料为主、从个案出发进行归纳式定性研究的案例研究方法和将变量量化、以样本数据来验证推断出的假设的统计研究方法具有各自的优缺点,在有条件的情况下,可以将案例研究对质的定性和统计研究对量的精确结合起来。

5.案例研究方法和统计研究方法之间的区别可以从研究起点、研究方向、研究结果、研究类型、研究性质、研究问题类型、研究理论阶段、研究资料及获取等八个具体方面进行概括。

【复习题】

一、判断题

1. 无论研究问题是什么,案例研究方法都适合。 ( )

2. 统计研究适合分析变量间关系强弱与正反。 ( )

3. 案例研究的终点往往是统计研究的起点。 ( )

4. 案例研究的结果是得到一个抽象的理论模型。 ( )

二、选择题

1. 统计研究的研究逻辑是 ( )

A. 自上而下的理论演绎　　B. 自下而上的理论演绎

C. 自上而下的现实归纳　　D. 自下而上的现实归纳

2. 案例研究适合的研究情景是相关理论研究 ( )

A. 不够成熟　　B. 比较成熟

C. 相当成熟　　D. 没有限制

3. 案例研究属于 ( )

A. 定量研究　　B. 定性研究

C. 定性与定量相结合　　D. 以上都不是

4. 以下说法不正确的是 ( )

A. 案例研究主要是通过文字描述进行　　B. 统计研究主要是进行数字分析论证

C. 案例研究一般用二手资料进行　　D. 统计研究可以用二手数据进行

5. 案例研究的起点一般是 ( )

A. 从理论出发　　B. 从现实出发

C. 两者均可　　D. 两者都不是

三、简答题

1. 科学研究的两种逻辑范式分别是什么?

2. 案例研究方法和统计研究方法对应的研究逻辑分别是什么?

四、论述题

1. 案例研究方法和统计研究方法的主要区别有哪些?

2. 根据案例研究方法和统计研究方法的优缺点和适用情景,谈谈你对"研究方法无好坏区别,只有是否适用"这句话的理解。

>>> 第二部分

基础篇

第三章　文献检索与录入技巧

【本章教学主要内容】

➢　模块一：中英文文献数据库及文献检索策略、甄别技巧

1. 中英文文献数据库
2. 文献检索策略
3. 文献甄别技巧

➢　模块二：EndNote 软件的主要功能操作、数据库文献的导入方法

1. EndNote 软件的主要功能操作
2. CNKI 数据库文献导入 EndNote 的方法
3. Web of Science 数据库文献导入 EndNote 的方法

【本章教学目的】

1. 明确文献检索的目标和任务，理解文献检索的过程
2. 掌握文献检索的方法、文献甄别的技巧
3. 掌握文献管理软件 EndNote 的录入和引用

第一节　中英文文献数据库及文献检索策略、甄别技巧

【本节知识分解】

1. 中英文文献数据库
2. 文献检索策略
3. 文献甄别技巧

文献检索是科学研究的组成部分。任何科学研究都是在继承前人的知识后有所发明、有所创新的，科学研究的发展具有连续性和继承性规律。文献检索，有助于掌握本课题研究的进展动态，开拓思路，减少科学研究中的重复劳动，提高科学研究的效率，把研究水平提到新的高度，提高科研成功率。闭门造车，只会重复别人的劳动或者走弯路，影响科研成果的价值。据统计，科学工作者在从事科研活动中所花的时间，试验研究占 32.1%，计划、思考占

7.7%,数据处理占9.3%,查找情报资料占50.9%。如果熟悉文献检索方法,就能大大节省查找资料的时间,从而加快科研速度,早出科研成果。

一、中英文文献数据库

文献数据库,是将各个学科领域、各种专业技术方面的文献信息汇集在一起,经过分门别类的组织、加工、编排后形成的数据库。它能够帮助人们方便而快速地、更具针对性地查找各种文献资料的线索或者全文。

常用的中英文文献数据库主要有:中国知网、维普网、Web of Science数据库、Elsevier ScienceDirect(SD)数据库、EBSCO全文数据库、中国经济社会发展统计数据库、"读秀"图书知识库、百度学术数据库。

1. 中国知网

数据库资源地址:http://www.cnki.net/。

中国国家知识基础设施(China National Knowledge Infrastructure,CNKI),是以实现全社会知识资源传播共享与增值利用为目标的信息化建设项目,由清华大学、清华同方发起,始建于1999年6月,提供中国学术文献、外文文献、学位论文、报纸、会议、年鉴、工具书等各类资源。

中国知网是目前世界上最大的连续动态更新的中国期刊全文数据库,内容覆盖自然科学、工程技术、农业、哲学、医学、人文社会科学等各个领域。

2. 维普网

数据库资源地址:http://www.cqvip.com/。

维普的中文科技期刊数据库(http://qikan.cqvip.com/),是由科技部西南信息中心重庆维普资讯有限公司开发研制的中文电子期刊数据库。该库具有时间跨度大、收录期刊范围广、系统性强、种类多及文献量大等特点。维普中文科技期刊数据库按照《中国图书馆分类法》进行分类,将所有文献分为8个专辑——社会科学、自然科学、工程技术、农业科学、医药卫生、经济管理、教育科学和图书情报,再将8大专辑细分为36个专题。

3. Web of Science 数据库

数据库资源地址:http://isiknowledge.com。

Web of Science是美国Thomson Scientific公司基于Web开发的产品,是大型综合性、多学科核心期刊引文索引数据库,包括三大引文数据库,即科学引文索引(Science Citation Index,简称SCI)、社会科学引文索引(Social Sciences Citation Index,简称SSCI)和艺术与人文科学引文索引(Arts & Humanities Citation Index,简称A&HCI),两个化学信息事实型数据库(Current Chemical Reactions,简称CCR;Index Chemicus,简称IC),以及科学引文检索扩展版(Science Citation Index Expanded,简称SCIE)、科技会议文献引文索引(Conference Proceedings Citation Index－Science,简称CPCI－S)和社会科学与人文科学会议文献引文索引(Conference Proceedings Citation Index－Social Science&Humannalities,简称CPCI－SSH)三个引文数据库,以ISI Web of Knowledge作为检索平台。

4. Elsevier ScienceDirect(SD)

数据库资源地址:http://www.sciencedirect.com/。

Elsevier是荷兰一家全球著名的学术期刊出版商,每年出版大量的学术图书和期刊,其中大部分期刊被 SCI、SSCI、EI 所收录，是世界上公认的高品位学术期刊。目前，其 SDOS (ScienceDirect OnSite)网络全文数据库收录了公司出版的所有期刊、图书，涵盖了生命科学、计算机科学、工程、环境科学、农业和生物科学、数学、经济、商业、管理、社会科学、艺术和人文科学等 23 个学科领域。

5. EBSCO 全文数据库

数据库资源地址：http://search.ebscohost.com。

EBSCOhost 是美国 EBSCO Publishing 公司推出的全文检索系统，从 1994 年开始提供 Web 版，实现了网上数据库检索。目前 EBSCO 提供 9 个子库，其中：(1) Academic Search Premier(ASP)，是世界上最大的多学科全文数据库，涉及几乎所有自然科学和社会科学领域，包括语言文学、哲学、历史、社会学、政治、经济金融与管理、法律、教育、新闻、生命科学、医学、数学、物理、化学、技术科学、信息科学、环境科学等学科门类，每日更新。(2) Business Source Premier(BSP)，是世界上最大的商业全文数据库，涉及的主题有国际商务、经济学、经济管理、金融、会计、劳动人事、银行等，收录了《华尔街日报》《商业周刊》《财富》《福布斯》等许多商业领域著名报刊，提供世界上最大的 5000 家公司的详细资料。数据库还提供图像检索功能，每日更新。

6. 中国经济与社会发展统计数据库

数据库资源地址：http://tongji.cnki.net/kns55/index.aspx。

中国经济与社会发展统计数据库旨在为用户提供便捷、高效的经济社会数据服务。该库提供了完备的统计年鉴(统计资料)品种，各年鉴资料从创刊开始收录。该库各年鉴资料自创刊以来的统计图表均提供 Excel 格式。

7.“读秀”知识库

数据库资源地址：http://www.duxiu.com/。

读秀知识库是由海量文献资源组成的庞大的知识系统。它集文献搜索、试读、传递、文献题录信息导出为一体，是一个可以对文献资源及其全文内容进行深度检索，并且提供文献传递服务的平台。它不仅提供传统的文献信息，还提供封面页、版权页、目录页、前言页和正文 17 页的阅读。此平台采用 E－mail 进行文献传递，提供图书单次不超过 50 页的文献传递，同一邮件地址同本图书一周累计传递量不超过全书的 20%。读秀是非常丰富实用的中文电子文献资源库，是进行学术研究的好帮手。

8. 百度学术

数据库资源地址：http://xueshu.baidu.com/。

百度学术于 2014 年 6 月上线，是百度旗下的免费学术资源搜索平台，致力于将资源检索技术和大数据挖掘分析能力贡献于学术研究，优化学术资源生态，引导学术价值创新，为海内外科研工作者提供最全面的学术资源检索和最好的科研服务体验。

百度学术覆盖知网、维普、万方、Elsevier、Springer、Wiley、NCBI 等国内外 120 多万个学术站点，收录包括学术期刊、会议论文、学位论文、专利、图书等类型在内的 4 亿多篇学术文献，成为全球文献覆盖量最大的学术平台。

百度学术目前提供以下两大类服务：(1)学术搜索：支持用户进行文献、期刊、学者三类内容的检索，并支持高校和科研机构图书馆定制版学术搜索。(2)学术服务：支持用户“订阅”感兴趣的关键词、“收藏”有价值的文献、对所研究的方向做“开题分析”、进行毕业论文

“查重”、通过“单篇购买”或者“文献互助”的方式获取所需文献、在首页设置常用数据库方便直接访问。

二、文献检索策略

PPT：文献检索的方法

1. 文献检索要求

文献检索要求，主要包括：

(1)最新：文献发表的时间越近相对越好；

(2)最相关：文献和自身的研究问题相关；

(3)最好：文献发表的作者、刊物影响力显著，具有权威性，被引次数高。

2. 文献检索过程

文献检索的过程，包括以下步骤：

(1)确定检索要求和目标；

(2)拟定检索对象范围主题词；

(3)选择数据库及检索途径；

(4)实施检索并显示检索结果；

(5)用检索技术优化检索结果。如初级搜索为关键词、主题、作者、题目，高级搜索为初级搜索的各种组合；

(6)选择输出(打印、拷贝或发送至电子邮箱，或导入文献管理软件中)。

文献检索词，是指出现在文献的篇名、文摘和正文中有实质意义的并在解释和描述文献主题内容上起关键性作用，并可以作为检索入口的词和词组。

文献检索词分析方法：

方法一：论文选题→列出论文选题中的核心概念→列出论文选题中的核心概念的同义词、近义词→列出中文检索词→开展 CNKI 概念检索(http://define.cnki.net/WebForms/WebDefault.aspx)→确定检索词。

方法二：通过文献追踪(文献间存在引用关系)、文献引用(论文后面列出的参考文献)、文献被引(被其他文献引用)、文献推荐(有些文献数据库给出的该选题研究领域的高影响力文献)等方法，检索出所研究领域的高影响力文献，选取、列出所研究选题文献检索的中文检索词、英文检索词。

视频：文献检索的方法

3. 文献检索技巧

文献检索技巧，主要包括：

(1)从中英文相同主题、相关领域顶级期刊的最新文献综述类文章中检索；

(2)从著名高校近 5 年相关的博士论文参考文献中检索；

(3)根据文章后面的参考文献进行二次检索；

(4)看国外 TOP 期刊最新的文章；

(5)跟踪搜索主流研究学者的文章。

PPT：文献检索的技巧

三、文献甄别技巧

文献甄别，是指根据文献质量与文献可靠性、文献与论文选题的相关性和一致性、文献对论文正文内容和论文文献综述撰写的贡献度，开展的对文献的识别、比较、筛选工作。

文献甄别技巧，主要包括：

(1)按照下载率、引用率排名；

(2)根据文章的作者甄别；

(3)根据文章发表的期刊级别选择；

(4)根据文章发表年份选择。

视频：文献检索的技巧

甄别文献时，为便于比较和筛选，需要建立论文的文献数据库。例如，撰写文献综述“创新生态系统升级的已有研究成果”时，可以按照四个方面，即概念界定研究、构成要素研究、分析模型研究、研究范式分析，建立文献数据库进行文献比较、文献对照（见表3-1）。

表3-1 “创新生态系统升级的已有研究成果”文献数据库

序号	学者	研究问题	研究方法	主要结论	概念界定	构成要素	分析模型	研究视角
1								
2								
⋮								
n								

第二节　EndNote中论文的录入和引用

【本节知识分解】

1. 文献的录入技巧
2. 文献的引用标注方法

在毕业论文撰写中存在部分作者不能正确引用参考文献的问题，如：(1)引用的参考文献不够严谨，缺乏准确性。有的作者在引用他人的研究成果时，没有认真地查找原文，而是照抄第三人论文中的引文，结果引文错了也就跟着错。(2)引用参考文献的项目不全。根据《中国学术期刊技术规范》规定，科技期刊引用参考文献，文内按引用顺序标注序号，文后按文献类型不同分别著录相应项目。(3)引用的参考文献与论文题目不一致，无密切关系。(4)引用时代久远、已经过时的文献。(5)引用的参考文献存在造假。正确引用参考文献的意义非常重大，有利于体现作者严谨、求实的科学态度，有利于维护知识产权、保护作者及他人的著作权，有利于确保论文的质量、方便读者阅读和使用，用好EndNote软件可以避免出现上述问题。

一、EndNote软件的主要功能操作

EndNote软件由Thomson Corporation下属的以学术信息市场化和开发学术软件为宗

旨的子公司 Thomson ResearchSoft 公司开发。

1. EndNote 软件的优点

(1)EndNote 支持的国际期刊参考文献格式有几千种，写作模板有几百种。

(2)EndNote 能直接连接几千个数据库，并提供通用的检索方式，提高了科技文献的检索效率。

(3)EndNote 能管理的数据库没有上限，至少能管理数十万条参考文献。

(4)EndNote 快捷工具嵌入 Word 编辑器中，可以很方便地边书写论文边插入参考文献，书写过程中不用担心插入的参考文献会发生格式错误或连接错误。

文本：EndNote 高效运用指南

(5)EndNote 占用的系统资源少，很少出现因 EndNote 数据库过大而导致计算机死机的现象，这是 EndNote 最重要的特色之一。

(6)国外数据库下载数据时均支持 EndNote ，即使检索的机器上没有安装 EndNote，照样可以方便使用。

2. EndNote 软件的主要功能

(1)在线搜索文献：直接从网络搜索相关文献并导入 EndNote 的文献库内。

(2)建立文献库和图片库：收藏、管理和搜索个人文献以及图片和表格。

(3)定制文稿：直接在 Word 中格式化引文和图形，利用文稿模板直接书写合乎期刊要求的文章。

(4)引文编排：可以自主编辑参考文献的格式。

3. EndNote 软件的主要功能操作(以 EndNote 7.0 为例)

(1)在线搜索。

EndNote 利用 Z39.50 信息获取协议，可以方便地进入全世界绝大多数的文献数据库，并将连接和搜索这些数据库的信息用“Connection Files”的形式储存起来，直接提供给使用者。Connection Files 的设置可以自己创建或修改。

搜索过程如下：

①进入 EndNote7.0，从“Tools”菜单下点击“Connect”；

②出现“Choose A Connection File”对话框，选定数据库，点击“Connect”；

③按照布尔逻辑设定搜索词，点击“Search”；

④出现搜索结果，存入指定的文献库。

提示：

①通过点击“Find” 进行查找设置，可以提高对某一类型数据库的查找效率；

②很多数据库需要输入账号和密码；

③“Save Search”可以保存搜索设置，“Load Search”可以导入已保存的搜索设置，“Add Field” 和“Delete Field”分别是添加和删除设置栏。

(2)导出文献。

EndNote 库内的文献可以以四种格式导出——rtf、html、xml 和 txt，从而创建独立的文献集或者创建可以导入其他数据库的参考文献。导出的文献样式由当前样式决定，当前样式可以从“Edit”菜单下的“Output Styles”或者工具栏上的样式下拉框选定。

导出步骤：

①选定要导出的文献库；

②按照自己的要求排列文献的顺序；

③选择合适的文献样式；

④从"File"菜单下点击"Export"；

⑤出现导出对话框，选择要保存的文件格式(rtf、html、xml、txt)和文件名；

⑥保存(注意：如果文献库内有图像的话，图像不会随之导出，只能另外粘贴)。

(3)导入文献。

EndNote可以将不同来源的文献导入已存在的库内或新建的库中：

①Online Searching：即通过EndNote直接进入网上数据库查找和获得文献。

②Direct Export：很多网络数据库如Medline、Pubmed、CSA等都支持将自己选择的文献以EndNote可识别的格式下载。

③CD-ROM：将CD内的文献转换为文本格式以后通过滤镜导入。

文本文献的导入过程：

①创建EndNote可以导入的文本文件：文件必须是"标注格式(Tagged Format)"的txt文档，即不同的信息必须以特定的标注(如Tab键、"//"等记号)分隔归类，每一个标注及其后面的信息都另起一行。多数数据库支持将其数据资料转换为Tagged格式。

②点选"File"菜单里的"Import"，出现"Import"对话框，点击"Choose File"选择要导入的文献数据，选择"Import Options"下拉菜单里的各项：

EndNote Library：将EndNote的一个文献库导入另一个文献库。映象不会随之转移，导入完成后需要将该映象文件拷贝到新的文献库内。

EndNote Import：将从网络数据库下载或从EndNote导出并转换成EndNote格式的文本导入新的EndNote文献库。

Refer/BibⅨ：将从Refer或BibⅨ程序中导出的文本导入EndNote。

ProCite：将从ProCite导出的文本导入EndNote。

Tab Delimited：用于导入信息域已经被跳格键(Tab)分隔的文本。

Reference Manager (RIS)：可导入从Reference Manager、Reference Update、Reference Web Poster和其他任何RIS格式资源导出的文档。用EndNote也可以打开Reference Manager的文献库。

ISI-CE：导入来自ISI数据资源的文本文档。

Multi-filter (Special)：用于导入含有不同来源文献的文档。

EndNote Generated XML：用于从EndNote导出的xml格式的文件。

Other Filters：进入"Choose A Filter"对话框看到EndNote自带的大量滤镜，对应不同的网络数据库。注意：每个数据库都需要一个特定的滤镜，即使供应商相同也不可混用。

Use Connection File：可以将一个Connection File作为滤镜。当用EndNote的Connect命令搜索某一数据库时会生成Connect. log文件，将此文件导入成文献库数据。

③选择"Duplicates"下拉菜单里的各项：

Import All：导入所有文献，包括与目的库内有重复的文献。

Discard Duplicates：导入文献时剔除与目的库内有重复的文献。

Import into Duplicates Library：导入文献到目的库，但将所有重复文献放入一个名为"File-Dupl. enl"的库中，"File"是目的库的库名。使用者可以在稍后浏览这些文献或者合并两个库。

④选择“Text Translation”菜单：通常选择“No Translation”，只有机读目录（美国国会图书馆发行的磁带版图书目录，即 MARC 格式）的文档选择“Ansel”。

⑤点击“Import”导入文献。

注意：只有最新导入的文献会显示在当前库内，要查看新旧所有文献，单击鼠标右键后点击“Show All References”。

4. 编辑库内文献

大多数 EndNote 的文献管理指令只针对当前显示在库内的文献，对隐藏的文献无效。首先，选取库内感兴趣的文献，EndNote 支持使用 Ctrl 和 Shift 键选取多个文献。接下来的操作与 Word 相似。编辑库内文献的主要操作包括：

(1)显示和隐藏文献：在“References”菜单或鼠标右键菜单内点击“Show Selected References”、“Hide Selected References”或“Show All References”，可以仅显示所选文献或隐藏所选文献或显示所有文献。

(2)在库内查找文献：在“References”菜单或鼠标右键菜单内点击“Search References”，出现检索栏，选择检索项，输入检索词，点击“Search”获得结果。

(3)添加删除文献：复制、剪切、粘贴、输入新文献。

(4)编辑修改文献。

(5)对文献进行排序。

(6)改变文献显示的样式。

(7)在库内文献中加入图片、表格和其他映象文件。

(8)查找重复文献。

5. 合并文献库

(1)将一个文献库内的文献导入另一个库：按照文献导入步骤，只是要在“Import Options”下拉菜单中选择“EndNote Library”。在导入之前最好将源库和目的库都做好备份，以防数据改变带来不利后果。映象不会随文献导入新库中，必须将保存在源库的 Data 文件夹内的映象文件拷贝到目的库的 Data 文件夹里。

注意：如果从当前文献库内将文献导入目的库，被导入的文献将只会是当前库内显示出来的文献，隐藏的文献不会被导入。

(2)拖拽：在源库中选定要转移的文献，直接用鼠标左键拖拽文献到目的库。同样，操作前应备份。

(3)拷贝和粘贴：在源库内用“Copy”命令拷贝文献，在目的库中用“Paste”粘贴。同样，操作前应备份。

注意：备份是有必要的，尤其是在用 EndNote 书写文章时，插入引文的记录号直接与库内文献关联，一旦库内文献改变了，文献记录号也会改变，很有可能影响插入文献的正确性。

6. 写文章

EndNote 在安装时可以自动整合到 Word 97、Word 2000 和 Word XP 中，使用者可以简单轻松地将 EndNote7.0 的库内文献加入 Word 文档里，进而格式化引文，形成合乎期刊要求的引文样式。另外，EndNote7.0 提供各种文稿的模板，写文章实现了模块化。

注意：最好先安装 Word 后再安装 EndNote7.0，否则有可能不兼容。解决办法是重装

EndNote7.0。

EndNote 提供了大量合乎各种期刊要求的稿件模板，收集在“Templates folder”里，写文章时选择合适的模板可大大简化写作过程。文稿模板经过了格式化，对页边距、标题、行距、首页、摘要、图形位置、字体字号等都做了规范。

用模板写文章的流程：

(1)打开模板：从 EndNote 里打开，点击“Tools”下拉菜单里的“Manuscript Templates”后选择模板；或者从 Word 里打开，通过“新建” —“通用模板”—“EndNote”选择模板。

(2)模板在 Word 里打开后，出现“Template Wizard”界面。

(3)依次填写“Template Wizard”所要求的信息，“Template Wizard”会将其转入文章中合适的位置。

(4)填写完后点击“Finish”，进入 Word 中的模板。

(5)按照版式填写。

7. 引文编排

建好 EndNote 文献库后，在撰写论文时，能够随时从 Word 文档中调阅、检索相关文献，并将需要引用的文献按照期刊要求的格式插入正在撰写的论文的参考文献处；如果要转投其他期刊，也能够很快将引用文献的编排格式转换成其他期刊要求的格式。

假如电脑已经安装 EndNote 和 Word，打开 Word 会发现多出一个 EndNote 工具栏。

8. 加入引文

(1)在 Word 里将光标移到想插入文献的位置。

(2)找到想插入的文献。

方法一：从 Word 的工具栏里进入“EndNote 7.0”子菜单，选择“Find Citation(s)”，出现“EndNote Find Citations”对话框。输入要查找的文献字段，点击“Search”。出现检索结果后选择要引用的文献，点击“Insert”，引文即插入 Word 文件中。

方法二：从 Word 的工具栏里进入“EndNote 7.0”子菜单，选择“Go to EndNote”，进入EndNote7.0，打开文献库，选择要加入的文献，回到 Word，进入“EndNote 7.0”子菜单，选择“Insert Selected Citation(s)”。也可以把选定的文献直接拖到 Word 中或者在 EndNote 中拷贝后在 Word 里粘贴。

注意：在缺省设置状态下选择“Instant Formatting”，即“立即格式化”，每次加入的引文会立刻转换成相应格式，同时在文章结尾自动加上文献列表。如果“立即格式化”未启动，引文则保持临时引用格式，即“第一作者、年代#记录号”，文章结尾也没有文献列表产生。

(3)加入所有引文以后，从 Word 的工具栏里进入“EndNote 7.0”子菜单，选择“Format Bibliography”，出现“Format Bibliography”对话框，点击“Browse”，选择合适的期刊类型，点击“确定”，EndNote 会扫描整篇文章，将引文转换成期刊要求的格式。

(4)编辑引文：对引文的编辑只能在引文格式化之后进行，否则系统会提示找不到可编辑的引文。在引文格式化以后，从 Word 的工具栏里进入“EndNote 7.0”子菜单，选择“Edit Citation(s)”，出现“Edit Citation”对话框，进行编辑。编辑后要重新格式化才会保存所做的更改。

Exclude Author：省略所选引文的作者。

Exclude Year：省略所选引文的年代。

Prefix：给引文加上前缀。

Suffix：给引文加上后缀。

Pages：给引文加上页码，在文章内以“@页码”的形式出现在临时格式里。

上下箭头：改变引文的顺序。

(5)在已经格式化的文章里可以继续加入引文，加入以后重新格式化，EndNote 会对引文重新排序和整合。如果该处原有多个引文，EndNote 只能在原有引文之前或之后加入新引文，而不能在原引文中间加入新引文。

注意：已经格式化的引文，Word 会保持其域代码，此时即使在 EndNote 的文献库里删除了相应文献，也不会影响到该文章。但未格式化的引文只是占位符，不含域代码，如果在库里删除了相应文献，EndNote 就会找不到文献信息。

9. 加入注释

一些期刊要求在文章结尾加上注释，加入的注释会和引文一样被编号，进而按照顺序出现在文献列表里，成为文献列表的一部分。

注意：只有在以“Numbered Style”格式化过的文章里加入注释才是有意义的，否则注释只能以全文本形式出现在文章里。

PPT：文献引用的方法

加入步骤：

(1)在 Word 里将光标移到想加注释的位置；

(2)从 Word 工具栏里进入“EndNote 7.0”子菜单，选择“Insert Note”，出现“EndNote Insert Note”对话框；

(3)写入注释，字数不限；

(4)点击“OK”，注释以临时引文的格式出现在相应位置；

(5)再次格式化文章，此时可以看到在文章加入注释的位置出现数字标号，在文献列表里会出现注释的内容，注释同样可以用“Edit Citation”编辑。

二、CNKI 数据库文献导入 EndNote 的方法

视频：文献引用的方法

(1)进入中国知网高级搜索界面。

输入网址：http://kns. cnki. net/kns/brief/result. aspx? dbprefix＝SCDB，或学校图书馆知网搜索页面，输入关键词，搜索后出现以下界面(见图 3-1)。

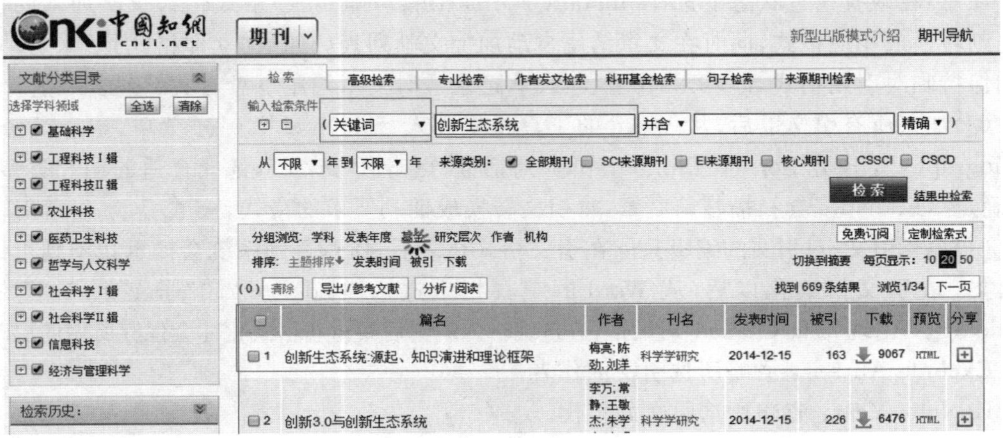

图 3-1　中国知网高级搜索界面

(2)选中需要导入的文献,在前面的方框内打钩(见图 3-2)。

☑	篇名	作者	刊名	发表时间	被引	下载	预览	分享
☑ 1	创新生态系统:源起、知识演进和理论框架	梅亮;陈劲;刘洋	科学学研究	2014-12-15	163	9067	HTML	⊞
☑ 2	创新3.0与创新生态系统	李万;常静;王敏杰;朱学彦;金爱民	科学学研究	2014-12-15	226	6476	HTML	⊞
☑ 3	多重视角下的创新生态系统	赵放;曾国屏	科学学研究	2014-12-15	97	4270	HTML	⊞
☑ 4	新能源汽车创新生态系统演进机理——基于比亚迪新能源汽车的案例研究	王宏起;汪英华;武建龙;刘家洋	中国软科学	2016-04-28	77	6548	HTML	⊞
☑ 5	新技术创新生态系统资源整合及其演化关系的案例研究	李恒毅;宋娟	中国软科学	2014-06-28	37	2744	HTML	⊞

图 3-2　选中需导入的文献界面

(3)点击存盘图标(见图 3-3)。

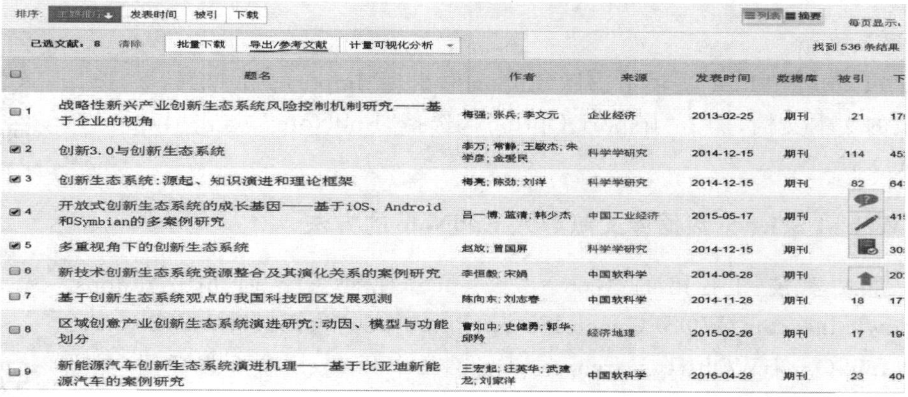

排序: 主题排序 发表时间 被引 下载　　列表 摘要　每页显示:

已选文献: 8 清除　批量下载　导出/参考文献　计量可视化分析　　找到 536 条结果

☐	题名	作者	来源	发表时间	数据库	被引	下
☐ 1	战略性新兴产业创新生态系统风险控制机制研究——基于企业的视角	梅强;张兵;李文元	企业经济	2013-02-25	期刊	21	17
☑ 2	创新3. 0与创新生态系统	李万;常静;王敏杰;朱学彦;金爱民	科学学研究	2014-12-15	期刊	114	45
☑ 3	创新生态系统:源起、知识演进和理论框架	梅亮;陈劲;刘洋	科学学研究	2014-12-15	期刊	82	64
☑ 4	开放式创新生态系统的成长基因——基于iOS、Android和Symbian的多案例研究	吕一博;蓝清;韩少杰	中国工业经济	2015-05-17	期刊		41
☑ 5	多重视角下的创新生态系统	赵放;曾国屏	科学学研究	2014-12-15	期刊		30
☐ 6	新技术创新生态系统资源整合及其演化关系的案例研究	李恒毅;宋娟	中国软科学	2014-06-28	期刊		20
☐ 7	基于创新生态系统观点的我国科技园区发展观测	陈向东;刘志春	中国软科学	2014-11-28	期刊	18	17
☐ 8	区域创意产业创新生态系统演进研究:动因、模型与功能划分	曹如中;史健勇;郭华;邱羚	经济地理	2015-02-26	期刊	17	19
☐ 9	新能源汽车创新生态系统演进机理——基于比亚迪新能源汽车的案例研究	王宏起;汪英华;武建龙;刘家洋	中国软科学	2016-04-28	期刊	23	40

图 3-3　存盘界面

(4)出现以下界面,选择左侧的"EndNote",点击"导出"(见图 3-4)。

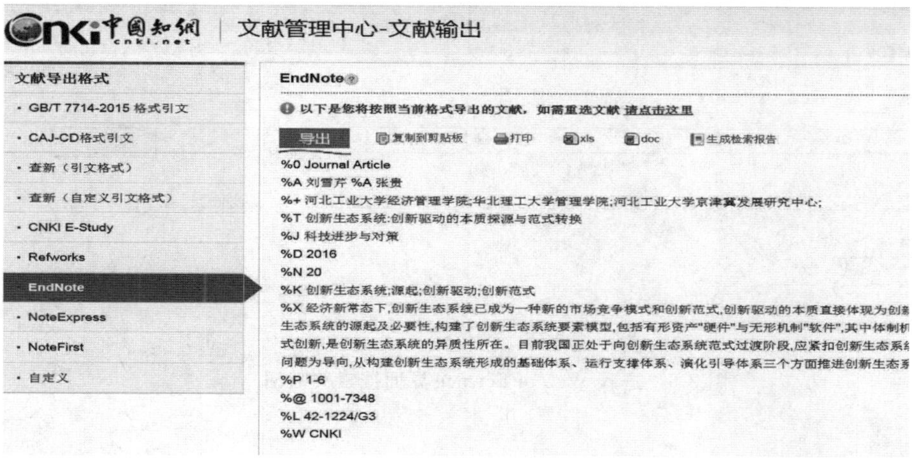

图 3-4　导出界面

(5)点击“新建下载任务:下载”保存这个文档(见图 3-5)。

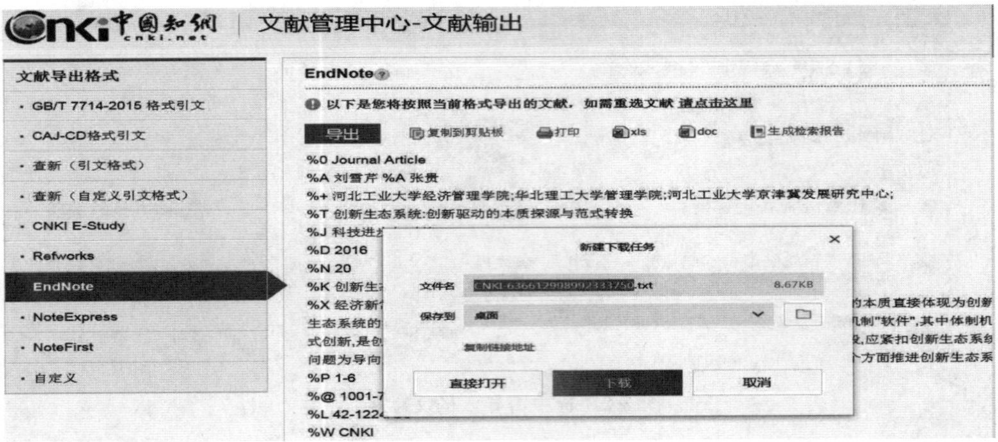

图 3-5　保存文档界面

(6)导入文献。

在 EndNote 的“File”选项中选择“Import”,出现“Import File”对话框,选择刚才下载的文本文档,点击“Import Option”,选择“EndNote”,点击“Import”,成功导入文献。

PPT:
文献录入的方法和技巧

三、Web of Science 数据库文献导入 EndNote 的方法

(1)进入学校图书馆的 Web of Science,在搜索界面 http://apps.webofknowledge.com/WOS_GeneralSearch_input.do? product=WOS&SID=P2162Anq5QzYJtWQbIf&search_mode=GeneralSearch 输入关键词(见图 3-6)。

文本:
Web of Science 快速参考指南

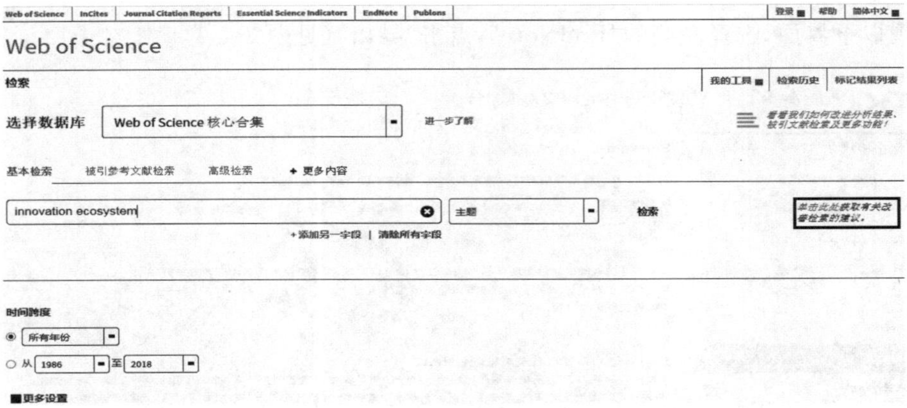

图 3-6　进入 Web of Science 界面搜索关键词

搜索后出现以下界面(见图 3-7)。

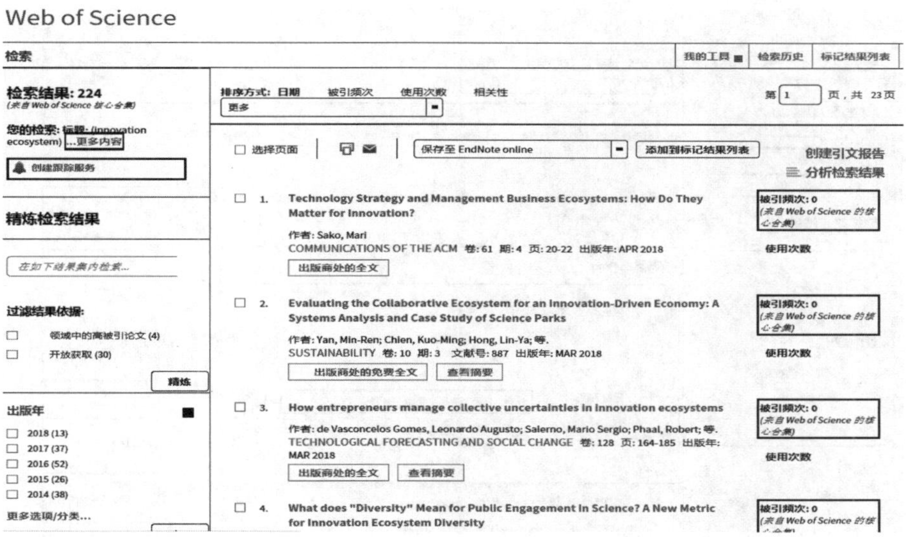

图 3-7 搜索关键词后出现的界面

(2)选中需要导入的文献,在前面的方框内打钩,点击“保存至 EndNote desktop”(见图 3-8)。

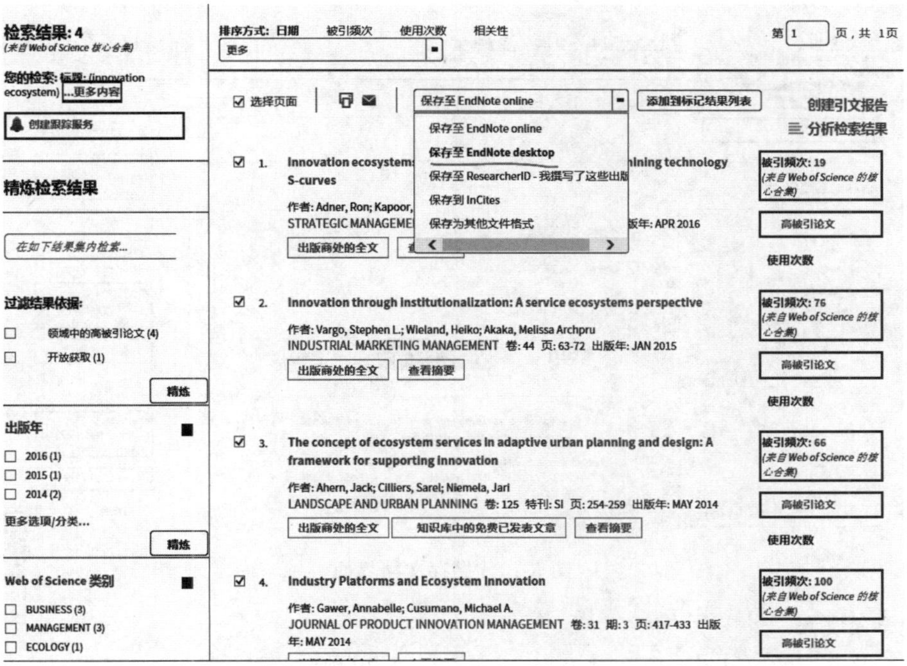

图 3-8 选中文献界面

(3)在跳出的对话框中，点击“作者、标题、来源出版物、摘要”选项，点击“发送”(见图 3-9)。

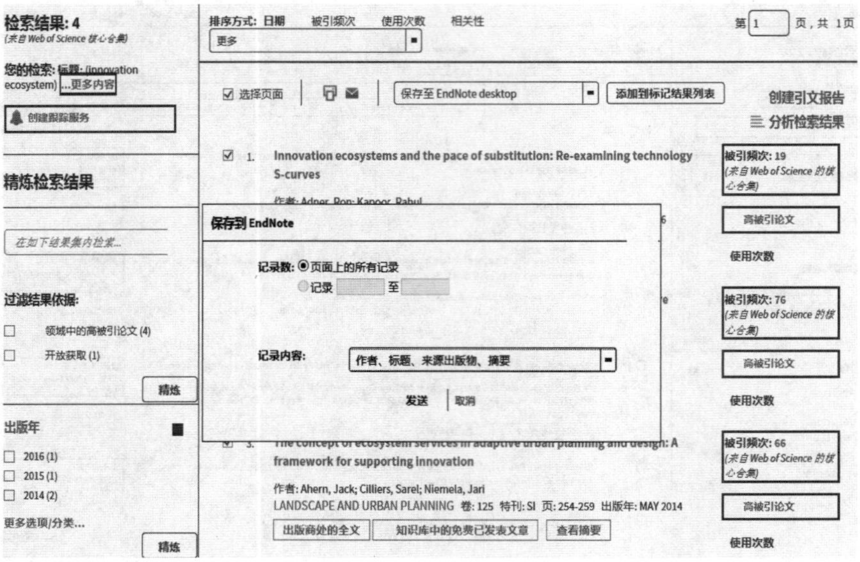

图 3-9　点击相关选项界面

(4)点击“新建下载任务：下载”保存这个文档(见图 3-10)。

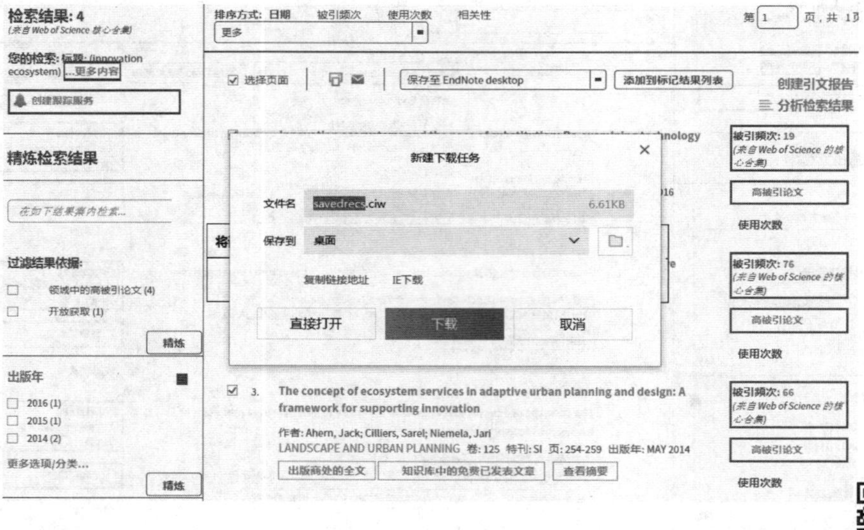

图 3-10　保存文档界面

(5)导入文献。

在 EndNote 的“File”选项中选择“Import”选项，出现“Import File”对话框，选择刚才下载的文本文档，点击“Import Option”，选择“EndNote”，点击“Import”，成功导入文献。

视频：文献录入的方法和技巧

【技能训练】

毕业论文选题：创新生态系统升级研究

文献检索要求：

1. 文献检索词的设计：通过文献检索过程，确定文献检索的检索词；文献检索中所设计、使用的检索词，要与论文选题高度相关。

2. 文献数量：50 篇以上。

3. 文献检索结果构成：专著 2～3 篇，学位论文 2～3 篇，中文期刊论文 10～20 篇，外文期刊论文 5～10 篇，调研报告 2～5 篇，年鉴 1～3 篇，综述文献 3～5 篇。

4. 其他文献检索结果要求：本研究领域的主要研究者 10 人以上，本研究领域的专门网站 3～10 个，本研究领域的专门研究机构 3～10 个，本研究领域的主要期刊 10 种以上。

5. 梳理本研究领域的研究成果文献，制作研究文献的分布图表（年代分布、作者分布、学派分布、期刊分布、机构分布、研究方法分布，制作分布图），制作研究观点的演进轨迹图，分析不同观点基础上发展形成的学派，绘制观点树形关系图，绘制概念模型（研究框架）。

6. 检索本课题研究的研究框架（学术图形检索）、研究量表（学术表格检索）。

7. 绘制论文选题研究背景的图表。

8. 在论文正文中，文献引用标注 3～5 项。

9. 制作文献内容的分析整理表和研究变量的分析整理表。

10. 熟悉和把握本研究领域的研究方法，特别是实证研究方法、指标体系设计、调查问卷设计。

11. 熟悉和把握本研究领域的研究范式。

12. 撰写毕业论文的结构大纲（如案例研究论文的结构：引言、文献回顾、研究框架、研究设计、研究结果、结论）。

第四章 文献综述与开题报告

【本章教学主要内容】

➢ 模块一：文献综述写作框架

1. 文献综述的内涵
2. 文献综述写作目的与要求
3. 文献综述写作总体框架结构

➢ 模块二：文献综述写作方法

1. 文献阅读技巧
2. 文献综述内容归纳的几种常用方法

➢ 模块三：开题报告的规范

1. 开题报告规范格式
2. 开题报告常见问题

【本章教学目的】

1. 掌握文献综述的总体框架与写作步骤
2. 掌握不同文献内容的归纳与梳理总结方法
3. 掌握开题报告的规范方法

第一节 文献综述

【引例】

如何学习做菜

1. 假如你不会做菜，当你想做一个番茄炒鸡蛋，你会怎么做？

2. 向会做菜的朋友请教或查阅菜谱：做一个番茄炒鸡蛋需要什么材料？具体操作步骤是什么？

3. 根据上述知识，准备材料，学着做。

思考并回答：

请根据上述引例，简要谈谈文献综述的一般过程是怎样的，它可以被归纳概括为哪几个典型的步骤或阶段。

一、什么是文献综述

（一）文献综述的定义

在基本确定了研究主题，掌握了文献检索方法后，就要进行文献综述与写作了。那么，什么是科学的文献综述呢？

文献综述是对某一领域某一方面的课题、问题或研究专题收集大量情报资料，按照科学的思路和方法进行归纳、总结和梳理，综合分析当前该课题、问题或研究专题的历史沿革、最新进展、学术见解和建议，从而揭示有关问题的新动态、新趋势、新水平、新原理和新技术等，为后续研究寻找出发点、立足点和突破口的全过程。

文献综述看起来只是收集资料并进行整理复述的工作，貌似简单，实则不然。如果没有科学的方法论指导，文献综述不仅会走很多的弯路、消耗不必要的劳动，更有可能会将整体研究的构思导向错误的方向。

“文献综述”，英文称之为“survey”“overview”“review”，是在对某研究领域的文献进行广泛阅读和理解的基础上，对该领域研究成果的调查、概览与评论。在非学术领域，很容易将“文献综述(literature review)”与“背景描述 (background description)”相混淆。如“中国会计中介服务机构的发展历程”“中国注册会计师制度的政策和问题”，就属于“背景描述”，关注的是现实层面的问题，严格来讲不是“文献综述”。“文献综述”是对学术观点和理论方法的整理，如“论影响会计中介服务业诚信度的因素”“会计中介机构监管模式研究”，关注的就是学术研究问题。

文献综述在学位论文的写作过程中处于极为重要的地位，它是保障学位论文写作顺利进行的前提。要写好一篇文献综述，应当明确文献综述的含义、特征，把握文献综述写作的基本规则，遵循文献综述的写作步骤和内容要求，避免文献综述写作中的误区。

文献综述的写作是本科学生毕业设计（论文）创作中一次重要的研究实践活动。文献综述的写作能反映学生的中外文文献阅读能力和综合分析能力。一般来说，为撰写本科毕业设计（论文）提供观点和材料基础的文献综述的正文字数至少要在2000字，参考文献不少于15篇，外文文献不少于2篇。文献综述要求在文后列出参考文献，文中引用的地方用上标加以标注，同时与列出的参考文献序号一一对应。

PPT：
文献综述
写作目的

（二）文献综述的目的

文献综述是为研究服务的，对文献的分析和研究，不只是为了学习，更是为了超越。简而言之，文献综述有三个目的：

（1）“站在巨人的肩上”，通过对前人研究成果的梳理，有助于系统全面地掌握这一领域当前的研究成果，包括研究方法、研究视角与研究结果。

（2）通过梳理前人的研究思路、研究方法和研究结果，有助于借鉴已有研究，形成自己分析该主题的研究基础。

视频：
文献综述
写作目的

(3)有助于自身提出新的研究思路,确定研究对象和相应的研究方法。

【知识专栏】

文献综述要解决什么问题?包含什么内容?

(一)文献综述应该为读者勾勒出一幅综观所选研究领域的全景图

该领域是怎样发展演变至今的?

该领域是否存在某种发展趋势?

该领域是否存在某种争议?又是否达到过某种共识?

在该领域的发展历程中,哪些书籍或者文献被誉为经典?又有哪些理论具有里程碑式的意义?

(二)文献综述应该点明以往研究与当下研究的关系

该领域是否存在明显的研究空白?

该领域是否有尚待修正的错误?

该领域的某些方面是否还缺少进一步的研究工作?

(三)文献综述应当为我们的研究问题、研究假设做铺垫和论证

前人的研究理论是否存在矛盾之处?

前人的研究方法与研究设计是否恰当?

前人的论证是否存在一定的缺陷或者局限?

(四)文献综述应指出以往研究所选取的方面,以避免重复

该领域的哪些方面研究得已经很充分?

该领域的哪些方面还未被充分检验?

该领域的哪些方面还没有引起足够的重视?

该领域的哪些方面还有待改进?

该领域的哪些方面还需要进一步探索?

(三)文献综述的类别

按照文献综述的独立性与自足性标准,可以将其划分为两大类:一类是自成文体的综述性文章,这是与研究报告、调查报告相并列的一种特殊文体;另一类是学位论文开题报告或者学位论文导论部分构成的文献综述,这是学位论文写作的必经阶段。

(四)文献综述的特点

1.综合性

综述要"纵横交错",既要从历史的视角出发,以时间为纵线,反映研究对象的历史脉络与理论进展;又要从不同的思路和流派观点、从国内到国外,进行横向比较,经过综合分析、归纳整理、消化鉴别,使材料更精练、更明确、更有层次和更有逻辑,进而把握本专题发展规律,并预测发展趋势。

2.评述性

文献综述是"述"与"评"的结合,"述"是基础,"评"是重点。文献综述的评述性,要求对与

选题有关的研究资料进行分析，以发现以往研究的优势与不足，从而得出自己的见解和结论。

3. 指引性

文献综述既是自己掌握本领域研究状况的基础，也是读者了解论文选题价值的前提。文献综述既展现了论文选题领域的现状，也预示了论文选题领域的研究方向与未来发展趋势。这些都是文献综述指引性的体现。

(五)文献综述的内容

文献综述不应是材料的罗列，而是对自己阅读和收集的材料加以归纳、总结，引出重要结论。一篇好的综述，应当是既有观点又有事实、“有骨又有肉”的好文章。综述的内容和形式灵活多样，无严格的规定，篇幅大小不一，大的可以是几十万字甚至上百万字的专著，参考文献数百篇乃至数千篇；小的可以是千余字，参考文献数篇。总的来说，文献综述系统、严谨，不同于一般的科学论著，是反映进展、现状、趋势，展望未来的作品，同时也是新知识的突破和新技术运用推广的开始。

文献综述的主要内容应该包括以下五个方面：

(1)该领域的研究意义。

(2)该领域的研究背景和发展脉络。

(3)目前的研究水平，存在的问题及其可能的原因。

(4)进一步的研究课题、发展方向概况。

(5)自己的见解和感想。

文献综述是需要作者进行独立客观的思考与评论的，因此要以批判性的思考来归纳和评论文献，而不只是相关领域学术研究的“堆砌”。评论的主线，要按照问题展开，也就是说，别的学者是如何看待和解决你提出的问题的？他们的方法和理论是否有什么缺陷？如果别的学者已经很完美地解决了你提出的问题，那就没有重复研究的必要了。

视频：
文献综述
写作框架

二、做好文献综述的方法

要做好文献综述，完成一篇高质量的文献综述并使其对以后的研究具有指导意义，就要对以下四个问题深入思考，掌握和熟悉具体方法。

一是如何找对文献？如何找到聚焦于本人研究相关领域的经典文献、前沿文献？

二是如何进行文献研究？如何高效阅读文献，并在阅读过程中反思和调整研究构思，形成具体的研究脉络？

三是如何总结文献？如何对文献内容进行分析和归纳，并进一步明确未来的研究方向？

四是如何开展文献综述的写作？如何掌握文献综述写作的技巧和方法，尽快动笔成文？

PPT：
文献综述
写作框架

(一)如何找对文献

1. 文献收集的难点

全面的文献资料调研是研究的基础，尽可能广泛地收集资料是应有的研究态度。但是，如果缺乏标准，就极易进入文献的泥沼。面对众多的文献资源，提取其中自己想要的资料，而且尽量做到效率高、质量好，在尽量少的时间内完成对历史文献的回顾与对研究的梳理，并不是一件简单容易的事。

在收集合适文献的过程中，一般会遇到以下几个难点：

(1)确定合适的主题词比较困难，难以搜索到合适的文献区间。

(2)文献收集过多，难以区分文献质量。

(3)对研究领域主要的代表人物不熟悉，收集的文献代表性不强。

(4)对研究领域的主流思路难以分辨，缺乏有效的梳理办法。

在开始进行文献收集前，要认真回答的两个问题：一是你的研究目的到底是什么，你需要寻找的是什么？二是在你的综述中，你的研究重点是在研究理论、方法论、政策、定量研究还是其他什么问题？在开始阅读文献之前，可先编写一个清单，清单上记下主要范围和涉及的问题，然后带着这个目的去读，找寻相关资料和回答以上问题。除非遇到某件特别重要的事情，否则坚持使用这个清单，因为在浩如烟海的文献库中，很容易分散注意力。在确定好目标之后，就要掌握一定的文献收集技巧，以便能尽快找到研究所需的经典资料。

2. 文献收集的技巧

文献综述写作的基本前提是对文献资料进行充分、全面的了解和梳理，收集文献是第一个步骤。在文献资料的搜索和收集过程中，可以按以下三步法进行：

(1)确定收集边界。筛选和确定搜索研究领域的范围、主题词。根据所要研究的主题内容，相关学术专著的对应章节、相关领域的博士论文、数据库搜索中的文献主题词的提示等，尝试以多个主题词进行变换检索，适当扩大文献搜索的范围，确保不会遗漏重要文献，保证文献资料的充分和完整，并逐步框定本人研究主题的学术范围和关键主题词。

(2)瞄准主流文献。将收集的主要对象瞄准主流文献，如该领域的核心期刊、经典著作、专职部门的研究报告等，确定基准范围和标杆文献，确保找到具有高度代表性、质量高且覆盖全面的少数文献。多数一般期刊上的相关研究、报道或言论，虽然多少有点价值，但囿于时间精力所限，可以从简。在对一个特定的研究领域相对陌生的情况下，比较便捷的路径是先找到一两篇经典的综述性文章后"顺藤摸瓜"，了解主要研究流派和代表人物，在其参考文献中再深入探索，这样有助于迅速了解该领域的研究全貌。

(3)规范收集方法。按照相关性、全面性和前沿权威性的要求，进行文献收集并记录和描述。文献收集得好与不好的判断标准有三个方面：一是相关性，文献收集是否与本研究密切相关；二是全面性，文献收集是否全面，是否收集完整主要的文献；三是前沿权威性，文献是否最新，是否最前沿。在文献收集中，有两种主流方法：一是选择本领域的权威期刊，用本研究的关键词进行检索，能达到文献收集相关性、权威性的要求；二是按照本研究的关键词，在 SCI、SSCI 等权威数据库中进行检索，检索结果一般能达到相关性、权威性和全面性的要求。第一种期刊选择方法比较实用，能选择到最新最好的文章，文章数量也比较适中，但是可能不够全面，并且需要对该主题的主要期刊相对熟悉；第二种数据库选择方法比较常见，也比较容易操作，但是可能由于收集到的文献数量过多，导致无法甄别文章的好坏，研究的精力淹没在众多文章中。将两种方法相互结合，以第一种方法检索核心文献，用第二种方法对收集到的文献进行概略浏览，并根据自己的研究主题再深入探索，是一种比较好的方法。

当完成以上三个步骤后，就要进行文献甄别，根据收集到的文献，筛选最后用于综述的文献。文献甄别的标准包括：文献研究主题与本研究综述主题密切相关；文献需要将主题词作为一个关键研究对象；所分析的文章数据库引用量多且排名靠前。

一般来说，文献资料调研的数量越多越好，但更重要的是精读10～20篇对自己研究工作具有宝贵参考价值的文献，同时泛读几十篇次要文献，并有选择地阅读一般文献的摘要和结论部分。只有在大量文献调研的基础上，才能去粗取精、提纲挈领和推陈出新地开展有自己特色的研究。

文献收集不是一蹴而就的，它是一个循环往复的过程。在选题确定后要进行大量的文献资料收集，在文献综述的写作过程中可能还会根据分析、论证的需要进行文献资料的补充收集。此外，文献资料的收集一定要结合选题集中进行，避免出现脱离主题的资料“大杂烩”。

3.文献收集的报告

文献收集的报告需要告诉读者本研究文献综述的文献是如何收集的，具体报告来自哪些数据库，用什么关键词或者主题搜索的，如何筛选的文章。

报告内容包括文献的总体情况报告、文献逐年发表的数量、文献逐年被引用情况分析、文献主要研究方向、文献主要发表的期刊及重要作者分析等内容。

4.文献收集的常见问题

一是文献收集范围过宽，管理领域的研究虽然与自然科学、社会科学、心理学、政治学、经济学等领域都有非常紧密的联系，研究思路和流派也各有交集，但如不加以聚焦与区分，很容易产生视野过宽、范围过广、研究聚焦不足等问题。二是文献资料的范围过窄，仅收集、归纳、分析与主题一模一样或近乎一样的文献，而忽视或遗漏与主题相关、对主题的理解与论证有重要作用的文献。三是文献资料的比例不合理，对与主题关系最为密切的核心文献和与主题有关的外围文献不加区分，同等对待，尤其是遗漏一些权威性、代表性的核心文献。

PPT：
文献综述
的相关技巧

(二)如何研究文献

围绕选题的基本资料的收集完成后，就需要对资料进行梳理、归纳和总结。这种对资料的整理过程既是掌握选题领域研究现状的必经步骤，也是发现问题、评价现象，进而形成文献综述写作总体思路的过程。

1.文献整理研究的三个阶段

对文献的整理研究，我们也可以将其分为三个阶段，有条理、有步骤地进行文献研究和分析。

(1)阅读整理阶段。对文献的阅读，可以遵循“先中文后英文”“先综述后细分”“先经典后一般”“精读与泛读结合(泛读指阅读摘要、结论和框架)”的方法。在阅读的过程中，要对所收集的文献进行分类记录，在对文献质量进行评估的基础上，以作者、发表年份为索引，按照本人研究的主要概念间的关系为主线，建立包含作者、年份、刊物、文献题名、研究问题及概念(自变量、因变量、其他变量等)、研究方法、假设及验证、主要结论等内容在内的记录表，对核心观点进行记录。

(2)信息综合阶段。根据作者、关键词、年代、理论、研究路径等，对主要文献进行分类汇总和归纳，建立核心观点体系的图表，特别要注意相互冲突的研究结论及对本研究的启示等内容。必要时，还要适当扩展进行相关理论和方法的深入检索，补充相关理论、研究结论和内容等。

(3)构思修正阶段。在阅读文献的同时,要做好两项工作。一是对论文选题构思的修正。要对选题资料进行深度分析和思考,根据文献整理情况进行回顾和审查,查阅精读原文,同时对本研究的构思和研究方法进行进一步深入思考,必要时适当修正,明晰本研究的主要蓝图、研究方法和路径。二是要逐步完成综述写作的构思。随着阅读文献的增多,思路也会逐步清晰,理清文献综述的构思,对于整理文献和综述写作有着非常关键的作用。

2. 文献研究技巧

那么多的文献,到底哪些是对自己有帮助的呢?如何将它们归类?在阅读文献时,由于文献的研究角度纷繁复杂,各不相同,经常会有一种看完后篇忘记前篇,思路和线索多头并起、越看越迷茫的感觉。因此,在阅读文献时一定要紧紧围绕自己的研究主题这根主线,攻其一点,不及其余,一定要带着问题去思考,及时纠偏,这样才能做到心中有数,看文献的思路也会越来越清晰。

此外,如果对所研究问题的感性认识不够深入,看文献有比较"累"的感觉,也可以从案例类的研究入手,先建立起对所研究内容的形象认识,再检索其他定量研究类的文献,这样会有更好的感觉。

虽然说文献研究是对研究现状的把握,但是,研究现状这一说法很容易给研究者以误导,似乎只要知道当前该领域的研究情况就可以了,其实并不尽然。问题从来都是在历史中形成的,如果不把握问题发展的历史,不仅难以理解当前正在研究的问题,更重要的是无法觉察问题的发展趋势,如果不以问题的发展趋势为前提,就不可能提出具有前沿意义的问题。强调对研究现状的把握,在很大程度上是因为当前的研究文献隐含着研究问题形成与发展的历史。事实上,许多研究文献在前言里或多或少地会对所研究的问题及其历史做简要叙述,如果研究者能够意识到这一点,可以追溯出问题的形成与发展史,这就为接近前沿创造了基础。可见,历史意识对研究者来说是非常重要的(曹正善,2008)。

3. 文献笔记技巧

写论文的时间很长,有的文献看过了当时不一定有用,事后想起来却找不着了,还有的重要文献,时间长了也会慢慢遗忘,因此,文献笔记是不可或缺的重要一环。有效、长期积累的文献笔记,虽然在读文章的时候会耗去一些时间,然而从长远来看会让一个学者受用无穷。文献笔记能教会我们怎么阅读文章,了解哪些应该记、哪些可以不记,在引用文献的时候可以信手拈来,提高研究效率。

视频:
文献综述
的相关技巧

【知识专栏】

文献笔记应该记什么?

根据学术文章的不同,写文献笔记的方法也应当有所不同。

对于理论性文章(theoretical paper),要关注其理论研究的主要对象、提出的理论框架和核心命题,如果能用一个词或一句话来描述其核心思想,那么在你下一次回忆时,就可以方便地用这个词来触发你在其理论框架上的思考。

对于实证类文章(empirical paper),重点关注其研究的假设问题,如其中所描述的自变量和因变量等变量间的关系、实证的方法、测量的方式、分析的过程以及研究假设是否被证实等问题。

写文献笔记的过程中,要以终为始,从使用文献的目的来考虑,需要记录哪些内容。比如,在理论构思中可能会使用到的研究框架,可能会引用到的重点论据,研究方法中值得借鉴和学习的内容,以及对自己的研究有较大启发的内容等。

笔记的载体和具体方法也因人而异,例如表格式笔记,就是将发表时间、作者、作者单位、文章标题、自变量、中介变量、缓冲变量、因变量、研究结论、研究方法及研究启示按序分别排列,以便于查阅、学习和引用。当然,每个人的偏好不同,可以多做尝试,找到自己最喜欢的方式。

(三)文献综述内容归纳的几种常用方法

PPT:
文献综述
写作过程

一篇好的文献综述可以做到既高屋建瓴,又脚踏实地,既探赜索隐,又醍醐灌顶,这里的关键就在于如何对文献综述内容进行总结归纳和提炼评述。对大量文献进行归类、提炼、概括,即可做到综述的“综”,而综述的“述”评与分析则更能表现研究的深度与作者的功底,只有在深入思考和剖析的基础上,提出自己独到的见解,才能完成一篇高质量的文献综述。

刘凤朝(2005)提出了文献总结和分析评价的三种方式:

一是先按时间顺序,将以往研究分成几个发展阶段,再对每个阶段的进展和主要成就进行陈述和评价。这种方法的优点在于能较好地反映不同研究之间的前后继承关系,梳理出清晰的历史脉络。

二是以流派或观点为主线,先追溯各观点和流派的历史发展,再进一步分析不同流派、观点的贡献和不足,以及它们之间的批判与借鉴关系。这种方法的优点是能从横向的比较中发现问题与不足。

三是将历史的考察与横向的比较有机结合,这种方法的优点是既能反映历史的沿革,又能提示横向的关联与互动。

也有学者认为,可以按历史发展纵观、国际国内横观和纵横结合三种写法来进行文献总结:

历史发展纵观适用于关于某一方面研究进展的动态型综述,围绕某一主题,按照时间或者专题自身发展的顺序,对其历史演变、目前的状况趋势预测做纵向描述,从而勾画出某一专题的来龙去脉和发展轨迹。要求:脉络清晰,对阶段的发展动态做简明扼要的描述(问题、成果、趋势),详略得当(重创造性、突破性成果,略一般性材料)。

国际国内横观适用于成就型、争鸣型综述,可以聚焦当前理论前沿进展,对国内和国际的各派观点、各家之言、各种方法、各自成就等加以描述和比较,分辨出各种观点、见解、方法、成果的优劣利弊,比较区域间或者机构间的差异,起到借鉴、启示和指导的作用。

纵横结合一般适用于学位论文中的文献研究部分,写历史背景采用纵式,写目前状况采用横式。这种方式可以全面系统地认识某一专题及其发展方向,做出比较可靠的取向预测,为新的研究工作选择突破口或者参考依据。

当然，对文献内容的分析与归纳，也可在流派视角标准划分、时间标准划分的方法外，按照研究文献所关注的主题来分别展开。例如，约翰 · W. 克雷斯威尔(John W. Creswell)曾提出过一个文献综述必须具备因素的五步模型。他认为，文献综述应由五部分组成，即序言、主题1(关于自变量的)、主题2(关于因变量的)、主题3(关于自变量和因变量两方面阐述的研究)、总结。

视频：文献综述写作过程

【知识专栏】

约翰 · W. 克雷斯威尔(John W. Creswell)文献综述五步模型

1. 序言告诉读者文献综述所涉及的几个部分，是关于章节构成的陈述，相当于文献综述的总述。

2. 主题1提出关于“自变量或多个自变量”的学术文献。在几个自变量中，只考虑几个小部分或只关注几个重要的单一变量，记住仅论述关于自变量的文献。这种模式可以使关于自变量的文献和因变量的文献分别综述，读者读起来清晰分明。

3. 主题2融合了“因变量或多个因变量”的学术文献，虽然有多种因变量，但是只写每一个变量的小部分或仅关注单一的、重要的因变量。

4. 主题3包含了“自变量与因变量的关系”的学术文献，这是我们研究方案中最棘手的部分。这部分应该相对短小，并且包括了与计划研究的主题最为接近的研究。如果没有关于研究主题的文献，那就要尽可能找到与主题相近的部分，或者综述在更广泛的层面上与主题相关的研究。

5. 在综述的最后提出一个总结，强调最重要的研究，抓住综述中重要的主题，指出为什么我们要对这个主题做更多的研究。其实这里不仅是要对文献综述进行总结，更重要的是找到你要从事的这个研究的基石(前人的肩膀)，也就是你的研究的出发点。

(四)文献综述写作

1. 文献综述的格式要求

文献综述的格式与一般研究性论文的格式有所不同。这是因为研究性论文注重研究的方法和结果，而文献综述介绍与主题有关的详细资料、动态、进展、展望以及对以上方面的评述。因此，文献综述的格式相对多样，但总的来说，一般都包含以下四部分：前言、主题、总结、参考文献。撰写文献综述时可按这四部分拟写提纲，再根据提纲进行撰写工作。

前言：前言部分的基本内容包括选题的目的、选题的理论意义、选题的实践意义、综述的范围与焦点、对选题的基本思考与见解等。要用简明扼要的文字说明写作的目的、必要性、有关概念的定义，综述的范围，阐述有关问题的现状和动态，以及目前对主要问题争论的焦点等。前言一般以200～300字为宜，不宜超过500字。

正文：正文部分的基本内容包括选题的国内外研究现状、主要观点、争论焦点、有待解决的问题、发展趋势、研究方法、分析评论等。正文是综述的重点，写法上没有固定的格式，只要能较好地表达综合的内容，作者可采用文献总结一节中所描述的诸多形式。正文主要包括论据和论证两个部分，通过提出问题、分析问题和解决问题，比较不同学者对同一问题的看法及其理论依据，进一步阐明问题的来龙去脉和作者自己的见解。当然，作者也可从问题发生的历史背景、目前现状、发展方向等提出文献的不同观点。正文部分可根据内容的多少分为若干个小标题分别论述。

总结：总结部分的基本内容包括对选题领域研究现状的总结、提出有争议或有待解决的研究问题、选题领域的研究方向与发展趋势、自己对选题的基本看法等。总结是对综述正文部分做扼要的概括，作者应对各种观点进行综合评价，提出自己的看法，指出存在的问题及今后发展的方向和展望。

参考文献：参考文献部分的基本要求是文献要典型、具有代表性，要科学合理，要著录准确。具体的编排可以按照需要，依据类型、年代等进行。一般参考文献的多少可体现作者阅读文献的广度和深度，也是作者尊重他人知识产权的表现。对综述类论文参考文献的数量，不同期刊有不同的要求，一般以 30 篇以内为宜，以最近 3～5 年内的文献为主。

2. 文献综述的写作指引

一篇好的文献综述要有清晰的结构和论点，要以研究的主题为依据，按照严谨的逻辑进行归纳和分析。在写作过程中，要注意和把握以下几点：

(1)要用清晰、简短的引言，说明综述的大纲，包括综述的主题、论点的安排顺序，并做出简要说明。文献综述的写作要在清晰、严密的逻辑思路下进行，避免出现内容的空缺或重复。

(2)要对研究主题进行重要概念的全覆盖，研究的题目包括所有重要概念(变量)，这些概念(变量)都需要分别阐述，阐述的具体内容包括概念定义、两个概念之间的相互关系及作用结果(原因、过程与结果)等；与此同时，也要高度重视覆盖与自己论文有分歧的观点，理论上的争鸣有助于分析差异，达成共识。

(3)避免“蜻蜓点水”式的文献综述。这种综述仅仅给人表面的信息(如仅介绍是什么，而不分析为什么及怎么样)，没有揭示表象背后的实质内容，无法向读者提供切实有用的信息。

(4)杜绝文献资料的简单罗列。要在对文献资料充分理解、吸收的基础上围绕自己的研究主题，对相关研究内容有机地进行归纳和总结，并在此基础上，发现已有研究的空白或不足，提出初步的完善建议或方向。

(5)综述的前后要有机联系，对不同概念的前后介绍要相互呼应，形成有机的整体。

(6)综述要使用正式、学术的风格写作，使用清晰简洁的语言，避免口语。行文要始终以客观和尊重他人观点为目标，不能使用情绪化语言和激烈地表达个人观点。如果你认为某些东西是有问题的，可以用“不一致”“某些地方缺乏”等方式表达描述；当介绍某人观点时，不要用“说”，而是用合适的动词，该动词能准确地反映这些观点，比如“认为”“声称”“发现”等。

(7)要特别重视尊重知识产权，主要观点的来源、所引用的图表都要一一注明出处。

(8)在文献综述的初稿完成后，需要对其进行修改与完善。对文献综述的修改与完善重点在于查看文献综述的内容是否完整，是否囊括了选题领域的主要观点，是否包括了梳理、总结和展望等内容；文献综述的结构是否合理，是否存在前后不衔接、结构比例失调等问题；文献综述的语言是否规范，是否存在含糊、笼统和非学术化等问题。

文本：文献综述内容参考范本

3. 文献综述写作中的常见问题

在文献综述写作中常常会出现一些偏差，这些偏差，大都是由对文献综述写作目的和要求的误解造成的。常见的问题有以下一些：

(1)大量罗列堆砌文章。误认为文献综述的目的是显示对其他相关研究的了解程度，结果导致很多文献综述不是以所研究的问题为中心来展开，而变成了读书心得清单。

(2)轻易放弃研究批判的权利。或大量引用自己导师的研究成果而不注意其他同行的研究成果，或大量引用他人的著作，每段话均以谁说起始，结果使自己的论文成为他人研究有效与否的验证报告，无法使读者相信自己的论文有重要贡献。

(3)回避和放弃研究冲突。在发现现有的研究结论互相矛盾时，有些文献综述就回避矛盾，进行一个自认为是创新的研究。将现有文献的冲突与矛盾加以整合是必要的，新研究比旧研究具有更好、更强的解释力，原因之一就是新的研究会将过去的所得做一番整合与改善。

(4)选择性地探讨文献。有些文献综述不是系统化地回顾现有的研究文献，寻找适合研究的问题或可预测的假设，而是宣称某种研究缺乏文献，从而认为自己的研究具有探索性。如果有选择性地探讨现有文献，则文献综述就变成了研究者主观愿望的反映，成了一种机会性的回顾。

【知识点】

Final Checklist 文献综述终稿检查列表

Here is a final checklist, courtesy of the University of Melbourne：

这是墨尔本大学提供的最终清单：

Selection of Sources

资源选择

• Have you indicated the purpose of the review?

是否明确了这篇文献综述的目的？

• Are the parameters of the review reasonable?

综述的范围是否合理？

• Why did you include some of the literature and exclude others?

为什么用这部分文献而不用其他的？

• Which years did you exclude?

排除了哪些年份的文献？

• Have you emphasized recent developments?

强调了最新进展吗？

• Have you focused on primary sources with only selective use of secondary sources?

是否专注于一手资源，选择性使用二手资源？

• Is the literature you have selected relevant?

所选文献是否相关？

• Is your bibliographic data complete?

数目数据是否完整？

Critical Evaluation of the Literature

文献评价

• Have you organized your material according to issues?

是否根据问题组织材料？

• Is there a logic to the way you organized the material?

组织材料方式的逻辑是否合理？

• Does the amount of detail included on an issue relate to its importance?

问题涉及的细节数量是否与问题的重要性相关？

• Have you been sufficiently critical of design and methodological issues?

对设计和问题方法是否已充分论证？

• Have you indicated when results were conflicting or inconclusive and discussed possible reasons?

在结果冲突或不确定时是否明确指出并讨论可能的原因？

• Have you indicated the relevance of each reference to your research?

是否表明每条引用与你的研究的相关性？

Interpretation

说明

• Has your summary of the current literature contributed to the reader's understanding of the problems?

对现有文献的总结是否有助于读者理解问题？

• Does the design of your research reflect the methodological implications of the literature review?

你的研究的设计是否反映了文献综述的方法学意义？

Note

特别指出

• The literature review will be judged in the context of your completed research.

文献综述将根据你完成的研究进行评判。

• The review needs to further the reader's understanding of the problem and whether it provides a rationale for your research.

文献综述需帮助读者进一步了解问题，并为你的研究提供理论基础。

【课堂实训文献综述写作】

用上次课程搜索的文献进行文献综述，并注意运用 EndNote 录入方法，利用相应参考文献，综述字数不少于2000字，参考文献要求15篇以上中文文献。

第二节 开题报告写作

开题报告写作是一个构思研究方案、制订研究计划并接受检验的过程。通过这一过程，研究者明确了研究什么、为什么研究、如何研究等问题，并为整体论文的写作奠定基础。

一、开题报告概述

开题报告（proposal）也称为论文申请报告或论文研究方案报告，也有人称开题报告为研究立项书（孙国强，2014），是学生在接到教师下达毕业设计（论文）任务书后，撰写的关于课题准备情况以及进度计划概括反映的一种表格式文书。毕业设计（论文）开题报告应在指导教师的指导下由学生撰写，经指导教师签署意见及学院审定后生效。

开题报告是学生同指导教师（或指导委员会）前期进行论文交流的重要形式，研究生的开题报告需要拿到指导委员会上进行口头答辩。

撰写开题报告是一项重要的科学研究活动。除了学位论文要进行开题报告外，科学研究工作者的科研申请报告也往往具有开题报告的性质。

开题报告对于课题的顺利开展十分重要。撰写开题报告的目的，是要回答三个方面的问题：研究什么？为什么要进行这一研究？如何开展这项研究？研究者要在开题报告中回答为什么要选这个题目，选题的意义何在，自己做这个题目的优势是什么，自己准备怎么做，会出什么结果，等等；并请指导教师帮助学生做出如下判断：课题所确定的问题有没有研究价值，题目的大小是否合适，所选择的研究途径与方法是否可行，等等。指导教师可以根据开题报告的内容及时做出判断：此课题能否这样实施，要不要改变题目或研究方法。研究者则可以在得到批准后按开题报告的安排来开展工作。

这样，通过开题报告明确了论文大纲，搭建好了基本研究框架，为课题的正式开展与论文写作热身；同时，也通过评审听取其他专家的意见，扩展了思路，为论文的研究打好了扎实的基础。

二、开题报告的结构和内容

（一）开题报告的基本结构

开题报告没有一个统一的模式，对于以下列举的开题报告模式，在遵守基本原则的前提下，研究者可以根据自己论文的特点灵活运用。

通常一个论文的开题报告应包括以下部分：

（1）论文标题；

（2）选题背景和意义；

（3）研究内容；

（4）研究方法；

（5）研究计划；

（6）参考文献。

刘凤朝(2005)认为,研究内容是开题报告的核心,研究内容在整个学位论文研究中起着承前启后的作用。首先,研究内容是对文献综述的进一步展开,它实际上是文献综述所提问题的求解过程;其次,研究内容搭建起整个研究的基本框架;再次,研究内容又是设计技术路线和选择研究方法的依据;最后,研究内容决定着研究可能在哪些环节取得突破,因此它又是阐述预期创新点的逻辑起点。

(二)开题报告的内容

1.论文标题

开题报告的标题也是论文的标题,标题应该简洁明了,并包含研究的主要目的和信息,字数一般不超过20字。可参考"关键词1+关键词2:某某(理论)视角下对某某(对象)的某某(方法)研究"的格式,如"中国文化背景下网络组织成员间关系互动与网络组织运行效率的关系研究"。

2.选题背景和意义

对选题的说明,是开题报告甚至是论文全文的起点与核心,对于选题背景和意义的描述,直接地指向研究者要研究的根本问题,要回答"为什么要研究这一问题""这一问题在理论和实践上有哪些背景""研究结论将会有哪些重要的意义"等一系列问题。所谓要研究的问题,就是在理论或实践中存在,但又还没有研究或没有得到彻底研究的问题,以表明研究的实践价值或学术价值所在;同时,开题报告不仅要显示研究者所要研究的问题,还要揭示这些问题得以提出的依据以及解决这些问题的基本思路。

"研究者所要研究的问题"主要指以下三个方面的内容:

(1)现有的研究根本就没有意识到或发现的新问题;

(2)已有的研究还没有运用或运用得不够成熟的视角和方法;

(3)研究者直觉地预感到可能成立的新观点(相当于研究假设)。

这一部分要按照文献综述的要求,说明所选课题的历史背景、国内外研究现状和发展趋势。历史背景部分着重说明本课题前人研究过,研究成果如何。国内外研究现状部分说明本课题目前在国内外的研究状况,介绍各种观点,比较各种观点的异同,着重说明本课题目前存在的争论焦点,同时说明自己的观点。发展趋势部分说明本课题目前国内外研究已经达到什么水平,还存在什么问题以及发展趋势等,指明研究方向,提出可以解决的方法。开题报告一方面可以论证本课题研究的地位和价值,即选题的意义,包括对选题的理论意义和现实意义的说明;另一方面也可以说明开题报告撰写者对本课题研究是否有较好的把握。

3.研究内容

在这一部分,研究者要提出研究构思的主要观点与基本框架。经过研究问题的筛选界定、文献回顾等一系列工作之后,对拟研究问题提出的基本看法或见解,是作者经过深入思考之后的预期成果表述,其基本框架就是论文的基本结构。作者要注意各部分内容之间的逻辑联系,做到层层展开,环环相扣,语言精练,观点明确,使读者看后即可基本了解论文的研究脉络。

同时,也要对预期研究结果的局限性进行一定的交代,包括研究对象、样本范围、变量控制、研究方法等方面,实事求是地对研究结论在理论上的贡献做出恰当的预估。

4.研究方法

在开题报告中,研究者要说明自己准备采用什么样的研究方法。比如调查研究中的抽样法、问卷法,论文论证中的实证分析法、比较分析法,等等。对研究方法的选择与选题背景及研究内容密切相关,对于每一个要研究的问题,都要提出相应的一个或多个研究方法,并说明详细的研究路径。在文献综述的过程中,对研究文献所呈现的观点加以研究离不开对问题和方法的考察。所以,对于理论的思考与假设,都要落实到研究的方法上,研究的可操作性至为重要。这一部分既要表达研究方法的选择依据,也要说明方法与问题、方法与方法之间如何相互联系或有着怎样的递进关系。

5. 研究计划

课题研究工作的步骤和进度也就是课题研究在时间和顺序上的安排。毕业设计(论文)创作过程中,材料的收集、初稿的写作、论文的修改等,都要分阶段进行,每个阶段从什么时间开始、到什么时间结束都要有规定。在时间安排上,要充分考虑各个阶段研究内容的相互关系和难易程度。最好将研究内容里的问题按照由易到难的顺序加以排列,然后再分配相应的时间,集中更多的时间用于解决难度比较大的问题(曹正善,2008)。对于指导教师在任务书中规定的时间安排,学生应在开题报告中给予呼应,并最后得到批准。学生在实际操作中,时间安排一般应提前一点,千万别前松后紧,也不能虎头蛇尾,确保完成毕业设计(论文)的撰写任务。

6. 参考文献

研究人员应在这一部分列出开题报告中引证过的所有文献。在所列的参考文献中,应做到四个兼顾:兼顾中英文文献,兼顾著作和论文,兼顾理论文献和实证研究,兼顾经典文献和最新文献。通常,指导教师习惯于从参考文献目录中快速查看学生是否在开题报告中使用了有关重要文献。一般来说,为撰写本科毕业设计(论文)提供观点和材料基础的开题报告,正文的字数至少要 2000 字。

(三)开题报告的整体性

虽然以上对开题报告的结构和内容进行了说明,但是,这种形式也会带来一些意想不到的问题。以上六个部分的内容,虽然看起来相互独立,但实际上它们是统一的整体。如果以六个部分相割裂的思维对开题报告进行模块式的拼凑,完成学习计划或工作计划,就失去了推动科学研究的目标,也就失去了科学研究的意义。实际上,开题报告六个部分的内容环环相扣,只要掌握了开题报告的内在逻辑,坚持一切以问题为中心,也就不难掌握开题报告的精髓。

文本:开题报告内容参考范本

三、开题报告答辩中的常见问题

针对开题报告的答辩,既是对选题、研究构思和文献阅读的检阅,又是寻求指导、扩展思路的好机会。对于学生而言,不必对开题报告的答辩过于担心,答辩中的问题越多、讨论越深入,对研究的开展和论文的写作就越有利。

在开题报告的答辩中,学生可能会遇到以下问题:

指导教师们最常提出的一个问题是:“这个题目太大了。”这句话出现的可能性几乎是百分之百。所谓“太大”,实际上有三种情况:第一种是核心概念的外延太广或太不确定(如“中国企业战略管理研究”);第二种是研究对象范围过广或覆盖群体的变量过于丰富多样(如“网络组织及其机制研究”);第三种是题目中的关键词定义不清,研究共识不强(如“协同视域下的网络组织共生问题研究”)。

指导教师们另一个常提的问题是:“你的研究问题究竟是什么?”指导教师们提出这个问题,一方面可能是作者对于研究的自变量、因变量及其研究假设的定义不够清晰;另一方面也可能是作者使用了生涩、怪诞的词语,自己创造了“新概念”,但同论文的内容及整个逻辑体系难以兼容,或者是将其他学科或日常用语中的一些新词生搬硬套地移植过来。

客观地说,一篇论文不可能解决研究领域里的所有问题,甚至不可能彻底解决一个问题,只能在一定的范围、程度和水平上解决某一个问题或某一类问题,而这正是陈述研究目标时所要考虑的(曹正善,2008)。上述常见问题的产生原因,一方面是研究目标定得过高,在研究内容安排上力求全面、系统,这样就使研究本身涉及领域过宽,超出自身的驾驭能力,这种框架往往使研究思路过于发散,不能通过思维聚焦而产生创新;另一方面是作者希望用一些令人费解的生涩词语,体现自己的研究深度和研究贡献。

要做好开题报告,首要的重点还是要做好文献综述的基础工作,从以往的研究结论中找到具体的研究方向,并框定和选择一个非常具体的研究对象,对其内涵和外延做明确的界定;其次,要在较短的时间内收集到足够的数据或资料。对于研究,尽量要用通俗易懂的语言将研究内容描述清楚,在做研究的过程中,始终要记住,理论来源于实践并指导实践,一项不能被人快速而广泛地理解并应用于实践的研究,不是一项好的研究。

【本章重要知识小结】

1. 文献综述的定义和目的,需要包括的主要内容。
2. 文献综述的过程和方法。
3. 文献综述内容归纳的主要方法。
4. 文献综述写作的格式与要求。
5. 开题报告规范。

【复习题】

一、判断题

1. 文献综述就是文献堆述。 (　　)
2. 对文献进行分析和研究是为了超越。 (　　)
3. 创新的研究不需要站在巨人肩膀上。 (　　)
4. 本科生的文献综述正文字数应不少于 2000 字。 (　　)

二、选择题

1. 刘凤朝提出文献总结和分析评价的三种方式是 (　　)

A. 按时间顺序先后　　B. 以流派或观点为主线

C. 将历史的考察与横向的比较有机结合　　D. 以变量结构为主线

三、简答题

1. 文献综述包括哪几个部分？每个部分实现的要点是什么?
2. 开题报告的规范要求有哪些？每部分又包括哪些内容?

四、论述题

文献综述的写作过程中容易犯哪些错误？如何避免这些错误?

>>> 第三部分

案例研究方法篇

第五章　案例研究及其过程步骤

案例研究是难度最大的科学研究方法之一。

——[美国]罗伯特·K.殷

【本章教学主要内容】

➢ 模块一：案例研究方法概述

1.案例研究方法的内涵与类型

2.案例研究的作用与目的

➢ 模块二：案例研究步骤与评价

1.案例研究的主要步骤

2.案例研究各步骤中的注意事项和操作要点

3.案例研究的评价标准

【本章教学目的】

1.掌握案例研究的写作思路和框架结构

2.掌握案例研究的写作步骤及各个步骤阶段的写作技巧

3.能够根据提供的研究主题进行案例研究的分析，完成规范的案例研究写作

第一节　案例研究方法概述

【本节知识分解】

1.案例研究的内涵与类型

2.案例研究的作用与目的

一、案例研究的内涵与类型划分

1.案例研究的内涵

案例研究通常是指基于多途径的数据来源，对于某种现象的具体表现进行丰富的、实证性的描述(罗伯特·K.殷，2003)。具体而言，案例研究的数据来源是作者调研访谈获得的一手资料，以及公司内部的文字材料和网上的二手数据，所以是多途径的数据来源。案例研

究中强调对于某种现象进行丰富的、实证性的描述，“丰富的、实证性的描述”，指的是用各种来源的文字及数字作为丰富的证据，围绕研究问题进行论证分析描述。由此可见，案例研究就是通过一手和二手资料的收集，采取大量翔实文字描述的方式，来作为证据论证某个观点，或者得到某个结论的过程。案例研究由于能够掌握现象的丰富性，能对现象进行厚实的描述，而成为最恰当的方法之一。

2. 案例研究的类型划分

案例研究可以根据目的、数量和时间三个维度划分为不同的类型（见图 5-1）。

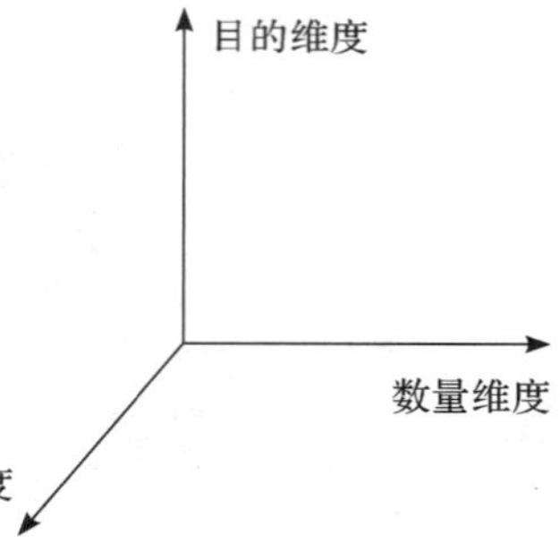

图5-1　案例研究类型划分的三个维度

（1）按照研究者的研究目的划分，案例研究包括描述性、解释性和探索性案例研究（见图 5-2）。

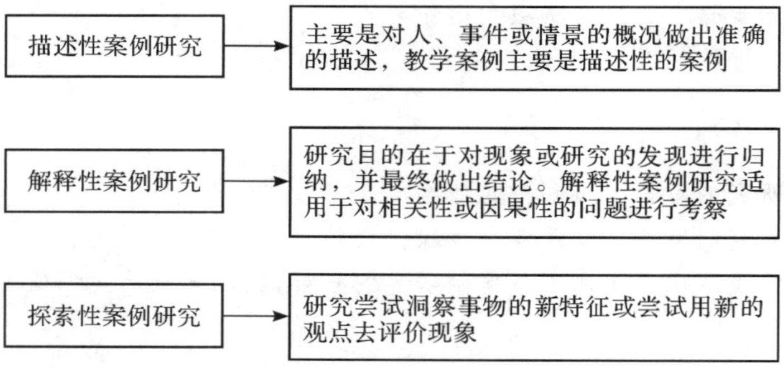

图 5-2　根据研究目的划分的三种案例研究类型的阐述

（2）根据案例研究选取的案例数量多少不同划分，案例研究包括单案例研究和多案例研究。选取的案例研究对象数量为 1 个的是单案例研究，选取的案例研究对象数量为 2 个及 2 个以上的是多案例研究。

单案例研究与多案例研究的优缺点比较

单案例研究的优点：(1)保证案例研究的深度，并能更好地了解案例的背景；(2)单案例研究的时间相对充分。

单案例研究的缺点：用来搭建知识结构框架的有效性不够。

多案例研究的优点：(1)多案例研究能通过案例的重复支持研究的结论，从而提高研究的效度；(2)多案例的研究能够更全面地了解和反映案例的不同方面，从而形成更完整的理论;(3)多案例的研究使案例研究成为一种更严格、更科学、更加具有理论验证能力的研究方法。

多案例研究的缺点:需要更多的研究资源和时间。

可见,单案例研究能使研究者全身心聚焦单案例进行深入研究,也可以在写作过程中有更多的篇幅和内容来充分展现案例的各种细节,从而呈现给读者更为完整、深入的案例分析过程。但是单案例也具有明显的缺点,就是得到结论的有效性不能无限外推,也就是外部效度较低。从单一的特定案例得到的结论,扩展到更大的范围可能就不成立。例如,一个高考状元的成功经验,可能不适用于其他考生。同样,在一个地方测试亩产很高的水稻品种,可能有其特定的温度、光照、土壤条件,换在另一个不同地方,亩产可能就会大大降低。所以,选取多个场景进行测试如果都能得到较为相同的结果,将会提高结论的效度,这就是多案例研究具有的重要优势。但多案例研究会更耗时间,在案例获取上也可能有难度,因此很多学者都建议在案例可行的情况下,尽量采取多案例研究来形成更具有说服力也更为完整的理论。

(3)根据案例研究的时间维度不同,案例研究可以划分为纵向历时性案例研究与横向截面案例研究。历时性案例研究中案例对象具有时间跨度,一般在研究企业成长、演化、转型升级等主题的时候常用到。在案例分析时也往往会利用时间跨度,根据企业业绩或者企业发展过程中的关键事件,对整个时间进行阶段划分。横向截面案例研究则往往对处于某一时间节点的对象进行研究,不把时间维度作为重要的因素考虑进来。

二、案例研究的作用与目的

1. 案例研究的适用情景

在第二章分析案例研究和统计研究方法时,提到了案例研究适用的两个情境:第一是研究问题,第二是研究基础。(1)从研究问题来看,案例研究适合分析"为什么"和"怎么样"这一类的研究问题(Eisenhardt & Graebner, 2007)。因为它是用文字进行描述,所以它能够更好地用文字来解释为什么以及怎么样这类问题,并提供证据。(2)从研究的基础来看,案例研究是一种从具体的现实现象中得到一般的、抽象的结论的过程,这是一个自下而上的研究过程。所以案例研究的研究基础一般是在现有的理论不太成熟的情况下,需要运用现实的现象描述来不断抽象、探索的过程,所以它的研究基础是在现有的相关研究不太成熟的情况下进行的。这是案例研究方法使用的两个情景。

案例研究的适用情景

1. 研究问题

案例研究在探索"为什么(why)"和"怎么样(how)"这类研究问题时具有十分明显的优势。

2. 研究基础

当现有的理论不太成熟或者对这一问题缺乏深入研究的时候更适合采用案例研究。

2. 案例研究的作用

Eisenhardt(1989)认为案例研究存在三个方面的优点：(1)有助于创建新理论；(2)能够以更容易获取的测量工具和更容易证伪的假说来检验理论；(3)案例研究结论可能更具有现实有效性。在研究的初始阶段，当我们对所研究问题知之甚少或试图从一个全新角度切入时，案例研究将非常有用。因此案例研究具有以下三方面的作用：

(1)使人们能建立新的理论，或者对现存的理论进行检验、发展或修改。如果所研究的问题是一种理论空白，或者处于学科的早期，已有的文献不能够解释和回答所要研究的问题，需要从实践中总结、归纳出理论框架和概念模型，这时往往采取理论构建过程而不是理论验证过程，因此，最佳的研究策略应该是一种定性的、自下而上的理论归纳方法，而不是从已有的理论假设出发进行演绎分析和推导。

(2)适合对现实中某一复杂和具体的问题进行深入和全面的考察。很多研究问题具有复杂性和动态性的特点，需要系统地从整体上把握问题的本质和全貌，以增强对问题的全方位理解，这个任务往往是分析变量间关系强弱、正反的定量研究方法所不能承担的。而通过案例研究，人们可以对某些现象、事物进行具体深入的描述和探索。

(3)案例研究还是找到现存问题解决方法的一个重要途径。从人类学、社会学、心理学、历史学和管理学等学科的发展进程，我们可以发现案例研究的深厚历史传统(见表 5-1)。

表 5-1　五种定性研究方法的比较分析

维度	叙事研究	现象学	扎根理论	民族志	案例研究
焦点	收集有关过往经验的故事	理解围绕某一现象之体验的本质	从田野资料中发展出理论	描述或理解文化或社会群体	对一个或多个个案进行深度分析
学科起源	文学/历史 心理学/人类学/社会学	哲学 社会学 心理学	社会学	文化人类学 社会学	政治科学/社会学 评估研究 其他社会科学
资料收集	主要使用访谈法和文献法	对 10 个左右的人进行长时间的访谈	访谈 20～30 个人使种类“饱和”并细化理论	在长时间的田野工作中使用观察法、访谈法和实物收集法来收集资料	利用多元的资料，如文献、档案记录、访谈、观察、实物收集和定量数据
资料分析	讲述故事 重构故事 指出主题 描述背景	陈述语句 分析意义 概括描述体验	开放式编码 轴式编码 选择性编码	描述 主题分析 解释	描述 分析主题 陈述命题
叙述形式	按时间顺序讲述一个人的生活故事	描述体验的“本质”	构造理论或理论模型	描述个体或群体的文化行为	深度研究一个或多个个案

3. 案例研究的目的

案例研究的目的是产生新理论和复证(replication)已有理论。通过案例研究构建和产生新理论是使用一个或多个案例中的实证证据来创造理论构念、命题或理论雏形的研究策略(Eisenhardt, 1989)。而在复证已有理论的过程中，除了支持已有的理论有效性外，案例研究往往能够对已有的理论产生一些新的观点，这些观点扩展或者缩小了原有理论的使用范围。

第二节　案例研究步骤与评价

【本节知识分解】

1. 案例研究的三个阶段与八个步骤
2. 案例研究每个步骤中的工作要点
3. 案例研究设计的评价标准

设计研究时需要考虑的重点是为特定的研究问题选择最恰当的研究方法。案例研究方法适合于分析“为什么”和“怎么样”这一类的研究问题。作为分析问题的重要方法之一，案例研究过程具有严谨的研究过程步骤要求。

一、案例研究的三个阶段与八个步骤

案例研究是一种定性的、自下而上的归纳研究，也被认为是难度最大的科学研究方法之一。因为案例研究要求每个研究者都要严格遵循各项研究步骤和要求，并呈现出严谨而扎实的研究证据。根据在案例研究方面具有很高造诣和影响力的学者 Eisenhardt 的观点，案例研究可以概括为八个步骤。

具体而言，案例研究包括了启动、研究设计与案例选择、研究工具与方法选择、资料收集、资料分析、形成假设、文献对比以及研究结束八个步骤。按照阶段划分，案例研究的八个步骤又可以划分为三个阶段：(1)准备工作阶段，包括案例研究的前 3 个步骤；(2)执行阶段，包括第 4 至第 6 个步骤，即资料收集、资料分析、形成假设；(3)对话阶段，包括第 7 和第 8 两个步骤，即文献对话和结束两个步骤，这一阶段也是案例研究的结论阶段(Eisenhardt, 1989)。具体如表 5-2 所示。

表 5-2　案例研究的阶段与步骤

步　骤	活　动	原　因
准备阶段		
启动	界定研究问题 找出可能的前导观念	将精力聚焦 提供构念测量的较好基础
研究设计与案例选择	不受限于理论与假说，进行研究设计 聚焦于特定族群 理论抽样，而非随机抽样	维持理论与研究弹性 限制额外变异，并强化外部效度 聚焦于具有理论意义的有用案例，如能够补充概念类别的理论复制与引申的案例
研究工具与方法选择	采用多元资料收集方式 精制研究工具，同时掌握质化与量化资料 多位研究者	通过三角验证，强化研究基础 证据的综合 采纳多元观点，集思广益

续表

步　骤	活　动	原　因
执行阶段		
资料收集	反复进行资料收集与分析，包括现场笔记 采用弹性且随机应变式的资料收集方法	即时分析，随时调整资料的收集 帮助研究者掌握浮现的主题与独特的案例性质
资料分析	案例内分析 采用发散方式，寻求跨案例的共同模式	熟悉资料，并进行初步的理论建构 促使研究者挣脱初步印象，并通过各种角度来查看证据
形成假设	针对各项构念，进行证据的持续复核 横跨各案例的逻辑复现，而非样本复制 寻找变量关系的原因或“为什么”的证据	精炼构念定义、效度及测量 证实、引申及精炼理论 建立内部效度
对话阶段		
文献对比	与矛盾文献互相比较 与类似文献互相比较	构建内部效度、提升理论层次并强化构念定义 提升类推能力、改善构念定义及提高理论层次
结束	尽可能达到理论饱和	当改善的边际效用越来越小时，则结束研究

二、案例研究每个步骤的工作要点

PPT：案例研究步骤

案例研究中，每个研究者都得按照各项研究步骤的要求，并呈现严谨而扎实的研究证据（罗伯特・K.殷，2003）。

1.启动步骤的工作要点

虽然案例研究属于理论探索性研究，但并不是说不需要有理论的指引和理论的积累，而恰恰相反，好的案例研究和差的案例研究的最大区别就在于前者能将实际的素材抽象提炼，得到更具统领性和理论意义的构念以及构念间的命题。案例研究通常有事先发展的理论命题或清楚的问题意识，以明确资料收集的方向与资料分析的焦点（陈晓萍等，2008）。因此在该阶段，研究者的研究问题主要来自于现实观察，在这个阶段，研究者应该事先界定研究问题，即该研究的主要问题是什么，甚至参照现有文献来确定一些重要的变量。以指导后续案例选择以及相关资料的收集（罗伯特・K.殷，2003）。

因此在启动步骤，研究者需要事先界定研究问题，也就是提出了一个需要研究的问题。启动阶段也需要参照现有的文献来确定一些重要的变量，来指导后续案例选择以及相关资料的收集。如果说没有研究问题，没有重要的变量与关系的设想，那在进行案例选择与资料收集的时候就是漫无目的的。

可见，在案例研究的设计和启动步骤，理论起着极为重要的作用，无论是构建还是检验理论。完整的研究设计必须包含关于研究对象的理论，为研究提供一个足够清晰的蓝图。这样的研究设计才能够决定收集什么数据和采用怎样的数据分析策略（毛基业，李晓燕，2010）。现场数据收集是否切题更是取决于理论，或是对于研究对象的深层理解。因此，数据收集前的理论构建工作是必不可少的（罗伯特・K.殷，2003）。

2.研究设计与案例选择步骤的工作要点

案例选择是案例研究中相当重要的一环(陈晓萍等，2008)。案例研究的抽样和统计研究具有重大区别,统计研究的抽样一般是随机抽样,而案例研究则是采取的理论抽样,即强调关注对于发展理论有用的案例,理论样本的目标是选择可能重复或扩展现行理论的案例。可见,案例研究的目的是发展理论,所以理论抽样才是恰当的。理论抽样意味着选用案例是根据它们是否特别适合发现和扩展构念之间的关系和逻辑来决定的(毛基业,李晓燕,2010)。理论抽样强调根据理论研究需要来选择案例,理论抽样的目的,是研究者有意地选择特定案例(陈晓萍等，2008)。即根据理论研究的问题选取代表性、典型性或极端性的案例进行。

因此,在案例研究中要求选取的案例符合理论研究目的,而不需要考虑案例本身是否具有统计意义的普遍性。这就好比学校开学时要选取一个优秀的高年级学生代表为新生传授学习经验一样,选取的这个学生代表必须要符合“优秀”的标准,而不能从高年级学生中随机抽取。同样,前面章节里提到想研究“为什么部分人吃得多也没有长胖”这一问题,在选取调研访谈对象时,就需要根据研究的理论需要和目的,选取符合相应要求的人,否则找到的研究对象是无法回答我们的研究问题的。可见理论抽样是指我们选取的案例,是围绕和服务我们的理论问题进行选取的,不能去随机抽取我们的案例,案例选取中的理论抽样是非常重要和必要的。

3.研究工具与方法选择步骤的工作要点

该步骤的工作要点主要包括三个方面:调研人员的配备、收集数据的方法以及收集数据的类型。为了保证案例研究资料收集和分析的客观、可信,在这三个方面,往往强调需要按照“三多”的要求实施:即多人参与调研、多种数据收集方法结合、收集多种数据资料类型(见图 5-3)。

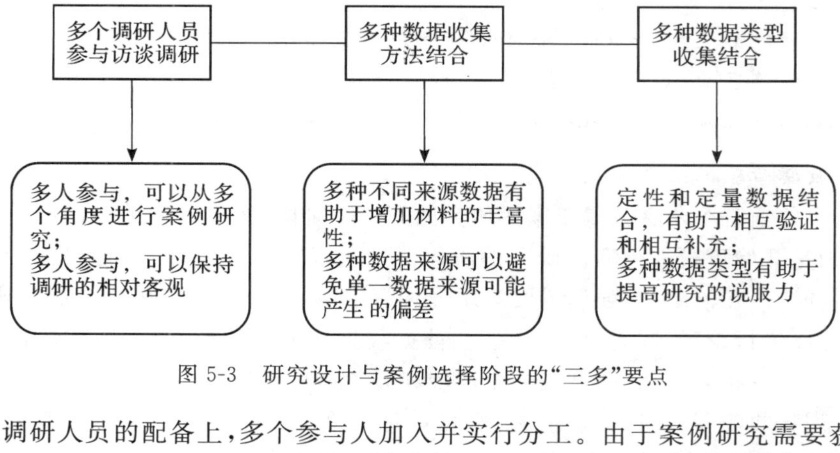

图 5-3　研究设计与案例选择阶段的“三多”要点

(1)在调研人员的配备上,多个参与人加入并实行分工。由于案例研究需要获取被访谈者的一手访谈资料,并通过对这些资料的提炼归纳总结,得出构念和构念间关系的命题,因而为了避免在分析资料过程中的主观性,采取多个调查人员共同参与,有助于提高研究发现的说服力;同时,多个人员在调研中进行分工合作,各自完成资料收集、分析和理论归纳等不同工作,有助于保持相对的局外者的中立性,避免由于记录者的偏见,在分析时对资料的选择性理解和提炼。可见,多个调查人员参与,有助于避免调查人员对资料获取与处理的主观性判断或选择性认知，这样保证了我们数据收集分析过程的客观和公正。

(2)在数据收集方法上，应当采取多种数据收集方法结合。如既通过访谈获取一手资料，也通过公司网站、内部的各种文档记录等获取二手资料，多种数据的收集方法，有助于保证我们收集来的资料的丰富性，资料之间可以进行相互验证，来保证我们资料的一致性和说服力，有助于提高研究的信度。

(3)在数据收集类型上，定性和定量数据结合。既要有文字性的定性资料，也最好有数字性的定量资料。如在企业绩效方面，既有企业被访谈者的评价、该企业与同行的相对比较，也有企业实际市场占有率、营业额和利润增长等量化数字，定性和定量的数据相结合，相互之间能够起到互为补充和相互验证的作用，能大大提高研究过程和结论的可信性和说服力。

【知识专栏】

三角测量(论证)法

案例研究使用三角测量法就是通过多种数据的汇聚和相互验证来确认新的发现，避免由于访谈双方的偏见影响最终判断，这种方法提供了要形成的理论和假设的更强有力的证据。麦尔等指出，当一个研究者有意识地用多种资源和模式重复、验证发现时，他就是在用三角测量的方法进行数据收集。三角测量的方法有多种，它可以通过数据资源的多样性(人、事件、地点等)、方法的多样性(观察和访谈等)、观察者的多样性、理论和数据类型的多样性(文本、数据等)等来实现。例如，多个访谈对象和非正式座谈能够为同一个问题带来不同视角，文档分析可以作为无偏见的证据来验证访谈得到的数据是否带有偏见。

罗伯特·K.殷(2003)指出，这些三角可以归为四类：(1)资料三角：不同证据来源；(2)研究者三角：不同的研究参与者；(3)理论三角：同一资料集合的不同维度；(4)方法论三角：各种不同方法。

4.资料收集步骤的工作要点

案例研究的前三个步骤都属于案例研究的第一个阶段：案例研究前的准备阶段，到了第四个步骤，则是开始正式进行案例研究的阶段。进入资料收集现场实际就是进入所选案例的实际调研场所。在该阶段，强调需要运用现场笔记做好访谈记录，在获得被访谈者许可的情况下，还可以进行录音；同时，该阶段强调证据收集和分析重叠进行，即访谈记录、资料收集和资料分析不是相互脱离的，而是一个同步和反复循环的过程。

在进入现场收集资料时，特别强调：研究者对于要研究的问题不应心存偏见，必须排除一切先入之见或既定看法，即使是有一定理论根据的先入之见，也要完全摒除。即要保证资料收集过程的客观、全面性，不可根据主观偏好或事先的预设进行取舍，这样可能忽视掉重要的数据资料以及新的研究和发现的机会。

【知识专栏】

资料收集的三大要点

1. 使用多种来源的资料（多种渠道获得的信息）。

2. 建立案例研究数据库（数据库包括图表、数据、文献等）。案例研究数据库包括案例研究的笔记，研究中访谈、观察或文件分析的结果；与案例研究相关的收集到的文件记录、统计等途径形成的量化的表格；以及对研究问题的调研生成的文字叙述和描述材料等。案例研究收集到的资料要精心地分类和编码，便于研究者及有关人员对资料的提取和分析。

3. 形成一个证据链（所研究的问题、收集的资料及结论之间的明确联系）。案例研究是用确凿的证据对研究的问题进行考证、得出结论。有的案例研究者把案例研究的证据比照刑法证据是非常有道理的。与刑法证据一样，案例的证据也要强调现场性、原始性。案例研究者在引用证据时要清楚地说明证据的来源和程序、证据收集的场景和时间。

5. 资料分析步骤的工作要点

资料分析步骤是案例研究的重点步骤，也是难点步骤，该阶段是“讲好故事的过程”。类似于审理案件过程中证人提供各种证据证明犯罪嫌疑人有罪的过程，资料分析阶段需要围绕作者提出的构念、命题以及研究模型展示丰富、翔实、客观的资料。这一过程中的工作要点是：

(1)强调数据的展示和呈现必须始终围绕需要解决的理论问题出发；

(2)呈现数据的思路应当是围绕构念和构念之间的关系进行；

(3)数据分析的目的从好的故事发展为好的理论，不是为了讲故事而讲故事。

表 5-3　案例研究资料分析步骤与深化层次

1. 资料的摘记	建立文本	建立文本： 撰写录音稿、个人访问摘记、参与观察笔记、相关文件摘录
2. 资料的整理与解析	发展编码类别	发展编码系统： 资料编码、建立解读架构、解析资料分析笔记
3. 资料的重组与归类	指出主题	寻找资料间的关系： 注意资料与主题的契和与矛盾、撰写分析备忘录
4. 命题的发展，建构初步的理论架构	资料聚焦与检定假设	初步发现的复核： 重要主题的多向分析
5. 理论建构	描绘深层结构	综合： 整合资料与探索性架构

6.形成假设步骤的工作要点

该阶段是在案例资料呈现，构念和构念间关系通过提炼比较清晰后，进行理论的抽象化步骤。这一步骤有两方面的重点工作：一是检视资料的构念效度；二是检视构念间关系的内部效度。当所有来源的资料，都显现出某一类型构念的证据时，则可以肯定构念效度的存在。当各案例提供的证据都支持构念间的关系时，则构念间的关系具有内部效度（陈晓萍等，2008）。在该步骤，既要通过丰富全面的资料发现显在的逻辑关系，更要从中识别深层次的潜在逻辑关系，进而从特殊的案例故事中抽象出一般的命题，完成从特殊到一般，自下而上的理论归纳。

【知识专栏】

资料分析的四个品质要求

(1)资料要多元，尽量避免偏见；

(2)资料分析以所有相关证据为基础，尽可能收集可以取得的证据；

(3)分析要彻底，尽可能涵盖所有重要的对立假说；

(4)分析要紧扣研究目的，回答所要探讨的主要问题。

7.文献对话步骤的工作要点

在案例研究第4至第6个步骤完成后，案例研究就进入了对话阶段。该阶段包括文献对话和结束两个步骤。文献对话步骤是将故事中抽象出的命题和现有的文献研究中的相关结论进行对比。这实际包括：与矛盾的文献对比、与类似的文献对比。

在对话阶段，需要深入讨论案例分析得出的结果与现有文献的异同及原因，这也是文章研究的最大可能贡献之处。文献对话又可以进一步细分为两类：(1)与相似文献结论比较，结论相同的原因是什么？(2)与矛盾的文献相比较，不同的原因是什么？为什么以及如何解释？特别是与既有文献矛盾的研究结果可以促使研究者进一步寻找原因，并提供另一个思考的窗口，而可以对理论或构建提出进一步修正的方向，或产生重大的突破，或掌握重要的调节因素。

8.结束研究步骤的工作要点

结束研究步骤，主要强调理论饱和，即收集更多的资料，也无法在现有基础上扩展得到更多的构念和发现构念间的新关系，就可以认为不需要进一步收集资料，理论达到饱和了，从而结束案例研究。

案例研究8个步骤及每个步骤的重点工作如图5-4所示。

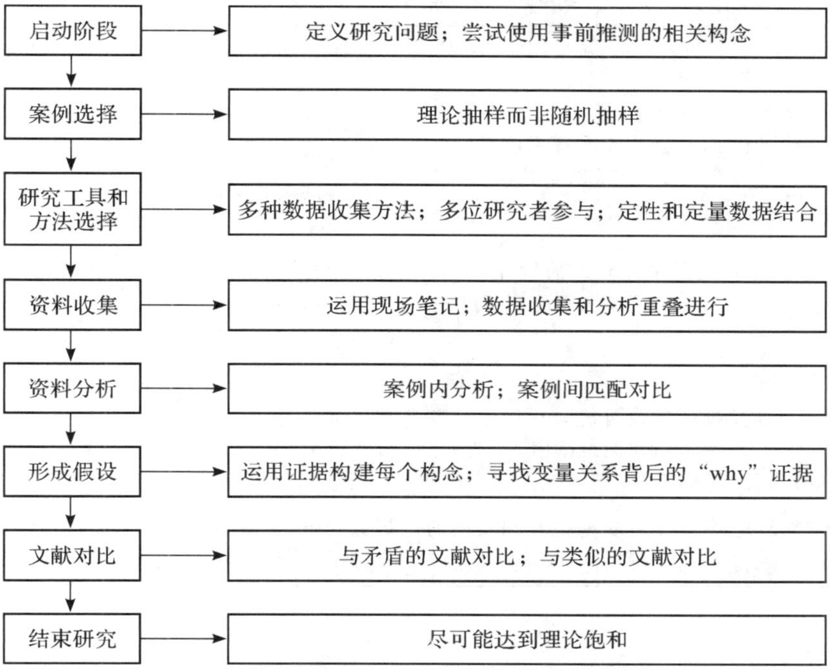

图 5-4　案例研究 8 个步骤及每个步骤的重点工作

思考并回答：

进行案例研究过程的三个重要问题

如何选择研究的案例？如何确定需要收集的相关数据？收集完相关数据后，如何对其进行处理？

视频：案例研究步骤

三、案例研究有效性的评价标准

评价案例研究过程和结果有效性的标准主要包括四个方面(见表 5-4)。

第一个标准是构建的有效性(construct validity)，它是用来检验研究是否已经为要研究的概念建立了正确的可操作的测量标准；

第二个标准是指内部有效性(internal validity)，这种标准要求研究者的推导符合逻辑和正确的因果关系，防止产生不正确的结论，例如假设有三个变量 X，Y，Z，如果研究者只发现 X 和 Y 之间有关系，而忽略了真正起作用的 Z，那么研究工作就没有实现内部有效性；

第三个标准是外部有效性(external validity)，它是指研究结论是否能够推广；

第四个标准是可靠性(reliability)，它要求数据收集过程能够被重复，具有客观性，亦即不同的人通过案例研究得出的结论是一样的。在实际研究中，前三个标准是最关键的(吴金希，于永达，2004)。

表 5-4 案例研究的效度与信度

检验标准	威胁因素	做法	步骤
构念效度 准确测量所要探讨的概念	操作性测量不能反映构念,或反映了其他构念	多证据来源 掌握证据链 资料提供人的审查	资料收集 资料分析
内部效度 确保观察的变量或事件来自因果关系	存在另外的因果解释,或因果关系受到污染	类型比较 建立解释 时间序列分析	资料分析 研究设计/资料分析 资料分析
外部效度 研究结果所具有的类推范围	结论可能只适用于某些特定的范围内	多案例复制 分析类推	研究设计 资料分析
信度 研究过程的重复与复制	重复实施得不到相同的结果	周详的研究计划书 案例研究资料库	研究设计/资料收集 资料收集/资料分析

【知识专栏】

从事案例研究的基本技能

1. 优秀的案例研究者应能够提出好的问题,并对答案进行解释。

2. 优秀的案例研究者应该是一个好的倾听者,不会被自己的思维方式和先入之见所束缚;一个好的倾听者要能够在不带任何个人好恶的前提下获得大量的信息。当受访者叙述一个事件时,好的倾听者能够从受访者的遣词造句(优势、受访者的用语、预期能反映出的重要线索)中,掌握其心态和情感,了解事件的前后关联,并理解受访者感受世界的方式。

3. 研究者应该具有灵活性、伸缩性,这样他在遇到新问题时,才能化问题为机遇,化挑战为动力。

4. 无论进行理论研究,还是对策研究,研究者都应能够时刻牢牢抓住研究问题的本质。只有抓住了问题的本质,研究者才能剔除无关的信息,缩小研究的范围,把整个研究限定在可控制的范围之内。

5. 研究者对于要研究的问题不应心存偏见,必须排除一切先入之见或既定看法,即使是有一定理论根据的先入之见,也要完全摒除。

【本章重要知识小结】

1. 案例研究是指基于多途径的定性和定量数据来源,对于某种现象的具体表现进行丰富的、实证性的描述。

2. 根据研究者的研究目的不同,案例研究可划分为描述性、解释性和探索性案例研究三种类型；根据案例数量选取多少不同，案例研究可划分为单案例和多案例研究；根据案例的时间跨度不同，案例研究可划分为历时性案例研究和截面案例研究。

3. 案例研究的三个重要作用分别是使人们能建立新的理论，或者对现存的理论进行检验、发展或修改；适合对现实中某一复杂和具体的问题进行深入和全面的考察；案例研究还是找到现存问题解决方法的一个重要途径。案例研究的目的是产生新理论和复证已有理论。

4. 案例研究包括了3个阶段8个步骤。8个步骤分别是启动、研究设计与案例选择、研究工具与方法选择、资料收集、资料分析、形成假设、文献对比以及研究结束。其中前3个步骤是准备工作阶段，第4至第6个步骤是执行阶段；第7、8两个步骤是对话阶段。

5. 在案例研究启动步骤，理论起着极为重要的作用。研究者应该事先界定研究问题，甚至参照现有文献来确定一些重要的变量，以指导后续案例选择以及相关资料的收集。

6. 在案例选择步骤，强调采取理论抽样，理论抽样是根据理论研究需要来选择案例，理论抽样的目的，是研究者有意地选择特定案例，来服务于理论研究主题和研究内容。

7. 在研究工具与方法选择步骤，强调多人参与调研、多种数据收集方法结合、收集多种数据资料类型，三角测量有助于提高研究的信度。

8. 在资料收集步骤，要保证资料收集过程的客观、全面性，不可根据主观偏好或事先的预设进行取舍。

9. 在资料分析和形成假设步骤，需要围绕作者提出的构念、命题以及研究模型展示丰富、翔实、客观的资料，提升研究构念提出的构念效度和构念间关系的内部效度。

10. 在文献对话步骤，需要将案例研究的结果和与之矛盾的文献以及与之类似的文献进行对比。当理论达到饱和了，案例研究就结束了。

11. 案例研究有效性的标准包括评价构念操作测量的构念效度，评价构念关系分析的内部效度，评价研究结论是否能够推广的外部效度以及研究过程能够被重复的信度四个方面。

【复习题】

一、判断题

1. 案例研究是采取大量文字描述的方式，来作为证据论证某个观点，或者得到某个结论。（ ）

2. 案例研究是定性与定量相结合的研究方法。（ ）

3. 理论抽样是指选取的案例必须要围绕和服务想解决的理论问题。（ ）

4. 数据分析的过程，是一个讲好故事的过程。（ ）

5. 案例研究步骤当中的第一个阶段是案例选取。（ ）

6. 案例研究是一种自上而下的研究。（ ）

7. 案例研究过程的起点是现实现象。（ ）

8. 案例研究的研究基础一般是在现有的理论不太成熟的情况下选取的。（ ）

9. 案例研究采取随机抽样。（ ）

二、选择题

1. 案例资料收集前的准备工作强调“三多”，分别是多种数据收集方法、收集多种类型的数据和（ ）

A. 多个调查人员参与调研访谈　　B. 访谈多个企业
C. 调研多个对象　　D. 多种数据积累方法

2. 案例研究步骤当中最重要的也是最关键的一个阶段是　（　　）
A. 启动阶段　　B. 理论抽样
C. 文献对话　　D. 资料分析

3. 案例研究的文献对比需要对比和本文结论相似和矛盾的两类文献，来分析　（　　）
A. 差异性和相似性　　B. 理论性和实践性
C. 可行性和可信性　　D. 有用性和有效性

第六章　案例研究写作技巧

就管理学研究而言，好的研究应该能"讲述一个好的故事"。

——陈绍全，张志学

【本章教学主要内容】

➢ 模块一：案例研究写作框架

1. 案例研究写作的主要框架结构
2. 案例研究主要框架应当包括的重要内容

➢ 模块二：案例写作技巧

1. 案例研究方法阐述
2. 数据资料收集与分析说明
3. 案例分析主体内容的写作技巧
4. 理论框架提炼与命题提出技巧
5. 相关文献对比写作技巧

【本章教学目的】

1. 掌握案例研究的写作思路、框架结构
2. 掌握案例研究的写作步骤及各个步骤阶段的写作技巧
3. 能够根据提供的研究主题进行案例研究的分析和完成规范的案例研究写作

第一节　案例研究的写作过程

【本节知识分解】

1. 案例研究的写作原则
2. 案例研究的写作框架

本章根据第五章对案例研究方法的分析，进行从理论到实践写作的阐述。通过本章的分析和实践操作，让学生能实际领会案例研究如何从分析步骤转变到写作步骤，并能运用案例研究方法进行某一主题的案例分析和完成规范的案例写作。

在明确了案例研究的步骤和工作要点后，一个重要的任务是将案例研究的结果用文字形式呈现出来，开展了案例研究，掌握了案例研究的方法技能，但如果没有掌握案例研究写作的技能，不能很好地组织语言，将研究写得既具有学术规范，同时又吸引人，也是无法很好让读者了解其成果或者影响案例的可读性的。

一、案例研究写作的总体原则

有学者指出，应当运用 3C 原则来指导一般实证文章方法部分的写作（刘洋，应瑛，2015）。这 3C 分别是可信（credibility）、完整（completeness）和清晰（clarity）。我们认为这三个原则对于案例研究而言，也同样适用。

具体而言，可信原则强调案例研究的写作需要呈现出研究过程的可行度和可靠度。因此，在案例研究中至少需要包括：(1)研究场域和研究程序。研究时间、地点的详细描述，研究资料来源等。(2)访谈对象和访谈内容。如特定而具体的访谈提纲、访谈表时程与内容、访谈对象、资料分析方式与过程等。

完整原则强调案例研究资料呈现需要将完整信息而不是研究者主观选择的部分或片段信息呈现出来。即需要把事件来龙去脉的整个过程或者整段话的描述阐述清晰，切忌断章取义或者主观筛选对案例结果提供支撑的数据，而有意识地删除或忽略其他数据信息。

清晰原则强调案例研究的过程呈现要清晰。主要指数据分析到命题提出这两个阶段，需要始终围绕论文的研究问题，有条理、有逻辑地呈现数据证据，可以通过图表等形式来很好地归纳相应的佐证资料，或者在构念和构念间关系的命题提出后，通过简要的模型图的形式简明清晰地表述研究的结论。

案例研究写作的 3C 原则

- 可信（credibility）：案例研究的写作需要呈现出研究过程的可行度和可靠度。
- 完整（completeness）：案例研究过程需要呈现完整的资料信息。
- 清晰（clarity）：案例研究的数据证据出现需要有条理有逻辑。

二、案例研究写作的总体框架

案例研究写作可以被划分为研究方法说明、案例分析及研究发现三个模块。

PPT：
案例研究写作

1. 研究方法

在案例研究写作的研究方法模块，又包括三个方面的内容：(1)研究方法选取说明；(2)案例选择；(3)数据来源。

(1) 研究方法选取说明

在研究方法选取说明部分，需要首先说明本研究为什么选取案例研究方法而不是统计研究方法或其他（回顾上一章对案例研究方法适用情景的总结）。要点是：首先说明研究问题属于回答构念与构念间内在关系机制的问题，即研究的问题属于“为什么”（why）和“怎么样”（how）的问题；其次是现有研究基础较为薄弱，相关的研究不够成熟，因此比较适合采取案例研究进行自下而上的理论建构（见图 6-1）。

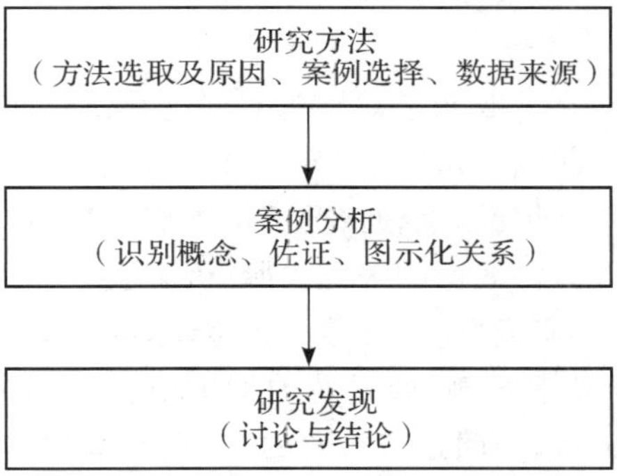

图 6-1　案例研究写作总体框架

选取案例研究方法说明写作范例

由于本文属于探索性研究，而且要研究的是“为什么（why）、怎么样（how）”的问题（Eisenhardt，1989）；同时该问题研究的相关理论还不够成熟，因此案例研究方法是最适合的研究策略。

然后，进一步说明本研究为什么选取单个案例或者多个案例。即采取单案例研究或者多案例研究的原因（回顾上一章关于案例研究类型划分中，单案例和多案例研究的优缺点分析的相关内容）。简单地说，单案例研究能使案例研究更为深入，能在案例写作过程中呈现更多的细节，但是外部效度不够。多案例研究则相反，能使研究的外部效度更高，结论更具普适性和说服力，但案例较难选择且写作受篇幅限制。

单案例的优势写作范例

在案例研究策略方面本文选择单一案例研究。因为单一案例研究能更加深入地进行案例调研和分析（周长辉，2005）。更容易把“为什么”和“怎么样”讲清楚。

多案例的优势写作范例

本文采取多案例研究的方法，因此从多个案例推导出的结论往往被认为更具说服力，更经得起推敲（Herriott & Firestone，1983）。多个案例研究遵循复制的法则，即通过某个或某几个案例取得有价值的发现后，接着进行更多案例的相同研究，已分析确认初次发现的真实性和可靠性。

（2）案例选择

案例研究采取的是理论抽样，强调根据研究问题和需要服务于理论研究目的来选择案例，目的是探索发现新的理论，而不是检验理论。因此，不是所有的案例都适合研究条件。通常选择案例的理论抽样方法有三种：典型的、异常的和极端的（见图 6-2）。

第一，典型案例选取方法是指选取最具代表性的案例。案例研究中常常要总结在某一领域或者某项业务方面的成功经验供其他企业作为借鉴，这时就会采用典型的理论抽样方法。这和现实中选取优秀学生代表发言有类似的地方。因此典型案例抽样是案例研究中最常用的选取方法。

第二,异常案例选取方法是选取和正常情况下相比变异或突变的案例,也即异于正常的案例。比如人们常说的“黑天鹅”和“灰犀牛”等词语就是形容异常案例的。一般的天鹅都是白色的,但也会出现变异的特殊情况,这种情况就被人们形容为“黑天鹅”。异常的案例通常会是非常好的研究对象,探寻异常案例的来龙去脉、因果关系往往有助于发现新的理论或得出新的构念。比如之前讨论要研究“吃得多和长得胖之间关系”时,吃得多长不胖和吃得少也长胖的这两类人就是属于异常案例,通过对他们的研究可能会得到在“吃得多”和“长得胖”之间并不是简单的线性关系,中间还有重要的“吸收能力”在起着中介作用的结论。

第三,极端案例选取方法是选取处于正常状态两端的案例,也即极好和极差两种类型的案例。极端案例是典型案例的一种特例,就是将典型再发展到极致的情况。如案例研究针对“创业企业成功的关键影响因素”这一问题,采取典型案例抽样通常是选取创业企业中发展较快、业绩较好的企业,而极端案例抽样则是选取在短期内取得超常规发展的,业绩最好的企业。

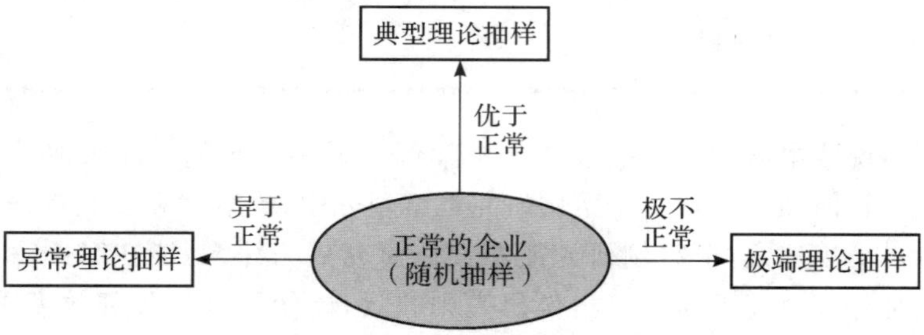

图 6-2　案例研究抽样的三种方法

因此,在案例选择这部分的写作时,重点需要强调本案例符合案例的理论抽样方法。

案例选择写法范例

我们选择当代商城作为百货商店服务创新的研究对象,主要是基于当代商城在行业内领先的服务理念和丰富的服务创新实践,即服务的领先性(李飞等,2010)。

山寨手机中采取了一种破坏性技术(MTK 芯片)才得以快速发展,是破坏性技术与企业 Bop 战略相结合的典型案例(周江华等,2012)。

本研究的目的是探讨我国高速成长企业在变化环境下高速成长的共同营销战略特征,因此所选择的企业就必须确保属于高速成长型企业,经历了相应的市场变化环境和激烈的市场竞争,具有行业代表性,独立开展营销战略活动并且具有管理的典型性和代表性(李飞等,2009)。

(3) 数据来源

数据来源部分,主要需要阐述两个方面:一是交代数据收集的方法,如多人团队 ;二是阐述主要的数据类型，如一手资料与二手资料。一手资料的访谈如何进行的？主要对象是谁？访谈的主要话题是什么？通过在案例写作中对数据收集和分析过程进行阐述说明，这样其他人原则上遵循同样的程序就可以得到相同的结论，或者更有可能追随下去并评价内在的逻辑。这对证明案例研究结论的信度和效度来说是非常重要的一个方面。

数据来源写法范例

为了提高案例研究的信度和效度，本研究采用三角测量法（罗伯特·K.殷，2003），从多个信息来源分析案例，通过二手资料收集和一手资料采集两种方法整理出 20 万字的原始资料。

我们选择了二手资料和一手资料收集的两种方法。二手资料的收集包括：(1)在企业整个历史上，所有发表过的有关当代商城的主要文章以及从行业或专题材料中选取的文章；(2)直接从当代商城获得的材料，特别是主观纂写的书籍和文章、他们发表的演讲、内部报刊、年度讨论会和企业其他文件；(3)年度报告、代理声明、分析家报告和其他有关公司的材料（李飞等，2010）。

【知识专栏】

案例分析数据收集写作的规范性指标（毛基业，张霞，2008）

数据收集程序	论文中要报告说明数据收集程序
多种收集方法	尽可能使用多种资源，包括文献、档案、面对面访谈、直接观察、参与性观察、实物证据等
定性加定量数据	定量数据要尽量收集，可以帮助避免被繁杂的定性数据所迷惑
证据三角形	强调对同一现象采取多种手段进行研究，通过多种数据汇聚和相互验证来确认新发现。包括 4 种类型：不同的证据来源、不同的评估分析人员、统一资料的不同维度和各种不同的方法
案例研究草案	尽可能详细地研究报告大纲，包括案例研究问题、工作内容、研究程序、工作原则和最后撰写研究报告要遵循的一些原则
案例研究数据库	采集到的各种资料如各种记录，研究过程获得的文献、图表材料，每一阶段对数据的分析描述等，应建立数据库。

2. 案例分析

如图 6-3 所示，案例分析写作的主要内容为：(1)识别主要概念——情景与行动；(2)根据上述概念进行资料佐证；(3)图形化展示概念间的关系。其核心是始终围绕案例研究的问题进行，通过客观、丰富、详细的数据展示，不断归纳、提炼出构念以及构念间关系的命题，从而实现解决问题，构建和发展理论的目的。

案例分析中提供数据材料的过程是一个证据论证过程。在研究分析写作中应当使用最大的篇幅，紧密围绕理论的要素（构念、构念之间的关系，背后的逻辑和命题）来展开。同时

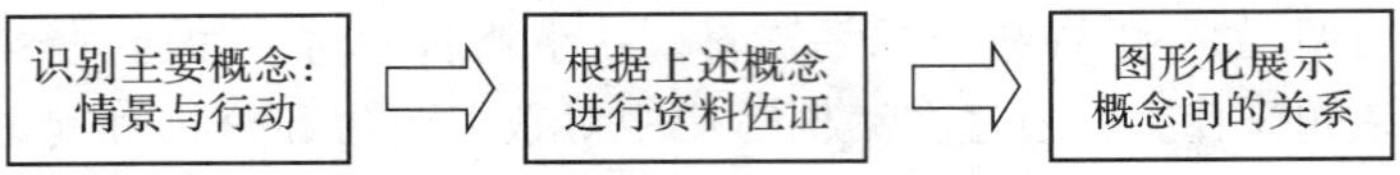

图 6-3　案例分析阶段写作的主要内容

针对每个逻辑链，从案例中获取支持性实证证据，并将其链接到相应的构念关系上，来形成构念之间的关系逻辑推理过程（毛基业，李晓燕，2010）。当有足够的证据支持所提出的构念之间的可能关系时，涌现的理论才能够成立。另外特别强调在数据分析的三个过程中，多运用图表的形式精简相关的概念和概念间的关系，提供证据链；同时强调多种证据的佐证，特别是被访谈者的原话。从而使案例写作显得完整和清晰。

【知识专栏】

案例分析数据处理写作的规范性指标（毛基业，张霞，2008）

数据处理过程	数据处理的过程应该记忆记录，并在论文中报告说明
实地记录、对原始数据编码、数据展示	数据收集和分析是交叉进行的。实地记录包括双方交流的内容。编码是用作标记、分离和组织数据的工具，编码能够达到 3 个层次的目的：编码产生概念、生成一系列关系或者过程、解析出一个中心问题。数据展示是一种数据信息有组织的、简明扼要的集合，从而可以推出某种结论
数据之间的逻辑关系	论文需要展示一个清晰的“证据链条”，即如何由最初的研究目标和研究问题，经历方法论步骤和具有明确参照关系的各种证据，到最后得出结论，读者能够看到这条清晰的“路径”
引用原始证据	论文应该对案例研究数据库中的相关部分做充分引用，例如：访谈者的原话、定量数据、文献、观察记录等，以增加结论的可信度

理论不是越高深越好，好的理论通常强调简明、清晰，这样便于读者理解，也有助于理论的传播。因此通过图形化展示的方式，能够更加概括地将案例分析的主要思路和主要结论展示出来（见图 6-4）。

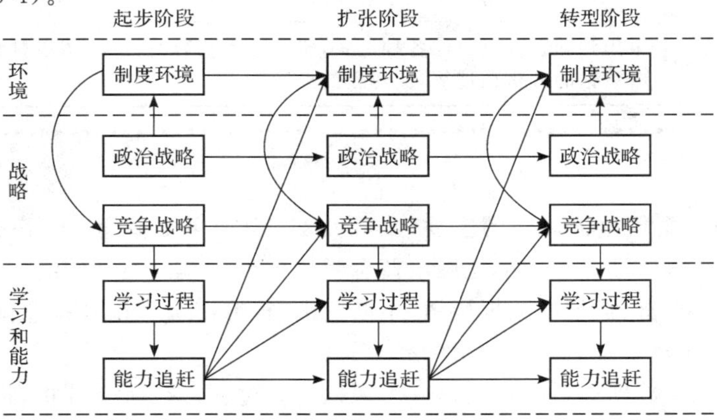

图 6-4　理论的图形化展示示例

3. 研究发现

在这个部分的写作中，主要应该包括三个方面的内容：(1)本案例的研究发现，即本文从特殊的案例得出的一般研究结论是什么？(2)讨论，即和现有文献比较，有何异同？为什么？(3)结论，即本文得到的结论是什么？有何理论贡献？有何现实启示？论文需要将自己的研究结论和研究之初、研究过程中发现的相关理论(包括相似的和竞争性的)进行比较，找出相同和不同以及内在原因，来印证研究发现和理论贡献(毛基业，张霞，2008)。

视频：
案例研究
写作

三、案例研究写作总结

1. 案例研究写作框架图

通过对案例研究写作过程的分析，这一过程可以分为三个部分进行，每个部分又包括了细化的不同内容，其写作的总体框架总结如图 6-5 所示。

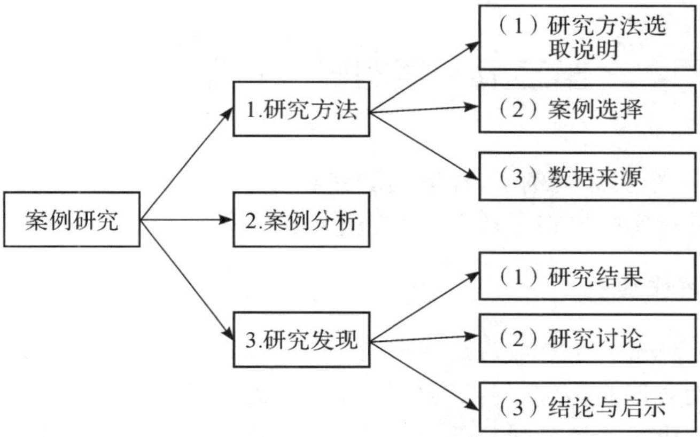

图 6-5　案例研究章节的写作框架

2. 高质量案例研究具有的特征

高质量案例研究往往具有以下特征(毛基业，李晓燕，2010)：

(1)针对现有理论缺口提出研究问题；

(2)根据理论构建需要选择案例；

(3)基于理论要素进行案例分析；

(4)将研究发现与现有理论对比来突显理论贡献。

【知识专栏】

案例研究论文的规范性指标(张霞，毛基业，2012)

研究设计	明确研究问题
	说明相关理论
	多案例设计
	基于团队的研究

续表

数据收集	说明数据收集程序
	采用多种收集方法
	三角测量
数据分析	说明数据处理过程
	实地记录、对原始数据编码、数据展示
	分析策略(模式匹配、时间序列分析)
	数据之间逻辑关系
	引用原始证据

第二节　案例研究写作实例

本节首先通过一个实际的例子,对案例研究和写作过程进行展示,然后要求学生根据本章节理论和实例,进行实际操作。从而将"教、学、做"融为一体。

一、案例研究写作实例

1.研究步骤一:提出一个有趣的研究问题

今天是一个"大众创业,万众创新"的时代,创业成为时代的主旋律,创业的热情在今天空前高涨,但是创业成功的概率却很低,基于这一现状,假如我们要研究"创业如何更有可能成功"这一个研究问题。

2.研究步骤二:文献回顾——当前对这一问题有了哪些研究

从这一研究问题出发,根据对文献的查阅和梳理,创业如何更有可能取得成功的视角和观点包括:

(1)人的因素:创业者和团队的素质与能力(技术、管理、市场推广等);

(2)项目因素:创业项目本身的竞争力和市场前景;

(3)资源因素:创业企业具有的资金保障;

……

但是,太多和太全的因素等于什么都很重要的同时,也相当于什么都不重要。在理论上无法凸显出各种要素的差异,在实践上无法为创业者提供借鉴,而本研究的问题是关于两个概念间如何的关系问题,因此,我们选取案例研究来进行。

3.研究步骤三:找到适合的案例并做好准备工作

在这个步骤的研究和写作中,需要明确:什么样的故事才适合回答这个研究问题?应该找一个故事或者几个故事?原因是什么?而在准备工作中,需要从调研人员的配备、收集数据方法以及收集数据类型三个方面进行。而在研究写作中,则需要重点阐述两个方面:一是交代数据收集的方法;二是阐述主要的数据类型。基于上述分析,我们选取了 Facebook(脸书)这个企业,并以扎克伯格的谈话作为主要的案例资料来源(案例研究强调资源主要来自于一手资料,但由于本实例研究理论提出的需要,同时该企业无法获得一手访谈资料,因此我们主要通过获取网上资料作为案例分析资料来源,特作此说明。资料来源:扎克伯格讲关于创业的三个故事,http://www.201980.com/yanjiang/daxue/11879.html)。

4.研究步骤四:资料分析及命题提出

该段视频和文字资料主要阐述了扎克伯格创业的三个故事,三个故事的主题分别是:使命、用心、向前看。对该部分分析过程数据呈现略去。

5.研究步骤五:研究发现与对比

通过对案例资料的梳理、提炼和总结,我们得到了创业成功的三个关键因素:明确的创业使命、专注坚持以及创新方法。这一结果与前人的研究有相似的地方,如强调目标导向、战略前瞻;但是也有不同的地方,它是基于创业实现过程的逻辑归纳和总结得出的三个重要而关键的因素(见图6-6)。

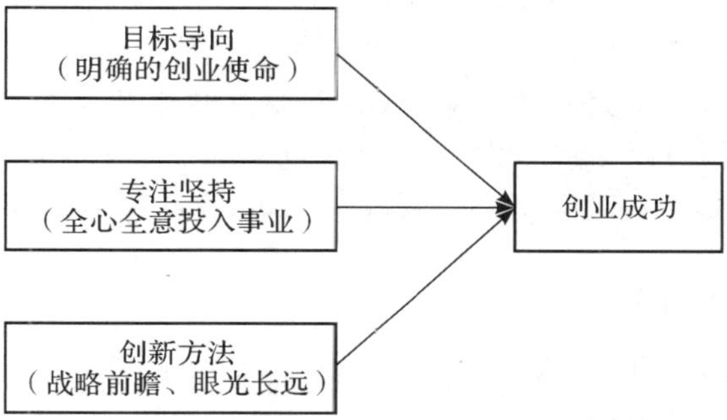

图6-6　基于创业过程的创业成功关键要素

6.研究步骤六:研究结论

本研究得到的结论是基于创业过程视角提出的,创业的实现和成功是一个过程,在这一过程中,首先需要有明确和坚定的目标导向,才能在创业过程中遇到困难和挫折的时候坚持下来,不会半途而废;其次,创业需要专注和坚持,最初创业可能只是一个不太成熟和完善的创意,因此需要全身心投入于这一事业中,不断使这一创意变得清晰和完善,如果只是短期导向或受短期利益驱动,则很难一直去改进和完善最初的梦想和事业;最后,今天的创业是基于创新的创业,如果没有创新的思维和方法,只凭借一腔热血和激情,是很难取得成功的。

文本:管理分院毕业论文写作参考版本(案例研究方法类)

二、案例研究写作实训

(1)观看纪录片并完成小组作业:《长江边的巨鳄——马云和他的阿里巴巴》,谈谈你从这个故事中感悟到了什么。按照理论探索性案例的写作思路提炼问题,描述故事,展示模型和命题,将案例分析写作框架用PPT的形式展示。

(2)提示:研究问题(主题)请各小组根据内容自行提炼。如互联网公司高速发展的关键影响因素(以阿里巴巴为例);企业家与企业成长的关系研究(以阿里巴巴为例);等等。

PPT:马云和他的阿里巴巴(案例分析:学生presentation示例)

(3)资料链接:http://news.sina.com.cn/voice/all/voice-ifxqnskh0980343.shtml?opsubject_id=top1。

【知识专栏】

案例研究中经常存在的问题

◆案例选择方面,选择单一案例进行研究的居多,缺少多个案例的交叉分析和比较分析,从而限制了研究的广度和深度;

◆数据收集方面,满足于对表层数据、公开数据的搜集,缺乏深入细致的调查,因而往往未能了解到案例事件背后的动因和机制;

◆数据分析方面,多是依赖直觉和判断对数据进行主观的和就事论事的分析,缺乏客观的、结构性的分析;

◆研究结论方面,停留在对案例本身现象的分析,或只得出经验性的、零散的观点,缺乏对内在规律的挖掘和升华,难以形成系统的理论;

◆报告写作方面,格式随意性较大,往往根据作者的主观需要选取素材的片段,未能全面和客观地陈述事实,事实与结论也缺少清晰区分和紧密逻辑联系。

【本章重要知识小结】

1.案例研究的写作强调需要遵循可信性、完整性和清晰性的3C原则。

2.案例研究写作可以被划分为研究方法说明、案例分析及研究发现三个模块。

3.案例研究方法说明模块,包括了研究方法选取说明、案例选择和数据来源等三个方面。

4.案例的理论抽样方法有三种:典型的、异常的、极端的。典型案例选择是选择比正常案例更优秀、更有代表性的对象;异常案例选择是选择异于正常的案例,也就是在一般情况下不易发生的案例;极端案例选择是选择极不正常的案例。

5.案例分析阶段的写作,主要内容包括识别主要概念——情景与行动、根据上述概念进行资料佐证、图形化展示概念间的关系等三个方面。案例分析中提供数据材料的过程是一个证据论证过程。在写作过程中强调紧密围绕理论的要素(构念、构念之间的关系,背后的逻辑和命题)来展开。同时针对每个逻辑链,从案例中获取支持性实证证据。多运用图表的形式精简相关的概念和概念间的关系。

6.案例研究写作大致包括了提出一个有趣的研究问题、文献回顾、找到适合的案例并做好准备工作、资料分析及命题提出、研究发现与对比、研究结论等六个部分。

7.高质量案例研究的特征有:针对现有理论缺口提出研究问题、根据理论构建需要选择案例、基于理论要素进行案例分析、将研究发现与现有理论对比来突显理论贡献。

【复习题】

一、判断题

1.单案例的研究的优点是可以把故事写得更加清晰和完整。 ( )

2. 多案例的优势在于通过多个案例得到的结论，它的普适性和可信性相对于单案例来说要更强。（　）

3. 案例研究可以根据研究者的便利性随机选取案例。（　）

4. 案例写作交代数据来源是需要强调数据资料来源的可信性、完整性。（　）

5. 案例研究中资料收集既可以包括一手资料，也可以包括二手资料。（　）

6. 案例分析它是一个自下而上不断抽象的过程，分析中提供的数据材料都是一个证据论证过程。（　）

7. 案例分析强调用多种证据来进行佐证，提高论证的可信性。（　）

8. 案例分析部分，需要不断运用多种数据来支持并不断概括得到概念和概念之间的关系。（　）

9. 案例分析部分在概念的提出和概念之间关系建立的时候，特别要注意运用我们得到的多种数据，尽量都用图表的方式来呈现。（　）

10. 案例研究作者去企业获取的公司内部整理资料是一手资料。（　）

二、选择题

1. 案例研究写作总体的原则强调 3C，分别是可信性、清晰性和（　）

A. 完整性　　B. 客观性

C. 有用性　　D. 有趣性

2. 案例研究的写作总的框架分为三个部分，分别是交代研究方法、进行案例分析以及（　）

A. 故事讲解　　B. 研究展示

C. 研究发现　　D. 结论启示

3. 在案例研究方法部分的写作中，要交代三个内容：第一是（　），第二是案例选择，第三是数据来源（　）

A. 研究方法选取的原因　　B. 研究问题的提出

C. 研究案例的简介　　D. 研究的意义

4. 案例研究理论抽样采取的方法通常包括：选择（　）、选择异常的案例以及选择极端的案例（　）

A. 典型的、代表性的案例　　B. 规模大的案例

C. 成立时间长的案例　　D. 容易获取的案例

第七章　不同类型案例研究适用范围与研究过程

案例研究可以使研究者原汁原味地保留现实生活有意义的特征。

——［美国］罗伯特·K.殷

【本章教学主要内容】

➢ 模块一：探索性案例研究与描述性案例研究适用范围与研究过程

1.探索性案例与描述性案例研究思路的重大区别

2.探索性案例与描述性案例研究写作框架与技巧

➢ 模块二：单案例与多案例研究适用范围与研究过程

1.单案例与多案例研究选择的适用范围

2.多案例数量与对象选择的要求

➢ 模块三：历时性案例和共时性案例研究适用范围与研究过程

1.历时性案例和共时性案例研究选择的适用范围

2.历时性案例和共时性案例研究写作的区别

【本章教学目的】

1.明确不同类型案例研究的适用情景和范围

2.明确多案例研究、历时性案例研究的研究过程和要点

3.能够根据实际研究需要选择合适的案例研究类型并完成研究写作

在第五章中，我们根据案例研究的目的、数量和时间三个维度，对案例研究进行了不同类型的划分。不同案例研究类型，虽然在总体的研究步骤和写作思路上和前两章讲述的内容一致，但是它们在具体的研究步骤和写作上也存在较大的差异，有着各自规范性的要求。本章简要地阐述三种不同类型案例研究在研究逻辑过程与写作上的这种差异性、内在原因及注意要点。

第一节　探索性案例研究与解释性案例研究适用范围与过程

【本节知识分解】

1. 明确探索性案例研究与解释性案例研究的适用范围
2. 掌握探索性案例研究与解释性案例研究过程与写作的差异

一、探索性案例研究与解释性案例研究的适用范围

探索性案例研究是尝试寻找对事物的新洞察，或尝试用新的观点去评价现象。研究的性质是属于理论探索，研究的目的是建立新的理论或形成新的观点。如研究一个成功的企业可以学习到什么经验，这就是典型的探索性案例研究。而解释性案例的研究目的在于对现象或研究的发现进行归纳，并最终做出结论。解释性案例研究适用于对相关性或因果进行研究。因此，探索性案例研究更多适合进行“是什么”(what)类型的探索性问题研究；而“怎么样”(how)和“为什么”(why)的问题多属于解释性(因果性)问题(陈春花，刘祯，2010)。

探索性案例研究在案例分析之前并没有明确的理论假设，但是必须建立严格的分析框架；解释性案例研究一般在案例分析之前就已经建立了若干竞争性的理论假设，比较适合进行因果分析。如果所研究的问题是一种理论空白，或者处于学科的幼稚期，已有的文献不能够解释和回答所要研究的问题，需要从实践中总结、归纳出理论框架和概念模型，这时往往采取理论建构过程而不是理论验证过程，因此，最佳的研究策略是一种定性规划法，适合采用探索性案例分析法。未验证通过的探索性案例研究得出的理论是否可靠、科学，有必要进一步通过解释性案例研究进行佐证。

二、探索性案例研究和解释性案例研究写作过程的比较

探索性案例研究一般对文献的回顾内容相对较少，因为研究的背景和前提决定了已有相关文献不够成熟，缺乏足够的文献支撑当前的研究主题，因此，探索性案例研究的文献回顾内容篇幅相对较少，而且在具体的文献回顾内容写作上，一般也比较少涉及具体的观点和结论，主要阐述理论基础及研究所涉及的主要概念。

而解释性案例研究则更多属于理论验证，是对探索性案例研究之后进行的佐证，因此解释性案例研究一般在案例分析之前就已经建立了若干竞争性的理论假设，已有的理论相对较为丰富，在写作过程中，对文献回顾部分的内容比例相对较多，内容中涉及的概念、概念间的关系以及理论假设或者模型框架都可以有相应的交代，让读者清楚当前研究主题的主要观点和作者试图去探究和验证的概念间的内在关系。

第二节　单案例与多案例研究适用范围与过程

【本节知识分解】

1. 单案例研究的适用范围
2. 多案例研究的适用范围
3. 多案例研究的过程与要点

通过案例研究构建理论是使用一个或多个案例中的实证证据来创造理论构念、命题/理论雏形的研究策略(Eisenhardt，1989)。单案例和多案例研究的区别，从概念上看，是选择案例数量的多少不同；但两者在研究的优缺点和适用范围、研究过程和写作过程上都具有较大的区别。明确这些区别，对于我们更好地选取案例数量和进行规范的案例研究具有非常重要的意义。

一、单案例研究的适用范围

案例研究遵循"复制"原则，而统计分析则遵循"抽样"原则。通过案例研究构建理论的核心是复制逻辑(Eisenhardt，1989)。事实上，案例研究的基本理论与自然科学中的实验相似，案例研究具有"准实验"的性质。因此单案例就好比是做了一次"准实验"，由于实验的对象、时空等是特定的，因而单案例研究得到的结果的有效性就具有局限性和情景依赖性。也就是在特定的类情景和类似的实验对象上才成立，把结论脱离特定情景外推可能就不正确。这就好比我们在小白鼠身上做实验成功了，但不能说这个药物对小黑鼠或者所有动物都会有效一样。单案例研究的外部效度较弱，这是单案例研究比较大的一个局限性。相对而言，多案例研究结论更加可靠，更具有普遍意义。多案例研究更容易增加对经验世界多样性的理解(黄振辉，2010)。也就是说多案例研究的外部效度更高，因此，多案例研究也更受学者们的欢迎和推荐(Eisenhardt，1989)。但有些时候，采取多案例研究并不太可行或者太过于烦琐，我们就会选择单案例研究。

单案例研究设计通常适用于如下情况：

(1)对一个广为接受的理论进行批驳或检验；

(2)不常见的、独特的现象；

(3)了解某一有代表性的、典型的案例出现的环境和条件；

(4)启示性事件；

(5)对同一案例进行纵向比较：对于两个或多个不同时间点上的同一案例进行研究。即历时性案例研究。

在第五章案例研究过程里就曾讲过，案例研究的案例选择是采取理论抽样，也就是符合理论研究需要，当我们要研究的问题在实际情况下很难选择到合适的研究对象时，如对一个广为接受的理论的批驳或检验、不常见的现象、启示性事件；或者研究的情景本身就是特殊的，即研究有代表性的、典型的案例出现的环境和条件。另外，由于多案例研究的写作还受到篇幅限制，要交代清楚多个案例的来龙去脉，如果还需要交代不同案例的不同时间阶段的变化，研究和写作过程就会非常烦琐复杂，因此，为了更深入和展示案例研究的详细内容和细节，这个时候也更多采取单案例研究。

第五章的案例研究过程和案例写作过程的分析内容，都适合于单案例研究过程的步骤和写作。因此在这一章节就不再赘述。

二、多案例研究的适用范围

多案例的选择最主要不是根据每个案例的独特性而是依赖于这一个案例集对完善理论的贡献度。也就是说，选择多案例的理论是为了重复、扩展理论（罗伯特·K. 殷，2003）。从性质上看，多案例研究是重复的"准实验"，判断案例研究结论可靠性的关键是看多次重复"准实验"结果的一致性（黄振辉，2010）。当从多个不同条件下有目的地选取相应案例进行研究，多案例研究得到的研究结论比单案例研究更有说服力和外部效度。因此，单案例研究就好比"把所有鸡蛋都放在一个篮子"，来自特定对象得到的研究结果可能只适用于案例对象本身而无法进行自下而上的抽象和归纳概括。在有条件（和资源）的情况下，应该选择多案例研究，因为从两个或更多案例中总结出来的结论会比从一个案例中总结出来的结论更扎实，其理论价值和实践价值也更大。

三、多案例研究过程及要点

1. 多案例研究的过程和步骤

多案例研究的整体过程和第五章讲述的案例研究过程类似，不一样的地方是相当于将单案例研究过程多次重复，即多次重复"准实验"的过程。

具体而言，在多案例研究中，首先是基于案例理论建构的启动，然后是选择案例和设计方案以及收集资料，接着是进行案例分析研究。注意多案例研究中，每个案例的研究实施和研究报告都是独立完成的。上述步骤主要是完成了多案例中的各个案例内的分析，然后是进行案例间的分析对比，对比各个独立进行的案例，起草跨案例分析报告、修改理论假设、提出政策建议以及撰写跨案例分析报告（见图 7-1）。可见，多案例研究步骤其实包括了两个主要部分：案例内分析和跨案例分析。即先分别对各个案例进行独立的研究实施和报告撰写，然后进行跨案例的比较分析，撰写跨案例分析报告。这是多案例研究与单案例研究步骤最大的区别。这一过程相当于独立重复多次"准实验"，然后比较结果。

可见，多案例研究的特点在于它包括了两个分析阶段——案例内分析（within-case analysis）和跨案例（cross-case analysis）分析。前者是把每一个案例看成独立的整体进行全面的分析，后者是在前者的基础上对所有的案例进行统一的抽象和归纳，进而得出更精辟的描述和更有力的解释。

2. 多案例研究过程的要点

（1）案例选择

案例研究在对象选择上采取理论抽样，而多案例研究除了服从于理论抽样这一原则外，还遵从复制法则。它也突出强调了多个案例对象不是随机或者任意选取的。多案例研究所遵从的复制法则，要求每一个案例都要经过仔细挑选，与多元实验中的复制逻辑类似。

而复制法则又包括了两个不同的复制类型：逐项复制和差别复制。这两种不同的复制法则和研究案例目的本身决定了案例选择的对象和案例选择的数量多少。

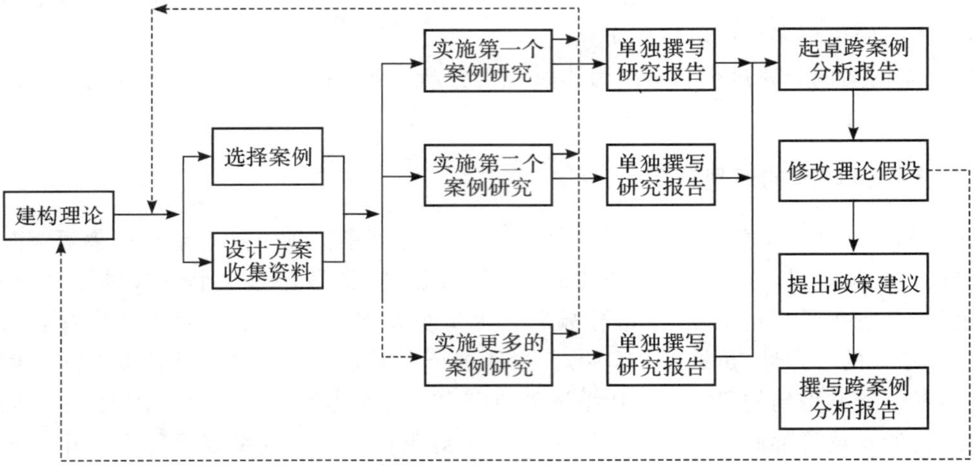

图 7-1 多案例研究的步骤

逐项复制指挑选出的不同情境下的案例能产生相同的结果。例如，我们想研究有些成年人的饮食量和体重之间不存在显著正向影响的原因。在选择案例时，我们选取不同性别、年龄、地区的成年人进行研究，这些人的特点是吃得都相对多，但是体重都偏低。可见，通过逐项复制选取多案例的目的是考虑在理论研究可能的不同情境下进行选取，目的是希望排除掉这些因素对结果可能带来的影响，这些不同案例的情景(如年龄、性别等)相当于定量统计研究中的控制变量，其实质是总结归纳，从而使研究得到的结论更具有普遍和一般意义。

因此，从逐项复制的数量多少选择看，当所提出的理论假设与其他的相关理论假设之间的差别很大，不易混淆时，选取 2～3 个逐项复制；若提出的理论假设与其他相关的理论假设差别极小、极易混淆，或者要使研究具有更高的确定性时，那么可能需要 5～6 个甚至更多。

差别复制指由于可预知的原因而产生与前一研究不同的结果。如我们选择另外两类人群，一类是吃得少但是却相对较胖的；一类是吃得多体重也相对较胖的。两类案例对象的选择和逐项复制的人群都非常不同，都具有对比性或者差异性而不是同一性。从对比分析中可以推断，吃的量和体重之间呈现出正向、反向等不同结果，从而可以分析发现其内在原因。可见差别复制的实质是比较分析，与不同的案例对象进行对比，进而得出不一样结论及内在原因。

因此，差别复制的个数则要根据竞争性解释的重要程度来定。如果你对某些外部条件是否会引起不同的结果感到不确定，那么你需要对这些相关条件进行明确的界定，并选择较多的案例进行研究。相反，若认为外部条件不会对要研究的现象产生影响，那么就不需要进行多个差别复制。

多案例研究中，如果逐项复制选择一个案例对象，同时差别复制选择与之结果相反的另一个案例对象，如图 7-2 中第一组案例对象和第五组案例对象，就形成了比较典型的对比性案例研究。可见，多案例研究在案例对象选择的复制逻辑中，组内(相似性)比较是逐项复制，组间(差别对比)是差别复制。

从上述分析可以发现，多案例选择中每个案例都要经过仔细挑选，符合逐项复制或差别复制其中一个标准。挑选出来的案例要么能产生相同的结果(逐项复制)，要么能由于可预

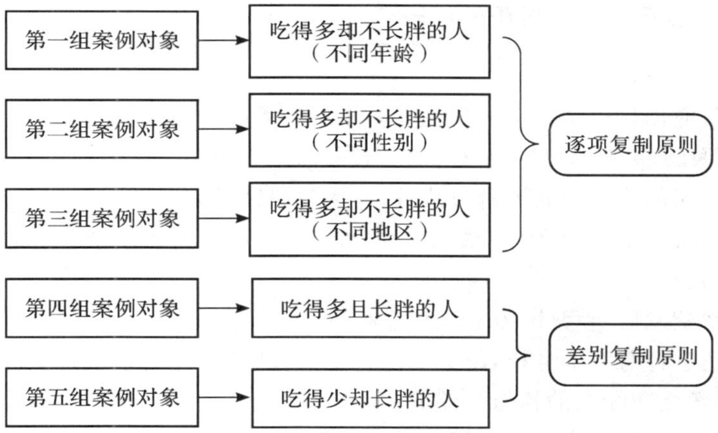

图 7-2　多案例研究的案例选择原则

知的原因而产生与前一研究不同的结果(差别复制)。

多案例研究的数量不是随机选择的,具体选择多少数量,取决于研究对象的情景差异,以及研究者想让自己的多案例研究的结果具有多大程度的确定性和普适性。在案例研究文献中,多案例研究的数量一般选取 4～10 个。

(2)案例内研究与跨案例分析比较

多案例研究的理论框架需要声明在哪些条件下某一特定的现象有可能出现(逐项复制),或者在哪些情况下某一特定现象不可能出现(差别复制),每一个案例都是一个完整的案例,如果某一结论成立,那就要再进行一次复制的过程,对上一个案例进行检验。

多案例研究中首先需要进行单案例研究。多案例研究中,对于每一个单独的案例,都要撰写研究报告,研究报告中要解释原理论假设成立与否的理由。其次,多案例研究需要进行跨案例对比。即所有的案例合在一起,需要再次撰写多案例分析报告,报告中要阐明复制的逻辑,并解释为什么有些案例的实证结果与其理论假设相符合,而有些案例的实证结果与其理论假设不符合(陈春花,刘祯, 2010)。

【知识专栏】

案例间的资料分析策略

策略一:选定几个类别或者维度。然后在一组的内部寻找相似性,在不同组间寻找差异。

策略二:选择成对案例并比较它们的异同。这一策略迫使研究者必须寻找每组案例间细微的相似和差异。

策略三:根据数据来源将数据分类。例如,一个研究人员专门梳理观测数据,另一个整理访谈数据,而第三个则整理问卷数据。

四、单案例和多案例研究过程的比较

1. 单案例研究过程

(1)单案例研究创建每个案例的(单独的)发展历程(history);

(2)尝试在每个(单独)案例中回答研究问题,而不必考虑其他案例;

(3)开发出最初的构念及其测量方法,以此回答研究问题。

总之,单案例研究单独地在每个案例中针对研究问题开发出便于理解的答案。

2. 多案例研究过程

(1)将每个案例发展历程(history)、构念标准化;

(2)多种视角进行跨案例分析,将案例随机配对,基于特定构念进行全面比较,迫使研究者必须寻找每组案例间细微的相似和差异;

(3)一旦在一些案例中出现了可能的(理论)关系时,在其他案例中对其进行检验——复制逻辑;

(4)通过对每个构念创建表格的形式,对构念及其测量方法进行提炼;

(5)一旦大多数案例中出现了一些(理论)关系时,开始开发潜在的逻辑争论(logical arguments)。

案例研究的归纳不是统计性的而是分析性的,这必定使得归纳带有一定的随意性和主观性(罗伯特·K. 殷, 2003)。此外,案例研究还存在这样一些缺陷:简化或者夸大一个情景,容易使读者曲解事物真实的状态,缺乏严谨性和准确性,以及研究结果推广性差,等等(林海芬,苏敬勤, 2010)。从单案例和多案例研究过程具体分析,有研究者认为,单案例研究能够保证案例研究的深度,并能更好地了解案例的背景。但是,Eisenhardt(1989)极力推崇多案例研究,她认为多案例研究能通过案例重复支持研究的结论,从而提高研究的效度。她认为,案例研究的深度和对案例背景了解的程度不是由案例的个数决定的,而是由案例研究的方法所决定。另外,她还认为,多案例的研究能够更全面地了解和反映案例的不同方面,从而形成更完整的理论。同样,Yin(1984)也认为,反复被几个案例重复具有一致性,其解释力肯定比单个案例要好,多案例还增加了理论的强壮性(robust),因为命题更深地扎根于不同的实证证据,多案例的选择最主要不是根据每个案例的独特性而是依赖于这一个案例集对完善理论的贡献度。也就是说,选择多案例的理论是为了重复、扩展理论(罗伯特·K. 殷, 2003)。

第三节 历时性案例研究与共时性案例研究适用范围与过程

【本节知识分解】

1. 明确历时性案例研究和共时性案例研究的适用范围

2. 掌握历时性案例研究的写作过程与要点

一、历时性案例研究与共时性案例研究适用范围

历时性和共时性主要从时间的静态和动态，横向和纵向两个维度出发进行区分。历时性案例研究的研究对象具有纵向的时间跨度，在时间上呈现出动态的过程；而共时性案例研究则分析横截面上的、静态时间节点的研究对象及研究问题。

1. 历时性案例研究的适用范围

从历时性案例研究的研究主题或研究目的看，往往是需要比较研究对象从过去到现在发展不同阶段（不同过程）的变化与差异及其原因或者趋势。由于在时间维度上有不同的阶段和变化比较，因此，在管理领域中，历时性案例研究一般用于分析企业的转型升级、演进及共演、发展轨迹与路径等。因为这些研究主题都需要涉及考察研究对象随时间变化在某些研究内容或者研究主题上的变化特征及差异。

2. 共时性案例研究的适用范围

与历时性案例研究相对比，当案例研究不涉及时间范畴或者不需要考查案例研究对象和研究主题随着时间变化带来的比较及差异时，一般都采取共时性案例研究，目前在大多数案例研究中，没有说明是采用历时性案例研究或者没有特别说明的，一般都是共时性案例研究。因此，在前面几章阐述的案例研究情景和研究过程的相应内容，都适用于共时性案例研究。

二、历时性案例研究过程要点

1. 时间阶段的划分

对于历时性案例研究，由于研究对象具有时间的纵向和动态跨度，因此，如何进行时间阶段的划分以及划分的依据是历时性案例研究中的一个非常重要的问题。在历时性案例研究中，学者们对时间阶段的划分，往往采取以下几种方法：(1)环境与业绩变化拐点划分；(2)关键事件划分；(3)前两种划分方法的结合。这些划分标准上既有定性的标准，也有定量的标准。

具体而言，按照环境与业绩变化拐点划分，指将影响研究对象的外部政策、经济环境等的重大环境变化的年份作为不同时间阶段划分的依据；或者将研究对象年度业绩发生重大变化的年份作为时间阶段划分的依据。如吴结兵、郭斌(2010)发表在《管理世界》的《企业适应性行为、网络化与产业集群的共同演化》一文对绍兴集群发展阶段的划分，文中阐述“结合访谈记录和二手数据中对集群发展环境变化的描述(在绍兴县纺织业集群发展过程中，剧烈的环境变化主要有：1979 年改革开放以及化纤纺织新市场的形成，1995 年左右国内市场由卖方市场转向买方市场，以及 2005 年左右人民币升值、出口退税政策调整，参见表 7-1)，研究初步确定集群发展的三阶段，并将 1995 年和 2005 年初步确定为集群发展的两个拐点”。

表 7-1　绍兴县纺织业集群发展大事记

时　间	事　件
1979 年	改革开放与化纤纺织新市场利基的出现 绍兴县第一丝织厂首家生产门幅 90 厘米膨体涤纶织物

续表

时　间	事　件
1986 年	绍兴县第一纺纱厂、绍兴县第二毛纺织厂、绍兴县江桥人丝人棉纺织厂、绍兴县杨汛桥纺纱厂建成投产
1988 年	1988 年绍兴县新建全国首家室内轻纺产品专业市场——中国轻纺城
1991 年	绍兴县光明丝织厂引进第一台无梭织机
1995 年	卖方市场转入买方市场，产品滞销
1995—1998 年	无梭化改造，共投入技术改造资金 220 亿元，1998 年无梭化率达到 44.1%
1999 年	绍兴县提出“市场开拓、产品开发”的纺织业“双开”战略
2001 年	向家纺与服装业拓展，建设柯西服装工业园区
2003 年	浙江华联三鑫石化有限公司成立，建设 60 万吨 PTA 项目
2005 年	人民币升值、出口退税率调整，出现行业性亏损
2006 年	成立浙江省现代纺织工业研究院
2008 年	成立印花布行业协会，保护企业知识产权

数据来源：根据访谈记录和二手数据整理。

同时，该文还进一步从集群绩效的三个指标的定量数据进行划分，文中根据已有文献的划分依据，从集群规模、集群效率和集群效益三方面定量分析集群发展情况，在划分标准上采取如果在其中某一时点上有两个变量同时发生了较大变化，即认定该时间点为集群发展的拐点。从而将绍兴集群发展划分为三个阶段：1979—1994 年为集群产生阶段，1995—2004 年为集群成长阶段，2005 年至今为集群成熟阶段。这样就把集群发展几十年的连续时间过程划分为了便于进行动态分析的、具有显著差别的三个阶段(见图 7-3)。

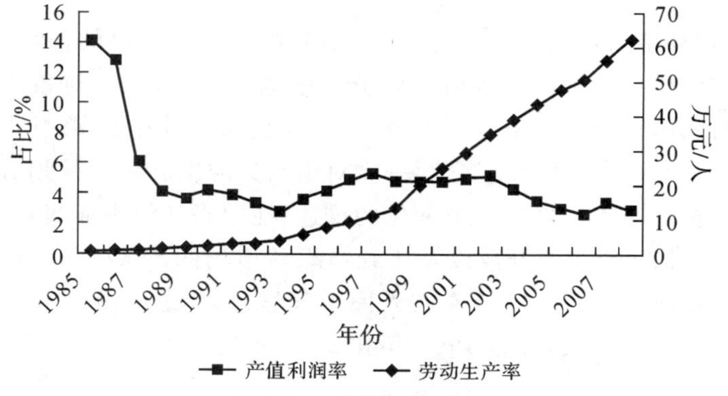

图 7-3　绍兴县纺织业集群效率和效益变化趋势(1985—2008)

按照关键事件变化拐点划分，要点在于将研究的重要构念在某一时间节点(年份)发生重要变化或者出现了标志性特征事件作为时间阶段划分的依据。与前一种将外部环境变化作为划分依据对比，关键事件变化是以研究对象内部发生的事件为划分依据。如江诗松等(2011)发表在《管理世界》上的《转型经济背景下后发企业的能力追赶：一个共演模型》一文中，作者基于研究的主要构念——制度环境、政治战略、竞争战略、学习过程和能力追赶等，根据导致这些研究构念发生剧变的关键事件（1997 年，吉利进入汽车产业；2001 年，成为中国首家获得轿车生产资格的民营企业；2007 年，吉利宣布战略转型），将研究对象吉利集团 12 年的发展历程分成三个阶段，即 1997—2000 年为“起步阶段”，2001—2006 年为“扩张阶段”，2007—2010 年为“转型阶段”。

2. 动态发展变化的分析写作

在将连续性的动态时间过程划分为不同的时间阶段后，根据历时性案例研究的出发点和目的，在案例分析和写作过程中，重要的是分析和阐述研究涉及的每个重要构念在划分的每个时间阶段的变化与差异比较，并且提供相应的证据及变化原因与趋势特征描述等。

如吴结兵、郭斌（2010）的文章中，对绍兴集群三个发展阶段划分后，分别对集群产生阶段、成长阶段以及成熟阶段的环境特征、企业适应性行为、网络关系和集群发展等主要构念用图表形式进行相应的资料呈现，从而让人一目了然地看到三个阶段主要构念之间的差异对比，进而总结、提炼出动态演进的轨迹。

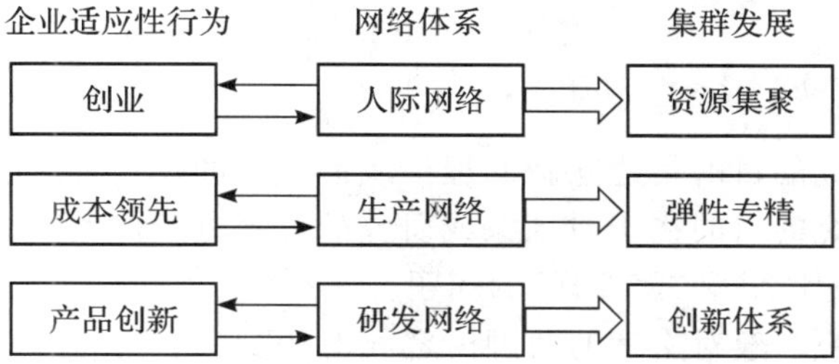

图 7-4 企业适应性行为与网络体系在集群不同发展阶段的作用

与之相类似，江诗松等（2011）根据对吉利集团发展阶段的划分，结合研究提出的主要构念，分别提供了相应的翔实资料并通过整理成一个表的形式对比分析三个阶段中不同构念的差异及变化（见表 7-2）。

表 7-2 吉利三个阶段的环境、战略、学习和能力

概念		起步阶段	扩张阶段	转型阶段
制度环境		不合法	合法	支持
政治战略		财务刺激 政治关联	政治参与 信息提供	政治参与
竞争战略		防卫导向	防卫导向 前瞻导向	前瞻导向
学习过程	外部学习	从雇用中学习	从雇用中学习、技术引进	从并购中学习
	内部学习	逆向工程	从研发中学习	从研发中学习 知识表达和编码

续表

概念			起步阶段	扩张阶段	转型阶段
能力追赶	技术能力	架构能力	基于逆向工程的模仿	数字化开发能力	平台化开发能力
		部件能力	外购	发动机、变速器开发能力实现突破	安全技术、发动机技术进一步提升
		专利	4 项发明专利 6 项外观设计专利 8 项实用新型专利	7 项发明专利 167 项外观设计专利 190 项实用新型专利	81 项发明专利 166 项外观设计专利 576 项实用新型专利
	市场能力		低端市场	低端市场 进入前十 首批出口	保持前十 中档市场 出口

可见，在历时性案例研究中，对整个时间进行阶段划分以及基于阶段划分后，通过图表的形式，进行研究构念的证据提供和阶段对比分析，得出研究对象动态发展的趋势及差异，这是历时性案例研究的优势和要点。

【本章重要知识小结】

1.探索性案例研究的目的是建立新的理论或形成新的观点，因此适合研究“是什么”的问题。解释性案例研究的目的在于对现象或研究的发现进行归纳，并最终做出结论。解释性案例研究适用于“为什么”和“怎么样”的问题。

2.探索性案例研究一般对文献的回顾内容相对较少，主要阐述理论基础及研究所涉及的主要概念。解释性案例研究文献回顾部分的内容相对较多，需要让读者清楚当前研究主题的主要观点和作者试图去探究和验证的概念间的内在关系。

3.在多案例研究中，需要进行案例内分析和跨案例分析，前者是把每一个案例看成独立的整体进行全面的分析，后者是在前者的基础上对所有的案例进行统一的抽象和归纳。多案例研究的数量不是随机选择的，具体选择多少数量，取决于研究对象的情景差异。

4.案例研究遵循“复制”原则。在多案例选择时，复制原则包括了逐项复制和差别复制。逐项复制指挑选出的不同情境下的案例能产生相同的结果。它相当于进行不同情境下相同结果的组内分析比较，实质是总结、归纳、提高结论的普适性。差别复制指由于可预知的原因而产生与前一研究不同的结果。它相当于进行不同结果的组间分析比较，实质是对比分析得出差异的内在原因。

5.历时性案例研究是动态的跨时间维度的分析，它往往是需要比较研究对象从过去到现在发展不同阶段（不同过程）的变化与差异及其原因或者趋势。在历时性案例研究时间阶段的划分上，往往采取定性/定量的方法作为标准：(1)环境与业绩变化拐点划分；(2)关键事件划分；(3)前两种划分方法的结合。

6.在案例分析和写作过程中，重要的是要分析和阐述研究涉及的每个重要构念在划分的每个时间阶段的变化与差异比较，并且提供相应的证据及变化原因与趋势特征描述等。在这个过程中尽量采用图表的形式呈现会更让人一目了然。

【复习题】

一、判断题

1. 案例研究数量选取多少主要取决于研究的便利性。（　　）
2. 多案例相比较于单案例在研究的效度上更高。（　　）
3. 历时性案例研究时间阶段划分根据作者的判断进行。（　　）
4. 历时性案例研究没有必要一定进行时间阶段划分。（　　）
5. 解释性案例研究在文献回顾部分不需要提出研究框架和假设。（　　）
6. 历时性案例研究有助于呈现出不同时间阶段研究主要构念的特征与变化。（　　）
7. 案例研究的归纳是统计性的。（　　）

二、选择题

1. 历时性案例研究时间阶段划分的方法不包括下列哪一个（　　）

A. 环境与业绩变化拐点划分　B. 关键事件划分
C. 上述两种方法结合　D. 研究作者主观决定

2. 多案例研究的复制原则中，目的是进行总结归纳的复制原则是（　　）

A. 差别复制　B. 逐项复制
C. 重复复制　D. 分别复制

3. 多案例研究的复制原则不包括下列哪一项（　　）

A. 逐项复制　B. 差别复制
C. 上述两种方法结合　D. 重复复制

4. 多案例研究的重要环节不包括下列哪一项（　　）

A. 案例数量选择　B. 单案例分析
C. 跨案例比较　D. 时间阶段划分

>>> 第四部分

统计研究方法篇

第八章　统计研究的一般过程和写作框架

【本章教学主要内容】

➢　模块一：统计研究的一般过程

1. 统计研究中的主要概念

2. 统计研究中的主要分析方法和作用

3. 统计研究主要分析方法对应的 SPSS 功能操作

➢　模块二：统计研究的写作框架

1. 统计研究论文的主要框架

2. 统计研究论文各部分写作要点

【本章教学目的】

1. 明确统计研究分析中的主要术语和常用分析方法

2. 掌握统计研究的写作框架和主要内容

3. 明确统计研究分析方法对应的 SPSS 操作并能明确操作目的和熟练运用

第一节　统计研究的一般步骤与常用术语

【本节知识分解】

1. 熟悉统计研究的一般步骤

2. 掌握统计研究中的主要变量类型及各自的作用

3. 掌握统计研究中变量、假设、模型等常用术语及其与相似术语的区别与联系

4. 掌握统计研究中的变量、假设、模型三者之间的关系

统计研究属于定量研究，它是一种自上而下的理论检验研究。它适用的研究领域理论相对较为成熟，是对变量与变量之间进行关系（强弱）、方向（正负）的量化检验。

一、统计研究的一般步骤

与定性的案例研究使用文字类材料进行证据提供和理论推演不一样，统计研究是定量

研究，它需要将所要研究的问题转化为数字，进而通过数字的各种演算来对所要研究的问题进行检验。因此，回顾前面章节关于案例研究方法和统计研究方法的比较，两者在研究的起点、过程、适用情景等方面都具有显著的区别。

由于统计研究是一种自上而下的理论演绎，同时又是一种量化的分析方法，结合管理研究提出问题、分析问题、解决问题的三段式过程，统计研究的一般步骤主要为：

(1)通过逻辑演绎的方法将理论转变成假设，即基于已有的相关文献分析，进行理论推演，提出研究问题，形成研究假设；

(2)假设将研究设计转化为观察，即将研究假设提出的变量和变量间关系的问题回到现实中进行对应，分析其现实情景、价值和意义。

(3)通过测量，进行样本归纳，参数估计，观察被转换成实证，检验假设，即将研究假设中的变量转变为实际可以用数字描述，进而进行变量关系的分析。

(4)得到结论和现实启示，即探讨假设是否被验证及其理论贡献，以及对现实的启示。这是解决问题的阶段。

二、统计研究的主要术语

1. 概念、构念与变量

在管理研究中，经常会提到“变量”这一术语，与变量相关的还有另外两个术语，分别是概念和构念。因此明确这三个术语之间的区别和联系是非常重要的。

概念是思维反映客观事物的一般的、本质的特征，是对具体事物和现象进行抽象的高级形式。构念是指为了解释一个给定现象所特别选定(或“创造”)的抽象概念。它有几个特征：①构念是研究者构造出来的；②构念是抽象的、不可直接观察的；③构念是与理论和模型相联系的；④构念应该是有清晰而明确的定义的。这样其他人才能够完全理解它意味着什么，不意味着什么。变量是概念和构念在定量分析架构中的对应形式。因此变量就是构念的具体化。

从对概念、构念和变量三个术语的分析可见，概念的外延最广，范围最大，它泛指对所有事物和现象的抽象化概括。而构念这一术语可以简单描述为在科学研究中的概念，它要求科学、准确地进行内涵界定。变量则是在量化分析中对构念的通常称呼。因此，概念、构念和变量之间的范围由大变小，它们是包含与被包含的关系(见图 8-1)。

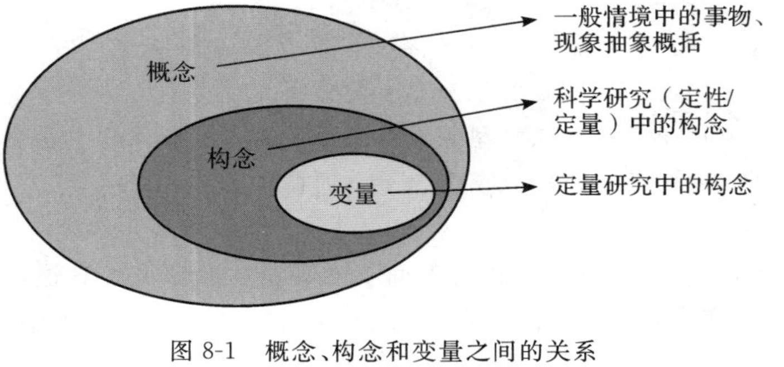

图 8-1　概念、构念和变量之间的关系

2. 常用统计变量

在统计研究中，常用的变量通常有以下几类：自变量、因变量、中介变量、调节变量和控制变量(见图 8-2)。它们在统计研究中各自具有不同的内涵和发挥不同的作用。

统计研究中常用的变量类型

- 自变量(也叫前因变量或预测变量):用来解释因变量的假定原因;
- 因变量(也叫结果变量):是需要被解释的对象;自变量是原因,因变量是结果;
- 中介变量(也叫中间变量):自变量对因变量发挥作用的中间过程因素;
- 调节变量:能够改变自变量对因变量关系强度和方向的变量;
- 控制变量:除了自变量外,其他可能对因变量(或中介变量)起作用的重要变量。

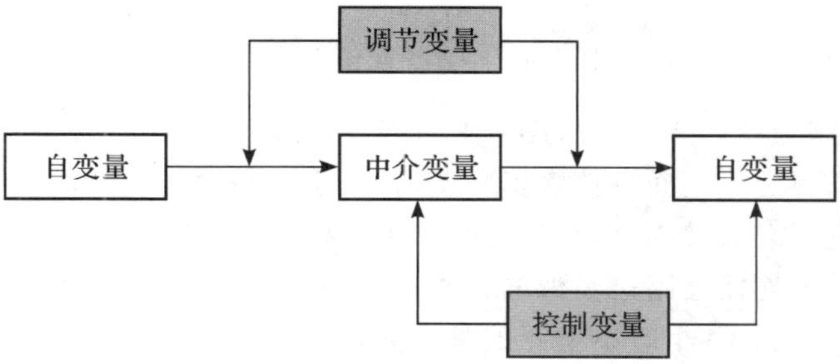

图 8-2 统计研究中常用变量类型

从图 8-2 来看,统计研究最常用的两类变量:一类叫自变量,一类叫因变量。自变量和因变量分别是什么意思?我们在初中时候学过数学,$Y=aX+b$,其中 X 表示自变量,Y 表示因变量,所以这两类变量是我们相对熟悉的,也是统计研究当中必须要用到的。自变量也叫预测变量,是用来解释因变量的假定前因,这就是 $Y=aX+b$ 中的 X。因变量也叫结果变量,是需要被解释的对象或结果,也就是 $Y=aX+b$ 中的 Y,所以我们箭头的指向是自变量指向因变量,自变量是前因,因变量是结果,这是两类比较常用的变量类型。比如学生学习努力,可能会取得较好的成绩,在这里学习努力就是自变量,是学习成绩好的前因;成绩好是因变量,是学习努力的结果。

第三类变量叫中介变量,或者叫中间变量。也就是说,在自变量到因变量中间的关系过程当中,可能还存在一个在其中发挥作用的因素。举个简单的例子,就像我们吃饭,我们说吃得多会不会导致长得胖,我们的自变量就是我们吃的东西多少,那么因变量是我们身体的脂肪,在这两者之间是否还存在中间的环节?我们知道,吃的东西还必须经过人体的肠胃,肠胃的消化吸收在这其中发挥了重要作用,因此它就是在吃的东西和最后转变为脂肪当中重要的中介变量。所以中介变量是指自变量对因变量作用必须通过的中间环节或者原因。

对于中介变量而言,还细分为两种不同作用的中介变量,分别是起完全中介效应的中介变量(见图 8-3)和起部分中介效应的中介变量(见图 8-4)。

从图 8-3 来看,自变量必须经过中介变量才能最后对因变量发挥作用。也就是说,中介变量是自变量对因变量发挥作用的唯一中间通道,因此图形的示例相当于物理学中所讲的串联电路,不经过中间的电路,前面的电流是无法通过到达后面的,所以图 8-3 这种类型的

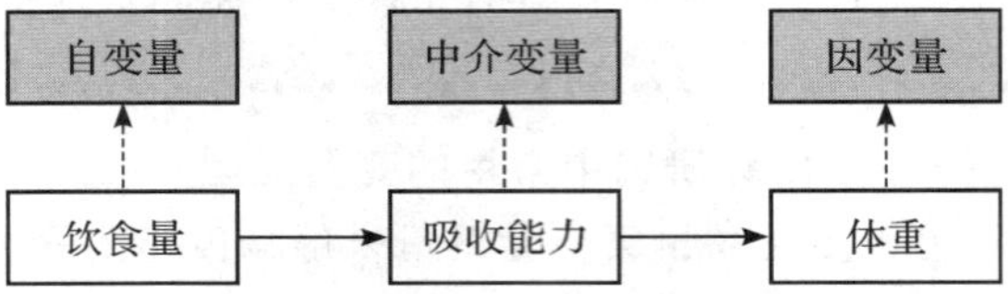

图 8-3　完全中介效应示例

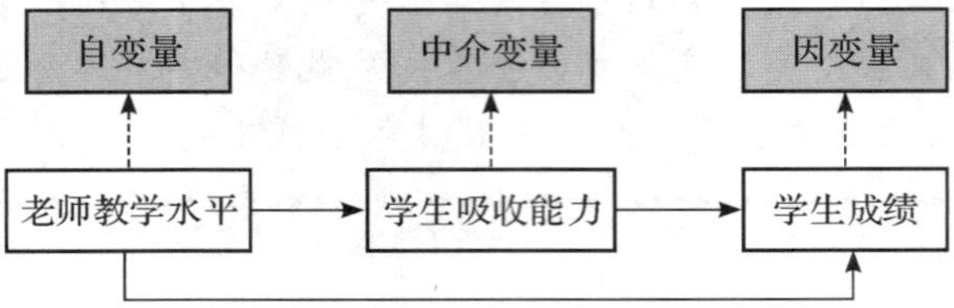

图 8-4　部分中介效应示例

中介变量发挥的是完全中介效应。从图 8-4 和图 8-3 的对比分析，图 8-4 中除了图 8-3 的过程外，还从自变量到因变量之间直接多了一条通路，也就是说自变量既可以通过中介变量对因变量发挥作用，也可以直接对因变量发挥作用，这样的中介变量发挥的就是部分中介效应，这和电路多了一条连接通路是类似的道理。图 8-4 中，研究教师教学水平高低对学生成绩好坏的影响。对于同处一个教室上课的学生而言，都是同样的老师上课，但学生成绩好坏有较大区别，这可能和学生上课的用心程度和吸收能力具有很大关系，因此，学生的吸收能力在教师教学水平和学生成绩之间发挥了中介效应。但如果比较不同班级或者不同学校学生成绩好坏，发现即使学生吸收能力类似，教师教学水平更高的班级和学校，学生的成绩普遍更好，可见，教师教学水平对学生成绩也直接发挥了作用。这样，学生的吸收能力这个中介变量就是部分中介变量。

我们在统计研究中可能还会经常用到的变量类型包括调节变量和控制变量。调节变量指能够改变自变量对因变量关系强弱和方向的变量。从图 8-2 可见，调节变量的箭头指向变量与变量之间的关系，也就是说它调节的是关系。我们可以把调节变量形象地比喻为自来水水龙头上的开关，它调节的是水管一端到另一端中间通道的出水量的大小，当我们把自来水水龙头调大，那么水流就会变得更大，自来水水龙头关小，水流就会变得更小，它调节的是这个通道。调节变量的作用是调节自变量与因变量之间的关系。

最后一类变量叫控制变量，控制变量的箭头指向的是变量，注意前面谈到的调节变量，指向的是关系，这是两者重要的区别。控制变量是指会对中介变量或者因变量形成影响的变量，但这个变量不是我们研究的重点，所以需要把它的作用排除(控制起来)。比如说我们讲天气的变化可能对学生的学习成绩会有影响，但是我们想研究学生自己的主动性以及老师教学水平高低的影响，所以天气虽然可能对我们的学习成绩有影响，但是我们不想去研究它，那么就把它拿来当作控制变量，所以这里的控制变量，简单地说是指除了自变量之外，其他可能对因变量起作用的变量。这是我们对统计研究某种变量类型的简单介绍。前面谈到统计研究过程中，需要在理论推演后形成假设，假设就是变量与变量之间的关系描述，所以我们的全部假设最后就会形成一个需要实证的模型，这里就会涉及不同的变量类型，所以熟悉不同变量类型是我们做统计研究非常重要的基础。

【知识专栏】

变量类型角色的变化

需要注意的是在一个模型中被作为因变量的变量,可能在另一个模型中是自变量或者中介变量。比如在前面的例子中,学习努力可能使得成绩较好,成绩好是因变量;但如果在另一个模型中,继续分析成绩好可能有助于找到更好的工作,那么成绩好在这里就由因变量变成了中介变量。如果只分析成绩好有助于找到更好的工作,那么成绩好在这里就由因变量变成了自变量。

同样的道理,自变量、因变量以及中介变量也可能会成为调节变量和控制变量,反之亦然。不同变量在不同模型中处于什么角色,主要取决于研究者的研究问题和研究目的。

3.假设

假设是自上而下的理论验证型统计研究所必不可少的。与假设相类似的还有另一个术语是命题。

命题是人们对观察资料进行思考做出判断的结果。命题是对两个或两个以上概念间关系的陈述。而假设是对未知的客观事物所做的尚未经过实践检验的假定性设想或说明,即假设是有待检验的尝试性判断。

辨析命题和假设之间的区别和联系,简单地说,假设是有待验证的命题。也就是说假设是命题的一种特例。命题这一术语常用于案例研究中,根据案例资料分析提出的概念之间的关系陈述和推断,它往往处于案例研究分析的结果部分。它是不需要在案例研究中验证对错/真伪的。而假设是在统计研究中提出的,它是关于变量与变量之间关系强弱、正负的假定性描述,它往往处于统计分析比较靠前的部分。假设是需要在统计研究中通过数据量化分析进行验证的。

命题与假设的区别

1.使用情景不同。命题用于案例研究中,假设用于统计研究中。

2.所处位置不同。命题在案例分析结果部分,假设在统计研究开始部分。

3.研究要求不同。命题不需要在案例中验证,假设必须要在统计研究中进行验证。

4.模型

模型是科学研究中常用的另一个重要术语。模型是由不同的命题或假设通过图的形式展现的结果。模型根据研究的目的不同又分为理论模型和实证模型。理论模型是由构念间关系表述的不同命题通过图的形式展现的结果,它常出现在案例研究中。实证模型是由变量间关系表述的不同假设通过图的形式展现的结果,它常出现在统计研究中。在理论和实证模型中,两个构念/变量之间是用箭头连接起来的。一个箭头就代表了一个命题/假设(见图 8-5)。

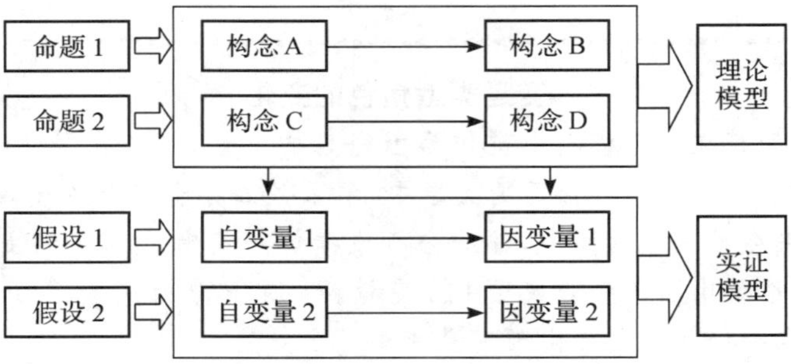

图 8-5　理论模型和实证模型之间的区别与联系

综合上述分析,变量是统计研究中需要量化的构念,假设是指变量与变量之间关系强弱、正负的关系假定性论述,而实证模型则是由不同的假设构成。这是统计研究中变量、假设和模型之间的一般关系逻辑。

第二节　SPSS 中常用的统计分析功能模块介绍

【本节知识分解】

1. 掌握统计研究中的变量测度、相关分析、回归分析等常用分析方法的作用
2. 熟练运用 SPSS 软件进行统计研究常用分析方法的操作
3. 理解和掌握 SPSS 各个功能模块的作用,能很好地解释操作结果的含义

统计研究是量化的理论验证型研究,它需要将由理论推演出的,假定变量与变量关系的不同假设,转变为数字关系分析,进行验证。这其中就会涉及如何对变量进行量化测度、如何进行分析测度后的数字间关系来验证假设等统计分析问题。

一、统计分析中的常用操作及作用

在统计分析中,根据分析的过程和步骤,首先需要对变量进行量化测度,即将文字化的、抽象的变量转变为具体的数字;然后需要对表征不同变量的量化数字进行分析,包括相关和回归分析,其目的是验证研究中提出的关于变量间的强弱/正负关系是否成立。这是统计分析过程的最基本逻辑。因此常用到的功能主要包括:变量测度(主要包括信度、效度分析和因子分析)、相关分析(分析变量间的相关性)、回归分析(分析变量间的因果关系)。其中,最重要也是最关键的操作是回归分析,因为通过对变量间因果关系的分析,可以检验研究中提出的变量间关系是否成立的假设。变量测度和相关分析是回归分析的基础和中间环节(见图 8-6)。

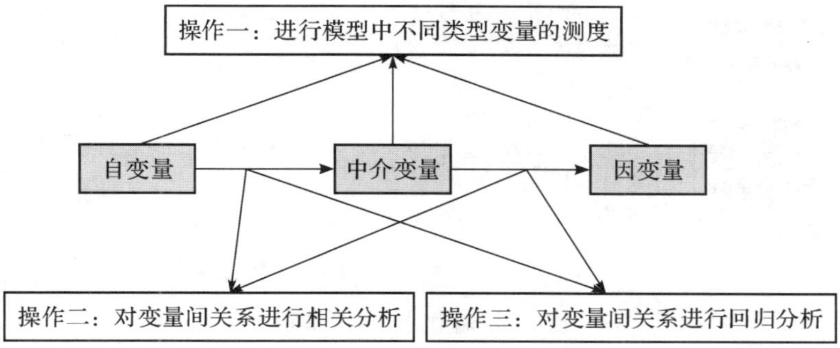

图 8-6　统计分析的常用操作解析

1. 变量测度

统计分析的最终目的是通过对变量间关系的量化分析来检验假设是否成立，而统计分析的第一步，是需要将研究假设中的变量转化为数字，即完成变量的量化测度，才能进行后续的变量间关系的分析。对于变量的测度，在统计研究中主要的方法有两种：一是通过问卷形式进行数据测度，获得一手数据。二是通过已有数据库或者网上资料进行数据测度，获得的是二手数据。我们这里重点阐述第一种方法。对于问卷形式进行数据测度，根据变量自身类型不同，又有两种不同的具体测度差异。

(1)通过问题设计直接得到变量测度的最终数据。比如对“企业研发投入”这个变量，可以通过设计一个题项“企业近三年的研发投入平均是______万元”，根据企业填写的数据结果，就直接测度到了企业研发投入这个变量，将抽象的、文字描述的变量转化为了零到无穷大之间的一个具体数字。

(2)通过多个题项构成的量表进行测量。这一类型的变量，往往表现为较强的主观性和多面性。从主观性角度出发，比如让一个人回答“喜欢某个人的程度”，如果是一个具体的数字，到底 10 分是最高还是 100 分是最高，因为没有统一标准，就存在非常大的主观性，不同的人会填写出差异非常大的数字，不便于真实测量和比较。从多面性角度出发，比如一个学生在校的表现，通常表现为德、智、体等多个方面，不能简单地从一个问题或者一个方面进行衡量。一个领导者的领导能力，通常包括了决策能力、创新能力以及用人能力等。这样的变量具有多个方面的表征，而且具有一定的主观性，对这一类型的变量如何测度以及如何知道测度是否准确可靠呢？

先从现实的情况出发，在淘宝有购物经历的人都知道，在完成一次购物后，淘宝会让买家对卖家进行评价。这个评价首先来自于三个方面：产品与描述符合程度、卖家服务态度以及卖家发货速度。同时，评分是从 1 分到 5 分，分别代表了非常不满意到非常满意。这种对卖家的评价就非常类似于统计研究中对具有主观性、多方面表征的变量的实际测度(见图 8-7)。

我们再从管理研究的例子出发进一步阐述。在创业领域常用“创业导向”这个变量，它的概念界定指创业组织解决问题与响应环境变化的一系列相关活动在管理实务上的具体表征。学者们的研究认为创业导向包含了创新性、风险承担性和先动性三个维度。也就是说创业导向是这三个方面的综合表征。创业导向既表现出主观性，也表现出多维度或者多方面。这时候，统计研究中就要用到量表来测量这一类型的变量。量表是一种测量工具，它是确定主观的或是抽象的概念的定量化测量方法。一个变量的测量量表往往由好几个题项构

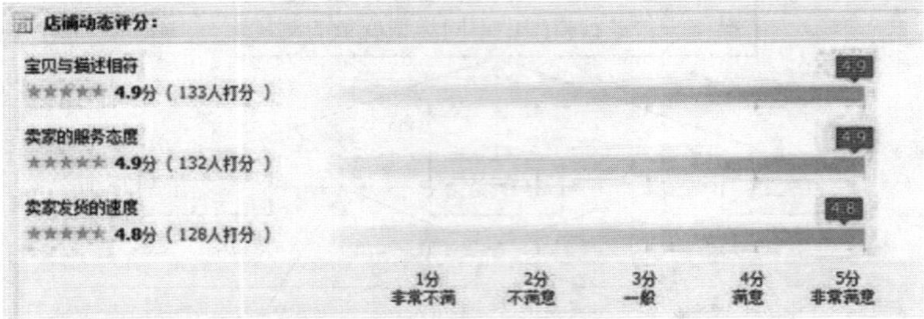

图 8-7　淘宝卖家评价界面

成，题项的分数选择是有限定的，不是像第一种测量一样处于零到无穷大的区域量，而是在(1,5)或者(1,7)这样的限定范围内，其中限定数字选择范围为(1,5)的被称为5分量表，限定范围为(1,7)的被称为7分量表。另外，与第一种直接测量变量所不同的是，量表的测量数字大小往往没有好坏区别，直接测量的变量如"企业绩效"，一般是数字越大越好，而量表中，分数高低是指题项描述的情况与填写问卷者本人或者单位等的实际符合情况，分数越低代表越不符合，分数越高代表越符合。另外，量表的分数高低是具有主观性的，是问卷填写者的主观判断。

直接测量和量表测量的区别

1. 测量的变量类型不同。直接测量的变量往往具有客观性，量表测量的变量往往具有主观性和多面性。

2. 测量的方式不同。直接测量通过一个问题进行，量表测量通过多个问题进行。

3. 测量结果的数字区间不同。直接测量结果的数字区间在$(0,\infty)$，量表测量结果的数字区间在(1,5)或(1,7)。

4. 测量结果的数字意义不同。直接测量结果的数字大小往往具有绝对意义的好坏区别；而量表测量结果的数字则只是代表和实际的符合情况。

我们对于测量变量的量表(量表的示例可参见后文的表8-1)，还需要关注三个问题：一是量表中的题项从哪里来？二是量表是否真实、有效地测量到了变量本身？三是通过量表题项得到的结果如何处理，最后来量化表征变量？前两个问题涉及对变量测度的考量，最后一个问题涉及对量表得到数据的分析处理。

针对第一个问题，我们先区别下测量变量的题项和问卷之间的关系。显然测量变量的题项是采取问卷形式设计、发放和回收得到结果，但变量的测度不是由研究者主观任意设计问卷进行就可以的，在管理研究中，测度变量的量表(由多个题项构成)必须采取学者们公认的、成熟的量表进行，测量变量的量表需要满足较高的信度和效度两个标准。一般的问卷是无法达到这两个要求的。

量表能否真实、有效地表征和测度到相对应的变量，在统计分析中主要通过信度(reliability)和效度(validity)这两个指标进行。信度又叫可靠性，指在多大程度上对某个构念的测量是一致的或可靠的，即测量工具(问卷或量表)能否稳定地测量到所测的变量。效度常被称为构念效度，是指测量在多大程度上反映了想要研究的构念。简单地说，信度反映的是多次测量的可靠性或一致性程度；如果用同一套试卷在不同时间测试一个学生，结果成绩差异很大，那问卷的信度就比较低；效度指测量的有效性，即是否有效地测量到构念本身。如果用射击来做比喻，信度指每次射击落在靶子相类似位置的程度(见图 8-8)，效度相当于射击命中靶心的程度(见图 8-9)。

图 8-8　将信度用打靶来比喻(高信度)

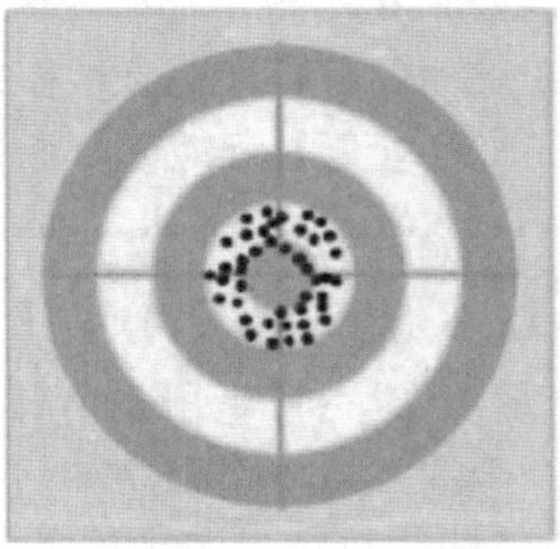

图 8-9　将效度用打靶来比喻(高效度)

【知识专栏】

信度和效度的关系

信度是效度的基础，必须要有信度才有效度。信度低，效度不可能高，但信度高，效度不一定高。因为信度只代表题项之间的一致性，但题项是否真实测量到变量(效度)不得而知。信度高，但效度低，相当于射击靶子都集中在远离靶心的一个地方。

效度高，信度一定高。因为如果量表所有题项测量都有效，那么它们之间的一致性(信度)也会更高。

在 SPSS 软件中，对于量表信度好坏的考察，主要是考察量表内部所有题目的一致性(项目同质性)程度。即考察量表的题项是否测量了相同的内容。通过 SPSS 软件分析量表的 Cronbach α 系数，即内在一致性系数。一般而言，当 Cronbach α 系数大于 0.7 时，量表被认为具有较好的内在一致性。通常，在一个量表中，可以通过考察填写问卷的同一被试人员对不同题项的得分差异和不同被试人员对不同题项得分的变化趋势两个方面来主观地观察。首先，如果量表中不同题项都是指向同一测量主题或者变量的，那么它们的得分应该相近，例如用不同工具来测量身高，结果应该较为一致。其次，有的量表中的题项在设计上采取的是不同方式测量同一变量，而不是不同工具。比如测量一个人的投掷能力，可能选择了让他(她)分别投掷 4 千克和 5 千克的铅球，那得到的结果是不一样的。但从不同的被测试者相对比分析，这两个分数的变化规律又是相似的，即前一个分数更高，后一个更低。关于信度在 SPSS 中的具体操作详见后面章节。在 SPSS 中一般用 KMO 这个指标来衡量量表的效度，一般而言，大于0.7被认为是具有较好的效度。KMO是在SPSS的因子分析这个功能模块里。同时，当进行因子分析后，设想的测量某一变量的几个题项归为一个相同的因子(即可视为测量该变量的几方面表现)时，则说明具有良好效度水平。

测量变量的量表质量的指标

量表质量主要通过信度和效度这两个指标衡量。信度指测量题项之间的一致性(指向一致)，效度指测量题项的有效性(准确程度)。

在SPSS中，量表信度的指标通常是内在一致性系数，即Cronbach α 系数。

在SPSS中，量表效度的指标通常是用KMO这个指标来衡量。

2. 因子分析功能模块及作用

完成了变量测度后，对于用多个题项构成的量表实现的变量测度，得到的结果是多个数字(每个题项一个数字)，多个数字如何来表征这个变量？这就还需要进行计算，才能得到一个具体的表征变量的数字。实现这一功能的是SPSS中的因子分析功能模块。因此，因子分析的重要目的是得到通过量表进行变量测度的最终数字结果，即实现变量的量化，得到表征变量的最终结果。

因子分析通过因子旋转实现，其目的是把具有类似属性的题项聚在一起，把具有不同属性的题项尽量远离。比如在体育比赛或者考试中，通常我们看到一个人的50米、100米和200米成绩排名或得分是相近的，就其内在原因，这三个项目都是短跑项目，主要都是需要依靠个人的爆发力；而3000米、5000米和1万米这三个项目的成绩可能也会比较接近，原因是这三个项目都是长跑项目，主要依赖于个人的耐力。这样，在因子分析结果中，就会把三个短跑项目聚在一起，形成一个新的因子，这个背后发生作用的能力我们可以命名为爆发力，它通过三个短跑项目成绩来进行测量表征，同时因子分析结果中，这个新因子(变量)就会得到相应的数字，这个新得到的数字，就是对爆发力这个因子(变量)的量化测量结果。同理也得到了耐力这个因子(变量)的量化测量结果。这样我们就把爆发力、耐力等非常主观的变量实现了量化测度。这里我们也看到信度(一致性：如50米、100米、200米成绩得分相似)和效度高的题项(如50米、100米、200米都能较好地测量到爆发力)，因子分析结果也会更好(它们会较好地聚在一起)(见图8-10)。因子分析具体的操作讲解见后续章节，这里不再赘述。

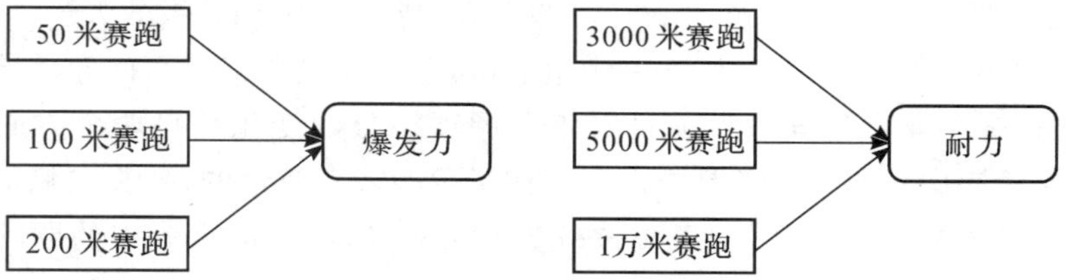

图8-10 因子分析原理解析

3. 相关分析功能模块及作用

相关分析是对变量之间的相关性大小、显著性程度进行的分析。在完成了变量的量化测度后，最为重要的是检验假设，即检验变量与变量之间关系强弱、正负的假定陈述。这是通过 SPSS 中的回归分析功能模块实现的。但为什么在这个过程中还需要进行一个中间步骤，即相关分析呢？原因很简单，相关分析是回归分析的前提，也就是说变量之间如果没有相关关系，就不存在回归(因果关系)。这就好比家里的花瓶被打破，家长问小孩，孩子回答说："我那时根本就没在那里"，意思是"我"和这个事情一点都不相关，打破花瓶这个事情的结果又怎么可能是"我"导致的呢？因此，相关分析是回归(因果)分析的前提，只有相关分析结果呈现比较理想的状态，才能继续进行回归分析。相关分析在 SPSS 中是通过相关分析功能模块实现的，相关分析重点需要看变量之间的相关系数和显著性程度。相关系数表征变量之间相关性强弱，显著性程度表征变量之间相关性是否显著。具体的分析过程见后续章节。

4. 回归分析功能模块及作用

回归分析是分析变量之间因果关系强弱(显著性)和大小。回归分析用于检验关于变量间关系的假设，因此它是统计分析中最重要的，也是最后一步的分析。回归分析在 SPSS 中是通过回归分析这一功能模块实现的。回归分析的具体过程见后续章节。

二、SPSS 中相关统计分析功能模块结果解释

PPT：SPSS 中常用的统计分析功能模块介绍

1. 因子分析功能模块结果解释

因子分析是实现对具有主观性、多方面特性的变量测度的方式。其操作过程的实质就是将测量不同变量的多个题项的数据进行分析，得到因子(变量)，实现因子(变量)测量。因子分析的主要思路和运算就是通过因子旋转，将测量同一变量的题项聚在一起，其背后的原理是将题项得分相似的数据和题项得分变化规律一致的数据聚为一个因子(变量)(见表 8-1)。

表 8-1　变量测度题项示例

变　量	测度条目
探索性创新	创新 01：一直努力寻求新的、有发展前景的新技术 创新 02：勇于承担风险来开发新的技术或产品 创新 05：积极开拓新的市场 创新 07：勇于采用新的组织或管理方式 创新 09：经常从外部引入新的产品/服务或技术 创新 10：在既有市场上试验新的产品和服务
开发性创新	创新 04：努力改进现有的产品和服务质量 创新 06：巩固和扩大现有市场规模 创新 11：提高生产或组织的灵活性和供应效率 创新 12：注意降低生产和服务成本 创新 13：努力为现有客户不断提供更多的服务

在创新领域研究中，对于"探索性创新"和"开发性创新"这两个变量的测量已经有比较成熟和公认的量表，其中探索性创新指依靠新知识，开发新产品和开拓新市场的创新，这个变量的测量通过 6 个题项进行；开发性创新指利用已有知识，对现有产品的改进和更好地迎合现有市场顾客需求的创新，这个变量的测量通过 5 个题项进行。在 SPSS 因子分析运算

中，将这 11 个题项的数据纳入因子分析，采取最大方差法旋转，由于 01、02、05、07、09、10 这 6 个题项都是从不同侧面衡量探索性创新的，因此相对而言，在某一个企业填写这些题项时，它们的得分会比较相近(效度高)；同样的，测量开发性创新的 5 个题项得分也会比较相近。因此，如同分组一样，因子分析就会将衡量探索性创新的 6 个题项聚在一起，将衡量开发性创新的 5 个题项聚在一起(见表 8-2)。

表 8-2　因子分析旋转后结果示例

题项	成分	
	1	2
创新 01	0.869	0.114
创新 02	0.832	0.251
创新 05	0.810	0.350
创新 07	0.807	0.311
创新 09	0.787	0.255
创新 10	0.775	0.264
创新 04	0.231	0.852
创新 06	0.217	0.814
创新 11	0.275	0.778
创新 11	0.212	0.744
创新 12	0.283	0.732

如果将上述量表发放问卷得到的数据结果进行 SPSS 的因子分析，可以从表 8-2 的结果看到，SPSS 的因子分析中，最重要的输出即"旋转后的成分矩阵"，这个表是通过最大方差法进行因子旋转，结果得到了两个因子(SPSS 结果为成分)，如何识别哪几个题项在哪个成分中？这两个因子如何命名？通过表 8-2 的结果，首先分析各个题项在每个成分中的得分，其实质是各个题项对所测量的变量的贡献大小。如创新 01 在成分 1(探索性创新)的提取为 0.869(即因子载荷，具体详细介绍见后续因子分析章节)，也就是说它这个题项在测量探索性创新这个变量的时候，贡献了 0.869。即绝大部分的数值都发挥了作用。这也好比用 50 米赛跑的成绩来测量爆发力，如果成绩是 90 分，那么在这个人的爆发力这个变量的最后数值中，50 米的这个成绩对爆发力测度的提取比例就非常高。它发挥的作用相对而言会比 100 米赛跑的成绩贡献更大，因而用 50 米成绩测度爆发力所提取的数字也更大，而 50 米很难对耐力这一变量有所贡献，所以提取的数字比例就会特别小。这就是因子分析中因子提取(题项测度的一致性)和因子载荷(题项的贡献度)的基本原理，从而完成因子(变量)的量化测度。根据这样的逻辑推理，由于创新 01、02、05、07、09、10 这几个题项在成分 1 上得分超过 0.5，且在成分 2 上得分低于 0.4，因此它们更多地贡献和表征了第一个成分，根据前面表 8-1 各个题项测量的内容看，它们是用来测量探索性创新这个变量的，因此这个成分可以命名为探索性创新。类似的后面 5 个题项可以命名为开发性创新。从而通过因子分析，得到了新因子并得到了因子得分，从而完成了对变量的测量。可见，因子分析后得到的新因子

是需要作者自己进行命名的，具体命名什么名称是根据旋转后的因子载荷得分和问卷设计中相关题项测度的变量而定的，如本例中的探索性创新和开发性创新。

因子分析功能模块的要点

1. 因子分析的主要功能是对多个题项组成量表的变量进行降维测度。

2. 采取多个题项主要是由于测度的变量具有多维度特性，因子分析中主要根据题项自身测度变量的一致性（题项得分）和对变量测度贡献大小（因子载荷）来实现因子识别和变量测度的。

3. 因子分析结果得到的新因子需要作者自己根据研究设计和结果进行命名。因子分析后，该因子名称下会增加对应的数字，这就是这个因子（变量）的测度，可以用这列数字来进行与该变量相关的后续分析运算（如相关分析和回归分析）。

2. 相关分析功能模块结果解释

相关分析是用于对变量之间相关性大小、正负和强弱（显著性）分析的功能模块。比如我们想研究学生上课玩手机的时间和学习成绩这两个变量之间是否存在显著的负向关系，当我们通过问卷或者访谈获取到学生上课玩手机的时间（变量的直接量化测度），以及学生对应的学习成绩（变量的直接量化测度），通过大样本分析，它们之间可能会呈现出玩手机的时间长，成绩相对较低的情况，那么就可以判断这两个变量之间存在显著的负相关关系。这就是相关分析的基本逻辑和数据运算原理。

表 8-3　变量相关分析结果示例

变量	均值	标准差	1	2	3	4	5	6
1 成长性绩效	0.00	1.00	1					
2 盈利性绩效	0.00	1.00	0.756**	1				
3 探索性创新	0.00	1.00	0.250**	0.296**	1			
4 开发性创新	0.00	1.00	0.313**	0.200**	0.000	1		
5 已吸收冗余	0.00	1.00	0.353**	0.434**	−0.118*	0.326**	1	
6 未吸收冗余	0.00	1.00	0.128**	0.027	0.131*	0.064	0.000	1

注：①** 表示 $p<0.01$；* 表示 $p<0.05$（双尾检验）；②省略了控制变量描述。

在 SPSS 的相关分析功能模块中，会得到变量间的相关分析结果，如表 8-3 所示，这是将原始的相关分析结果按照论文规范格式要求制成的相关分析表。相关分析结果会显示变量之间的相关系数，这表征了变量之间的关系大小与正负。因此相关系数数值范围在（−1，1）。如表 8-3 中成长性绩效、探索性创新之间的相关系数为 0.25，两者之间是正向的关系。同时，在相关系数旁边，如果两个变量之间的相关性显著程度（变量间关系强弱在多大程度可信，p 表示显著程度或置信区间），如果是显著的，分析结果还会自动标志出“*”。三个“*”表示统计的样本 100%的置信度；两个“*”表示在 99%的置信度。可见，p 值越小，变量之间相关性的显著程度越可靠（置信度越高）。当 p 大于 0.05 时，统计研究中就认为两个变量之间的相关性不显著。

3. 回归分析功能模块结果解释

回归分析是统计分析中最后的也是最重要的功能模块，它是用于检验变量之间是否存在显著因果关系假设的。与相关分析类似，回归分析主要需要看变量之间的回归系数和回归结果的显著性。当自变量和因变量之间的关系是线性时，回归系数就是 $Y=aX+B$ 中的 a，也即直线的斜率，因此回归系数的区间也是在(−1,1)。同时，回归的结果是否显著(置信程度或者多少个样本能提供支持)，在 SPSS 的回归分析中，分析结果中回归系数和显著性主要看最后一个表(见表 8-4)。

表 8-4 回归分析结果示例

系数[a]

模型		非标准化系数		标准系数	t	Sig.
		B	标准误差	试用版		
1	(常量)	−3.011	0.447		−6.738	0.000
	开发性创新	0.287	0.102	0.213	2.807	0.006
	探索性创新	0.526	0.112	0.355	4.688	0.000

a. 因变量：盈利性绩效。

表 8-4 中自变量分别是开发性创新和探索性创新，因变量是盈利性绩效。从结果看，开发性创新对盈利性绩效的回归系数(一般看标准系数)为 0.212，说明一个单位的开发性创新对一个单位的盈利性绩效的贡献是 0.212，两者的关系是正向因果关系。两者的这种因果关系在多大程度上可信或者说进入分析的样本量中多少是支持了这一结论的？就需要看表中最后一列 Sig.(这是 significant，即显著性一词的缩写)，在这个表中，数字是 0.006，解释为样本的置信水平为 99.4%，因此显著性是非常高的。一般而言，统计研究要求回归分析的 Sig. 不能超过 0.1，即 Sig. ≤0.1 时(置信水平为 90%)，回归结果才是显著的。

相关分析与回归分析模块及结果要点

1. 相关分析用于分析变量间是否存在相关关系和这种关系是否显著。

2. 回归分析用于分析变量间是否存在因果关系和这种关系是否显著。

3. 相关分析是回归分析的前提，回归分析是用于验证变量与变量间因果假设的功能模块，是实证检验的最后也是最重要的一步。

4. 相关分析与回归分析都需要看系数和显著性。系数大小可以对变量间关系正负进行验证，显著性大小可以对变量间这种关系是否可信进行验证。

5. 相关分析结果，变量的相关性如果显著会自动标示“*”；回归分析结果，变量的因果关系是否显著需要研究者去看对应的 Sig. 指标。

统计分析的第一步就是把假设中的不同变量转化为数字，即对变量进行量化测度。在变量测度时，对具有主观性、多维度表征的变量，需要采取多个题项的量表进行测度，因此会用到 SPSS 中的功能模块：因子分析，将不同题项的得分转换，得到因子(变量)的最后数值。

变量转化为数字后，接下来要分析数字之间的关系来检验假设。首先会分析变量之间的相关关系，在 SPSS 中对应的功能模块是相关分析，这是因果分析的前提和中间步骤，因为变量之间没有相关就没有因果。最后需要用到 SPSS 中的回归分析模块，来检验假设中提出的变量之间的因果关系。所以简单来说，实证分析的核心是检验变量与变量之间的因果关系，要检验这种文字描述的变量之间的关系，需要先把变量转变为数字，然后通过相关分析和回归分析，来检验变量与变量之间是否存在我们所假设的这种关系。所以因子分析、相关分析和回归分析是 SPSS 中最常用的三个功能模块。

视频：SPSS 中常用的统计分析功能模块介绍

第三节　统计研究过程要点与论文框架

【本节知识分解】

1. 掌握统计研究过程的几个重要操作要点
2. 掌握统计研究论文的写作框架和写作规范要求

一、统计研究过程要点

统计研究属于管理研究的一种类型，因此它也和管理研究的一般过程一样，遵循提出问题、分析问题和解决问题这三个一般步骤。但统计研究属于理论演绎型的自上而下的定量研究，它在具体的研究过程中也有其自身的特性和要求。

1. 提出研究假设

假设是对变量与变量之间存在关系强弱、正负及关系是否显著的一种假设性描述。由于统计研究是理论演绎型研究，也就是问题（假设）的提出必须要建立在现有相关理论基础之上的。因此，假设的提出需要有大量相关文献作为支撑，千万不要不引用任何文献，非常突兀地提出自己的研究假设。没有大量经典、权威文献观点作为假设提出的前提和推导的基础，这样的假设是站不住脚的。就好比马云在 20 世纪 90 年代提出互联网很重要，就借用了当时在这个领域的名人比尔·盖茨的名义，“比尔·盖茨说：互联网将改变人类生活的方方面面”，由此得出他想提出的观点：互联网作用很大。

2. 进行实证分析

统计研究的实证分析就是分析问题的过程。根据上一节的分析，这一过程主要包括三步操作：一是变量测量（包括因子分析）；二是相关分析；三是回归分析。

第一步：对变量进行量化的测度。

对变量进行量化测度是进行实证分析的基础，必须把文字描述的、抽象的变量转化为具体的数字，才可能进一步通过计算来分析变量之间的量化关系。在变量量化测度上，根据变量的类型不同，测度又包括两种具体的方式：(1)通过一个问卷题项，让被试填入具体数字；或者直接通过二手数据获得变量的数字。(2)通过成熟量表（5 分或者 7 分量表）让被试主观打分及因子分析完成变量测度。量表采用已有文献中公认成熟量表，这种测量方法适用条件是变量具有多重属性、主观性特点，难以量化为绝对数字的情况；在得到量表题项数字后，由于这种对变量的测量通常采取了多个题项，因此需要进行因子分析，将多个题项的得分贡献汇总成一个数字，即因子最后的赋值。因此，因子分析是通过对衡量变量的多个题项进行分析，提炼出它们中潜在的相同因子的过程；因子分析的目的是得到量化的变量测量。

第二步：对变量间关系的相关分析。

相关分析检验变量间是否具有相关关系及关系的显著性。相关分析的结果主要看相关系数的大小、正负以及显著性的标示。相关系数的大小和正负表示变量间相关关系的方向和大小；相关系数的区间在－1 到 1 之间，系数为负，表示负相关，系数为正，表示正相关。变量之间相关系数的显著性结果会直接以星号（*）的形式标注出来。星号越多，表明显著性越高。

第三步：对变量间关系的回归分析。

回归分析检验变量间是否具有因果关系及关系的显著性。也就是验证模型中提出的变量与变量之间是否具有因果关系的假设。回归的结果也重点看两个，第一是回归系数，通过它来判断变量关系的正负；回归系数的大小和正负反映了变量间因果关系的大小和方向。第二是显著性，通过它来判断变量关系是否显著。

3. 讨论、结论和启示

这部分是解决问题。通过实证分析，得到什么结果？结果与前人的研究是否一致？如果不一致，需要讨论的原因是什么？进一步得出本文研究的结论，并阐述研究得到的这一结论的实践启示和借鉴意义。

文本：管理分院毕业论文写作参考模板（统计研究方法类）

二、统计研究论文的一般框架与实例

统计研究论文的一般框架，首先看管理研究类论文的一般框架，第一部分是引言，第二部分是文献回顾，这两个部分是提出问题的部分，统计研究类的论文，第三部分是研究假设，第四部分是实证分析，第五部分是讨论、结论与启示。大家可以回顾一下，统计研究的这三个重要的部分和我们前面谈到的案例研究论文写作的三个部分之间的区别和联系。以此来明确理论演绎型的、自上而下的统计研究和现实归纳型的、自下而上的案例研究在写作中的异同。

统计研究论文的一般框架

1. 引言
2. 文献回顾
3. 研究假设
4. 实证分析
5. 讨论、结论与启示

统计研究论文的引言和文献回顾部分和前面几章关于管理研究和案例研究的写作比较类似。在文献回顾方面，由于统计研究已有相关研究比较成熟，而且属于理论演绎型研究，因此，和案例研究相对比，统计研究的文献回顾部分对主要的观点、结论的梳理会更为全面和具体。在发表在期刊的统计论文中，一般会把文献回顾和研究假设这两个部分放在一起写。

统计研究各个部分具体的逻辑和写作是怎样的，我们通过一个实例进行阐述，该例文为笔者发表在《科研管理》上的《多重嵌入对集群企业创新能力的作用研究》。

PPT：统计研究的过程与写作

1. 引言

引言部分主要是提出：(1)针对文章所研究的主题，当前主要的研究内容和结论；(2)当前仍然存在的不足或者研究不够深入的地方；(3)本研究准备如何来开展，研究的方法、内容和意义是什么等(具体参见最后一章)。

集群是特定文化环境下形成的网络组织形态，群内企业的经济活动受到区域文化、本地与超本地多种主体联结的影响。借鉴新经济社会学的嵌入性思想和成果，已有研究从不同嵌入类型视角分别论述了集群企业与外部形成的网络关系、网络结构、文化嵌入对创新能力的重要作用。可见集群企业的创新能力具有多重嵌入的特性。

然而现有文献对集群企业的创新能力具有多重嵌入特性的探究仍显不足。第一，现有文献特别强调集群企业创新能力的文化嵌入属性，但由于实证难以有效开展，使文化成了区域研究中的"垃圾类别"，限制了文化嵌入作用的研究进展。第二，网络嵌入的作用具有文化情景性，但国内关于网络嵌入对集群企业创新能力提升的研究大都基于西方范式。

因此，本文将从集群企业创新能力的多重嵌入视角出发，首先探究文化嵌入如何影响集群企业知识网络的构建，而后剖析集群企业知识网络关系嵌入和结构嵌入的显著效应。在此基础上本文形成"文化嵌入—知识网络关系与结构嵌入—集群企业创新能力"的理论框架，进而实证检验这一框架，揭示多重嵌入对集群企业探索性/利用性创新能力的内在作用。此项研究对于集群企业创新能力多重嵌入性文献有重要的补充作用。同时，对于中国情境下集群企业的转型升级有一定的实践启示。

2. 理论基础

在这个部分，特别强调假设的提出需要在大量前人的、重要的相关研究基础上，顺理成章地提出，不要自己凭空想象很突兀地提出。引用前人文献的观点和结论，必须要在正文中规范地标注引用，从而一方面尊重前人的研究成果，提升自身假设提出的理论依据；另一方面方便读者去查找相关原文出处，进行文献阅读。

3. 研究假设

基于多个相关理论观点基础，顺理成章提出假设，假设是关于变量与变量之间具有显著关系的假定性描述，因此，假设里一般包括了两个变量，变量之间有先后关系和指向性(如自变量对因变量)，作用关系需要阐明因果关系的方向(正向/负向或者倒 U 形等)和这种关系显著。另外，假设的提出有时针对变量层次，有时需要具体到变量可测量的维度层次。

从网络开放度对企业创新能力的影响分析，过度依赖当地资源使企业无法对新发展有效反应，而通过跨越地理边界的联系，有助于联结到更多知识主体，同遥远主体进行学习与合作，是实现知识异质性和多样化的重要手段，从而为企业创新尤其是激进式创新提供关键知识。由此本研究提出如下假设：

H8a：集群企业的知识网络开放度对探索性创新能力具有显著正向影响。

H8b：集群企业的知识网络开放度对利用性创新能力具有显著正向影响。

不同的假设提出，画成一个图，共同构成了文章的实证模型。实证模型中每一个变量都需要量化为数字，每一个变量对变量的箭头关系就代表了一个假设，所有的相关假设都需要进行实证检验（见图 8-11）。

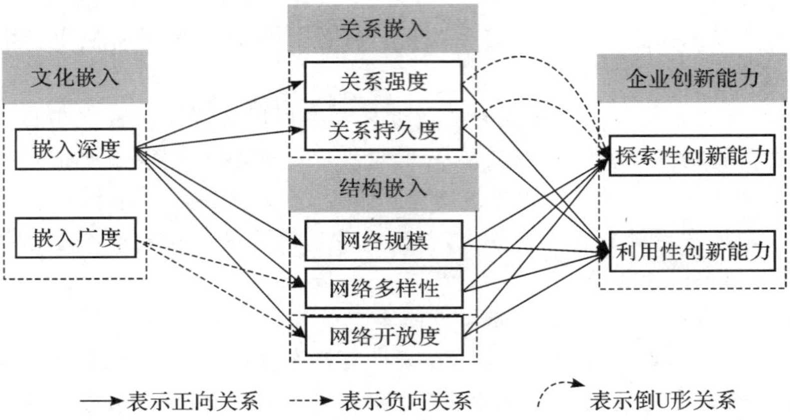

图 8-11　多重嵌入对集群企业创新能力的作用关键模型

4. 实证分析

实证分析主要的目的是检验提出的假设是否正确。因此回归分析是重点，但要进行变量之间的回归分析，必须要对变量进行量化，因此实证分析的第一步是对实证模型中的变量进行量化测度，这其中对于带有主观性、多维特性的变量需要用到多个题项构成的量表，这多个题项又需要因子分析来将其得分换算得到一个因子数值的结果。在量化测度完成后，由于变量之间没有相关就没有因果，因此还需要进行一个中间步骤的操作，即变量间的相关分析。以上就是 SPSS 统计研究实证分析的基本逻辑和主要思路。

在实证分析的写作过程中，主要包括了三个部分：(1)变量测度；(2)数据来源；(3)实证分析与结果。

首先是阐述变量如何测度（请查看本章第二节关于变量测度两种方法的论述），特别要说明变量测度采取的量表或者题项的来源。

知识网络关系强度、持久度的量表来自王晓娟。网络规模、多样性和开放度的测量，分别采用 Koka & Prescott、Baum 以及 Boschma & Wal 的成果。集群企业的探索性和利用性创新能力的测量，则依据 Jamsen 等的研究。由于集群企业创新能力还可能受到企业规模、成立年限、销售额等的影响，本研究将它们纳入控制变量。

其次是对调查的样本数据来源进行说明。具体写作中又包括了三个方面:(1)实证数据如何获得(发放方式、对象、数量);(2)实证数据回收的处理说明(回收数量,如何筛选作为最后统计的数量);(3)实证统计分析数据的基本情况描述(所属行业、企业规模等)。

本研究在问卷发放时主要针对成立时间在3年以上的集群企业,问卷主要在浙江省内进行,所涉及的集群包括绍兴、温州、永康以及诸暨四地,通过政府关系、亲自上门访谈发放和朋友发放等方式,共发放问卷213份,回收186份,其中剔除掉主要问题缺失和选项重复严重的问卷24项,得到最终用于实证分析的问卷162份。

实证部分的最后一个写作内容是实证分析及结果。需要将统计研究的主要分析操作过程及结果进行呈现,主要包括因子分析、描述性统计与相关分析、回归分析。这其中特别要注意的是SPSS各个功能模块的分析结果与统计研究论文的写作呈现结果的形式是具有较大区别的。

这个部分首先是阐述因子分析的过程与结果。因子分析是通过对衡量变量的多个题项进行分析,提炼出它们中潜在的相同因子的过程。因子分析的结果就是进行因子命名。在写作中,因子分析过程需要阐明用于测量变量的量表的信度和效度、因子旋转方法和结果等。

为了保证分析的效度,我们首先进行了因子分析,首先将关系嵌入的各题项得分进行因子分析,得到了4个因子,*KMO*为0.87,解释了总变异的78%。从因子结果看,分别将集群内和集群外的供应商、客户、同行以及大学、科研机构和知识服务机构聚在了一起,和最初的构想一致,我们将其分别命名为商业网络和技术网络的集群内外关系嵌入。通过探索性和利用性创新的题项得分,也通过最大方差旋转,*KMO*为0.88,得到两个因子,共解释了总变异的71%,和前人得到的结果类似,分别描述了改进现有产品、满足现有市场的能力和开发全新产品、开拓新市场的能力,我们将其分别命名为利用性创新能力和探索性创新能力。

描述性统计和相关分析在写作内容中,需要报告变量的均值,还需要报告变量间的相关系数及显著水平。注意表8-5中规范的呈现方式和SPSS描述性统计与相关分析的结果的呈现方式是具有差异的,需要将SPSS分析的结果采用这种方式进行呈现,而不能直接复制粘贴SPSS分析结果的相关表格。

表8-5　变量描述性统计与相关分析结果

变量	均值	1	2	3	4	5	6	7	8
1 企业规模	535.35	1							
2 成立年限	10.84	0.270**	1						

续表

变量	均值	1	2	3	4	5	6	7	8
3 所处行业	—	0.116	0.352**	1					
4 群内网络规模	69.94	0.175*	0.204*	0.137	1				
5 群内网络异质性	2.67	−0.054	0.182*	0.224**	0.255**	1			
6 群外网络规模	30.56	0.241**	0.813**	0.332**	0.500**	0.454**	1		
7 群外网络异质性	2.74	0.154	0.302**	0.299**	0.402**	0.451**	0.772**	1	
8 吸收能力	0.049	0.140	0.301**	0.329**	0.423**	0.372**	0.691**	0.749**	1
9 探索创新能力	3.47	0.129	0.162*	0.128	0.279**	0.107	0.435**	0.450**	0.568**
10 利用创新能力	3.92	0.128	0.255**	0.309**	0.323**	0.547**	0.734**	0.715**	0.518**

注：** 表示在 0.01 水平显著相关，* 表示在 0.05 水平显著相关。

回归分析是通过对变量间关系分析，得到变量间是否具有因果关系（强弱/正负），回归分析的目的是验证模型中变量间的关系假设。在回归分析结果写作过程中，同样需要对不同类型的变量的相关假设分别进行因子分析，并将 SPSS 的结果用学术约定的规范方式呈现，而不能直接复制粘贴 SPSS 分析结果的相关表格。在回归分析表格的呈现中，需要将模型中的自变量、中间变量以及控制变量与因变量的关系用不同的模型（表 8-6 中模型 1、2 等）呈现。一般先操作控制变量与因变量进行回归（模型 1），然后不断增加自变量和中间变量进入模型。回归结果的表中需要呈现回归系数，并根据对应的 Sig. 数字标注显著性（参见第二节的阐述），同时还需要列出 R^2 和 F 值（这两个术语具体的含义及解释参见回归分析这一章）。

表 8-6 网络结构嵌入、吸收能力对集群企业利用性创新能力的回归分析结果

变量	模型 1	模型 2	模型 3	模型 4	模型 5
常数值	−0.981***	−0.240***	−2.032***	−2.036***	−2.144***
成立年限	0.152*	−0.011	−0.025	−0.010	−0.008
公司规模	·0.058	0.003	0.022	−0.001	0.013
所处行业	0.249**	0.041	0.015	0.020	0.011
网络结构嵌入					
群内网络规模		−0.072	−0.071	−0.091	−0.083
群内网络异质性			0.183**	0.226***	0.220***
群外网络规模		0.416***	0.278**	0.147*	0.332***
群外网络异质性		0.309***	0.228**	0.283***	0.241**
吸收能力					
群内网络异质性×吸收能力			0.283**		
群外网络异质性×吸收能力					0.243***

续表

变量	模型 1	模型 2	模型 3	模型 4	模型 5
R^2	0.123	0.093	0.659	0.653	0.672
	0.106	0.622	0.641	0.634	0.643
F	7.021***	36.999***	35.082***	34.087***	37.067***

注：$N=154$；$^{+}p<0.10$；$^{*}p<0.05$；$^{**}p<0.01$；$^{***}p<0.001$。

同时需要对实证结果进行说明，阐述实证结果是否验证了研究假设，如果没有得到验证，还需要进行原因解释。

从实证结果显示，对于中小企业的探索性创新能力而言，假设 2a 得到验证。即集群内的商业网络关系强度对中小企业的探索性创新具有负向的影响。但假设 4 没有得到验证，即集群内的技术网络关系强度对中小企业的探索性创新不具有显著的影响。可能的解释是，集群内的技术公共服务机构的研发实力不是很雄厚，很多只能提供工艺和产品的改进等方面的服务，而另一方面可能本研究的问卷样本都来自浙江省，调研的集群都是原生型集群，群内的大学和科研机构较少，实力也相对较弱。

5. 讨论、结论与启示

这个部分的写作内容，主要包括三个方面：(1)结果讨论；(2)研究结论；(3)政策建议与管理启示。结果讨论主要是对研究得到的结果进行进一步的分析，阐述结论得出的逻辑、适用情景以及研究具有的贡献等；研究结论是对整个文章重要结论的归纳；政策建议是本研究结论对政府层面具有什么建议，管理启示是本研究结论在企业或者个人层面具有的实践启示。这部分还可以包括写作研究的局限性与未来研究展望等内容(见图 8-12)。

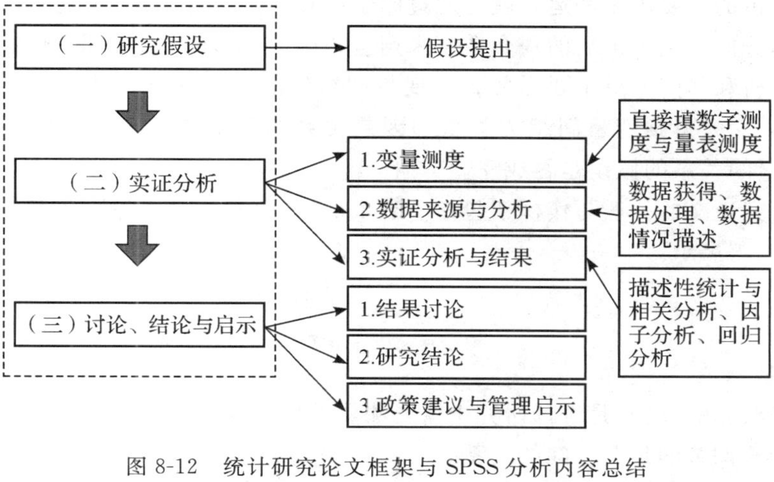

图 8-12　统计研究论文框架与 SPSS 分析内容总结

总结一下，从统计分析的过程到统计研究论文的整个框架，它包括了研究假设的提出，实证分析，讨论、结论和启示，研究假设通过对现有的文献的理论推导来得到变量与变量之间的假定关系，在检验变量与变量之间的关系时，首先要把它进行量化测度，然后需要交代数据来源，然后需要用到 SPSS 中的因子分析、相关分析和回归分析模块，来检验变量之间的关系假设，最后进行结果的讨论，结论的提出和启示。

视频：统计研究的过程与写作

【本章重要知识小结】

1.统计研究是一种量化研究，它的一般步骤为：通过逻辑演绎的方法理论被转变成假设；将研究假设中的变量转变为数字，并进行量化分析来检验变量间的关系；最后是得到研究结论和现实启示。

2.在统计研究中，常用的变量类型包括自变量、因变量、中介变量、调节变量和控制变量。其中，自变量是带来因变量（结果）的前因，中介变量是自变量对因变量作用的中间环节，调节变量改变和调节自变量对因变量的关系强弱和方向，控制变量是指对中介变量和因变量有影响但需要控制不做重点研究的变量。

3.变量是统计研究中需要量化的构念，假设是有待验证的命题，它是变量与变量之间关系强弱、正负的关系假定性论述，而实证模型则是由不同的假设用图形关系描述构成的。

4.统计分析的目的是验证研究中提出的假设（关于变量间的强弱/正负关系）是否成立。因此统计分析的常用操作及步骤主要包括三个方面：一是对假设中的变量进行量化测度，二是对假设中的变量进行相关分析，三是对假设中的变量进行回归（因果关系）分析。

5.变量的量化测度包括了一个题项直接测度和多个题项的量表测度两种。后一种测度主要针对表现为较强的主观性和多维度特性的变量。

6.对量表能否真实、有效地表征和测度到相对应的变量，需要对信度和效度这两个指标进行分析。其中，信度指测度的可靠性或一致性，即多次测量结果数字的稳定性；效度指测量的有效性，即是否有效地测量到构念本身。在 SPSS 分析中，信度一般通过看内部一致性系数，即 Cronbach α 系数进行，效度则通过 KMO 这个指标查看。

7.因子分析的主要思路和运算就是通过因子旋转，将测量同一变量的题项聚在一起，并将这些题项的分值转化为最后的一个数字来衡量该因子，实现因子（变量）测量的目的。

8.相关分析和回归分析主要需要查看变量间结果的系数和显著性水平，通过查看相关系数和回归系数，来得到变量间相关关系和因果关系的正负与大小，以及这种关系的显著性，来检验变量间关系的假设是否成立。

9.统计研究论文的一般写作框架包括了五个部分：引言、文献回顾、研究假设、实证分析以及讨论、结论与启示。

【复习题】

一、判断题

1.变量是构念的一种，是统计研究中需要测量的构念。 (　　)

2.调节变量调节的是变量间的关系。 (　　)

3.相关分析是回归分析的前提。 (　　)

4.回归分析检验变量间的因果关系。 (　　)

5. 回归分析的显著性 Sig. 数字越大，则回归结果越显著。 ( )

6. 因子分析的目的是对题项降维，实现因子(变量)测量。 ( )

二、选择题

1. SPSS 功能模块中，用于分析变量间因果关系的模块是 ( )

A. 因子分析　　B. 相关分析

C. 信度分析　　D. 回归分析

2. 效度在 SPSS 分析中，主要通过哪个指标查看 ( )

A. KMO　　B. Cronbach α 系数

C. 相关系数　　D. Sig.

第九章　变量录入:SPSS 的数据管理

【本章教学主要内容】

➢ 模块一:数据文件的建立与录入

1. 数据文件的结构
2. 数据文件的录入

➢ 模块二:数据文件的编辑

1. 数据的定位与增删
2. 数据的选取
3. 数据的排序
4. 查找重复个案
5. 文件的合并
6. 数据的拆分
7. 数据的分类汇总
8. 变量的计算
9. 个案内的值计数
10. 个案等级排秩
11. 个案的加权
12. 数据的转置

【本章教学目的】

1. 了解 SPSS 数据文件的特点
2. 掌握 SPSS 数据文件中定义结构及录入数据的方法
3. 掌握定位、排序等编辑 SPSS 数据的方法

第一节　数据文件的建立与数据录入

【本节知识分解】

1. 了解 SPSS 数据文件的特点

2. 掌握定义 SPSS 数据文件结构的方法

3. 掌握直接录入及利用 Excel、文本文件等建立数据文件的方法

SPSS 是世界上最早的统计分析软件,由美国斯坦福大学的三位研究生 Norman H. Nie、C. Hadlai (Tex) Hull 和 Dale H. Bent 于 1968 年研究开发成功,同时他们成立了 SPSS 公司,并于 1975 年成立法人组织,在芝加哥组建了 SPSS 总部。

SPSS 最初为"社会科学统计软件包"(SolutionsStatistical Package for the Social Sciences)的简称,但是随着 SPSS 产品服务领域的扩大和服务深度的增加,SPSS 公司已于 2000 年正式将英文全称更改为"统计产品与服务解决方案",即现在的 Statistical Product and Service Solutions。

SPSS 是世界上最早采用图形菜单驱动界面的统计软件,它最突出的特点就是操作界面极为友好,输出结果美观漂亮。它将几乎所有的功能都以统一、规范的界面展现出来,使用 Windows 的窗口方式展示各种管理和分析数据方法的功能,对话框展示出各种功能选择项。用户只要掌握一定的 Windows 操作技能,精通统计分析原理,就可以使用该软件为特定的科研工作服务。

为分析获得值得信赖的数据分析结论,就需要完整且高质量的数据。因此,建立 SPSS 数据文件是利用 SPSS 软件进行数据分析的首要工作。

一、SPSS 数据文件的特点

建立 SPSS 数据文件,应首先对 SPSS 数据文件的特点进行了解,只有在此基础上,才能建立一个完整且全面的数据环境,为以后的数据分析奠定良好的基础。

SPSS 数据文件(又称数据集)区别于其他文本文件的特殊性在于以下方面。

1. SPSS 数据文件是一种有结构的数据文件

它由数据的结构和内容两部分组成。其中,数据的结构记录了变量类型、变量值说明、数据缺失情况等必要信息,数据的内容则是待分析的具体数据。

2. SPSS 数据文件的扩展名为 .sav

SPSS 数据文件与一般文本文件的不同在于,一般文本文件仅有纯数据部分,不存在数据结构。基于这一点,SPSS 数据文件不能像一般文本文件那样直接被大多数编辑软件读取,只能在 SPSS 软件中打开。

基于以上特点,建立 SPSS 数据文件时应同时考虑:第一,赋予 SPSS 数据的结构;第二,录入编辑 SPSS 的数据内容。这两项工作分别在 SPSS 数据编辑器窗口的变量视图和数据视图中完成。

二、SPSS 数据的结构和定义方法

输入数据前首先要对变量的结构进行定义,SPSS 数据的结构是对 SPSS 每列变量及其相关属性的描述,包括变量名称、类型、宽度、小数、标签、缺失等。

变量的定义在"变量视图"窗口进行,每一行表示一个变量的定义信息。

(一)变量名称

变量名称是变量访问和分析的唯一标识。在定义 SPSS 数据结构时应首先给出每列变

量的变量名。SPSS 默认的变量名称以“VAR”开头，后面补足 5 位数字，如 VAR00001、VAR00002、VAR00003 等，用户也可以根据自己的需要对变量命名。

变量的命名须遵循一定的规则，具体如下：

(1)首字符应以字母、汉字或字符@开头，后面可以跟除了“!”“?”“ * ”和空白字符以外的字母或数字，下划线、圆点不能作为变量名的最后一个字符。

(2)变量命名不区分大小写字母。

(3)变量命名不能以“$”为首写。

(4)变量名不能与 SPSS 内部特有的具有特定含义的保留字相同，包括 ALL、AND、WITH、NOT、OR、BY、EQ、GE、GT、LE、LT、NE、TO。

为方便记忆，变量名最好与其代表的数据含义相对应。若变量名不符合 SPSS 的命名规则，系统会自动提示。

定义变量名的具体操作为：在 SPSS 数据编辑器窗口的变量视图中，在“名称”列下相应行的位置输入变量名即可，如图 9-1 所示。

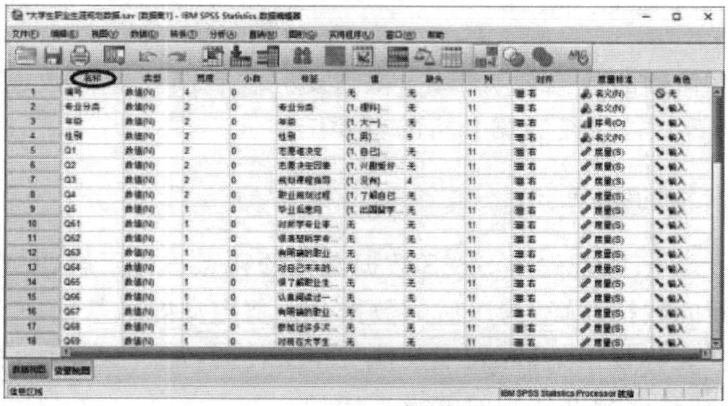

图 9-1　定义变量名

输入完成后，SPSS 数据编辑器窗口的数据视图中，变量名将显示在如图 9-2 所示的位置上。

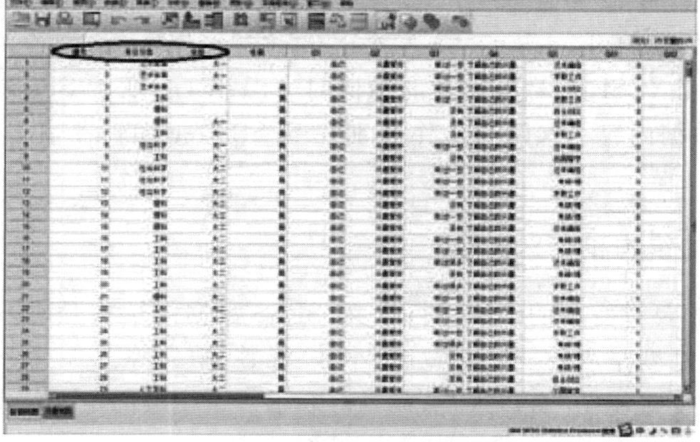

图 9-2　数据编辑窗口中的变量名

(二)变量类型、列宽、小数位宽

变量类型是指每个变量的取值类型。SPSS 的变量类型包括 3 种:数值型、字符串型和日期型。

1. 数值型

数值型是 SPSS 最常用的数据类型,通常由阿拉伯数字(0—9)和其他特殊符号(如美元符号、逗号、圆点)等组成。例如,身高、年龄、体重等变量均可定义为数值型数据。常用的数值型变量有以下 5 种。

(1)数值(N)。

数值是 SPSS 默认的数据类型,默认的列宽为 8 位,包括正负符号位、小数点和小数位在内,小数位宽默认为 2 位。如果数据的实际宽度大于 8 位,SPSS 将自动按科学计数法显示。

(2)科学计数法(S)。

科学计数法(S)是指数值在数据窗口中以指数形式显示。例如,1500 用科学计数法表示为 1.5E+03,其中的 E 表示以 10 为底,+03 表示正的 3 次方。科学计数法的默认列宽为 8,包括正负符号位、字母 E 和跟在其后的正负符号及两位幂次数字。科学计数法一般用来表示很大或很小的数据。

(3)逗号(C)。

逗号数据其整数部分从个位开始每 3 位以一个逗号分隔,如“4,321.00”。逗号数据的其余定义方式与数值型相同。需要说明的是,逗号所占的位数包括在总列宽之内。

(4)点(D)。

点型数据其整数部分从个位开始每 3 位以一个圆点分隔,以逗号作为整数和小数部分的分隔符,如“1.234,00”。

(5)美元(L)。

美元型数据主要用来表示货币数据。SPSS 提供了多种货币显示形式,如 $ # # #、$ # #,# # # 等,用户可以根据需要选择,并定义数据宽度和小数位数。美元型数据在显示时会在有效数据前附加美元符号 $ 。用户在输入时可以不输入“ $ ”,SPSS 会自动在相应位置添加美元符号。

2. 字符串型

字符串型也称字符型,是 SPSS 较常用的数据类型,它由一串字符组成。如姓名、地址等都可定义为字符串型数据。用户在定义和使用字符串型数据时需要注意以下几点:

(1)字符串型数据的默认列宽为 8 个字符位。8 个字符位是区分长短字符的分水岭:短字符串最长 8 个字符位,长字符串大于 8 个字符位,长字符串变量不能定义用户缺失值。有些分析过程可以处理短字符串,但不能处理长字符串。

(2)字符串型数据在 SPSS 命令处理过程中应该用一对双引号引起来,但在输入数据时不应输入双引号,否则,双引号会作为字符串型数据的一部分。

(3)当生成新变量、修改原变量时,可能产生缺失值或未定义的变量值,这时系统自动赋予值为空。变量值以空格表示时,若无特别定义,不能代表缺失值。

(4)系统缺失值不能用于生成字符串变量。

(5)字符串型变量不能参与算术运算。

(6)字符串型变量区分大小写字母。

3. 日期型

日期型用来表示日期或者时间数据，如出生时间、注册日期等变量可以定义为日期型。日期型的显示格式有很多种，用户可以根据需要选择。如 dd-mmm-yyyy，dd 表示两个字符位的日期，-为数据分隔符，mmm 表示英文月的缩写，yyyy 表示四个字符位的年份。如 03-AUG-2017 表示 2017 年 8 月 3 日。

定义变量类型的具体操作为：在 SPSS 数据编辑器窗口的变量视图中，单击“类型”列下相应行的单元格中的按钮，弹出“变量类型”对话框，如图 9-3 所示，在对话框中选择合适的变量类型并单击“确定”按钮，即可定义变量类型。

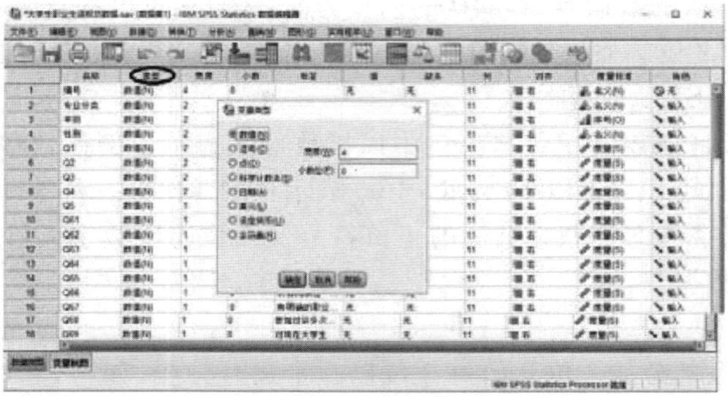

图 9-3　定义变量类型

（三）变量名标签

变量名标签是对变量名含义的进一步解释说明，它可以增强变量名的可视性和统计分析结果的可读性。

变量名标签可以使用中文，总长度可达 110 个字符，且可显示大小写。尽管变量名标签可以省略定义，但建议最好给出。若变量名已经是中文，变量名标签可以省略。

定义变量名标签的具体操作为：在 SPSS 数据编辑器窗口的变量视图中，在“标签”列下相应行的位置输入变量名标签即可，如图 9-4 所示。

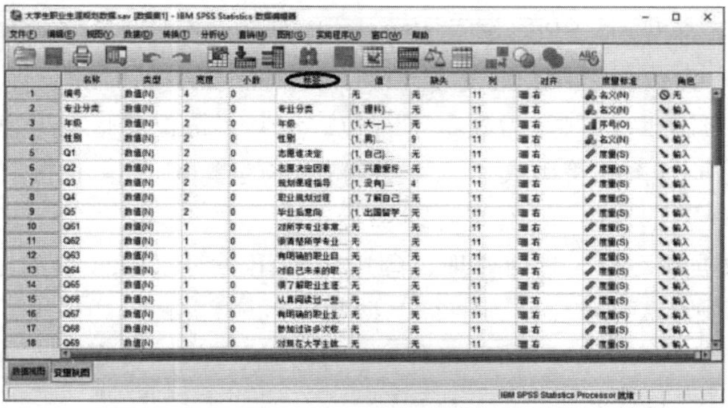

图 9-4　定义变量名标签

(四)变量值标签

变量值标签是对变量取值含义的解释说明。例如,在统计分析中,对于性别变量常用数值1和2来进行表示,如果不进行说明,人们仅仅看到数值1和2,但不明白1代表的是男还是女。此时,通过为性别变量添加变量值标签,给出1和2的实际指代,则会使数据含义非常清楚。

变量值标签不仅明确了数据的含义,也增强了最后统计分析结果的可读性。变量值标签可以用中文。变量值标签可以省略定义,但是对于定序型变量和定类型变量,最好给出变量值标签。

定义变量值标签的具体操作为:在SPSS数据编辑器窗口的变量视图中,单击"值"列下相应行的单元格中的按钮,弹出"值标签(V)"对话框,在"值(U)"后输入变量值,在"标签(L)"后输入变量值标签,并单击"添加"或"更改"或"删除"按钮(见图9-5)。

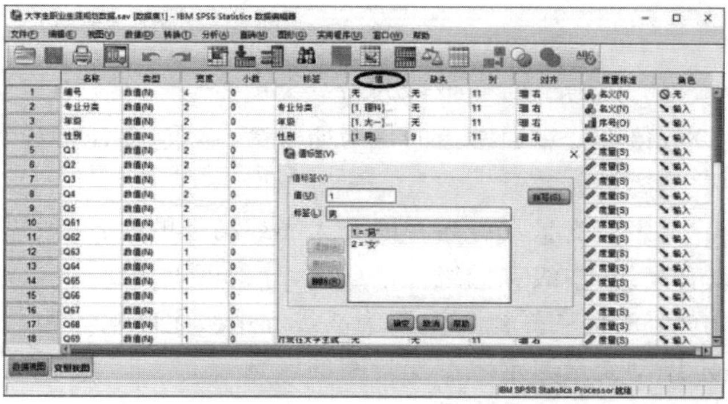

图9-5 定义变量值标签

(五)缺失数据

SPSS中有两类缺失值:系统缺失值和用户缺失值,系统默认为无,但在实际工作中,常会出现因为某种原因记录数据失真、没有记录等缺失现象。明显错误的或不合理的数据以及漏填的数据都可看作缺失数据。

例如,在某项客户满意度的问卷调查数据中,某个被调查者的年龄为2197岁,这个数据明显是一个不符合实际情况的失真数据。在利用SPSS进行分析时,如果不特意说明,SPSS则会将上述这类明显错误的数据或空缺数据当作正常且合理的数据进行分析,而实际上这是不对的。因此,若存在缺失数据,进行分析时通常不会被直接采纳,应当予以说明。

定义缺失值的方法共有三种:

(1)没有缺失值。这是SPSS默认方式,若当前变量的取值完整,则定义为没有缺失值。

(2)离散缺失值。可以指定1～3个离散的缺失值。可用于字符串变量或数值型变量。

(3)范围加上一个可选离散缺失值。可以指定一个缺失值范围和一个离散的缺失值,多用于数值型变量。

定义缺失数据的具体操作为:在SPSS数据编辑器窗口的变量视图中,单击"缺失"列下相应行的单元格中的按钮,弹出"缺失值"对话框,如图9-6所示。用户根据实际数据在弹出的对话框中指定缺失值,如此处将性别取值为7的定义为用户缺失值。

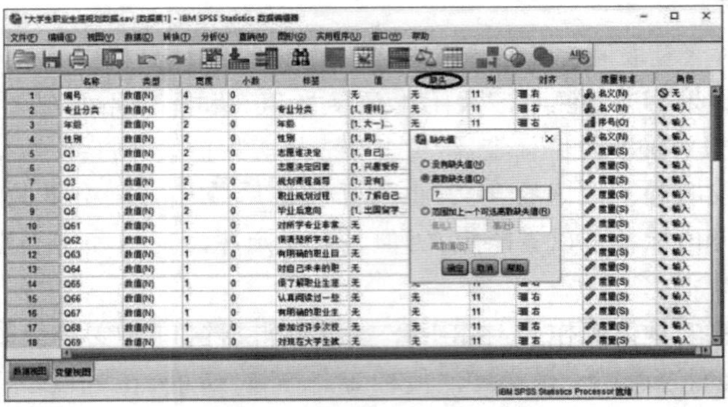

图 9-6　定义用户缺失值

(六)计量尺度

统计学中依据变量的计量尺度,变量可分为三大类:

(1)数值型变量。数值型变量通常指的是诸如身高、体重、血压等连续数值型变量,也包括诸如人数、商品件数等离散型变量。

(2)定序型变量。定序型变量具有内在固有大小或高低顺序,一般可以用数值或字符表示。如职称变量可以有高级、中级和低级三个取值,分别可以用 1、2 和 3 表示。需要注意的是,定序型变量的取值之间并不是等距的,因为高级和中级之间的差距与中级和低级之间的差距并不相等,这是定序型变量与定距型变量间的区别。

(3)定类型变量。定类型变量是指没有内在固有大小或高低顺序,一般以数值或字符表示的分类变量。如性别变量中的男、女取值,可以分别用 1、2 表示。这里的 1 和 2 并没有内在固有大小或高低排序,只是一种分类名义上的指代。

在 SPSS 中,用户可以根据变量的具体含义指定其计量尺度属于上述哪种类型。具体操作为:在 SPSS 数据编辑器窗口的变量视图中,单击"度量标准"列下相应行中单元格,根据实际数据在下拉框中指定变量的计量尺度,如图 9-7 所示。其中,"度量(S)"表示数值型,"序号(O)"表示定序型,"名义(N)"表示定类型。

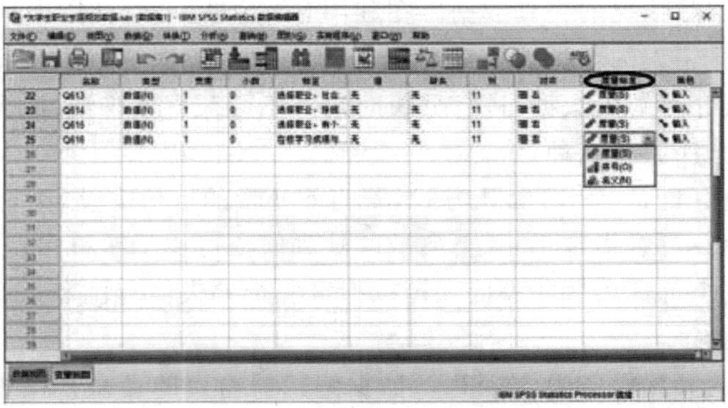

图 9-7　定义计量尺度

(七)变量角色

变量角色是指变量在模型建立时所“扮演”的角色。变量的角色不同,其作用也不同。模型建立时,有些变量用于解释其他变量,称为解释变量或自变量,SPSS称之为输入变量,承担“输入”角色。有的变量是被其他变量解释的,称为被解释变量或因变量,SPSS称之为目标变量,扮演“目标”角色。例如,在分析营销费用对某一企业收益的影响时,营销费用就是输入变量,收益就是目标变量。

在某些分析中,变量可能“扮演”双重角色,既可以是输入变量,也可以是目标变量,SPSS称之为“两者都”角色。还有一些变量一般不参与建模,如姓名、编号等,这些变量的角色为“无”。此外,具有两个或三个类别值的分类型变量可能“扮演”“分区”角色,分区变量是样本集划分的依据。另外,为方便后续的计算,有的分类型变量可以作为“拆分”角色变量。

在SPSS中,用户可以根据计算和建模的需要指定变量担任上述哪种角色。具体操作为:在SPSS数据编辑器窗口的变量视图中,单击“角色”列下相应行中单元格,根据实际数据在下拉框中指定变量担任的角色,如图9-8所示。

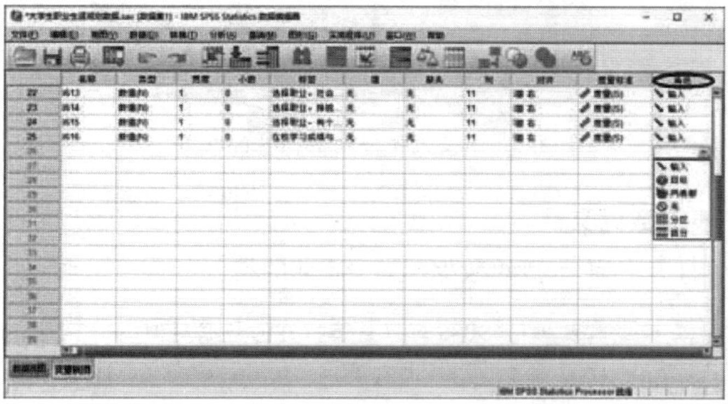

图9-8 定义变量角色

三、SPSS数据的录入

SPSS数据的结构定义好之后就可将具体的数据输入到SPSS中,以最终形成SPSS数据文件。在录入具体数据时,可以在SPSS的数据编辑器窗口的数据视图中直接录入数据或直接打开后缀为“.sav”的SPSS数据文件,也可以直接读取其他格式的文件数据,如Excel、文本和数据库等数据文件。

(一)在SPSS数据窗口中直接录入数据

在SPSS中直接录入数据的具体操作为:在SPSS数据编辑器窗口的数据视图中,用鼠标左键单击某单元格,激活该单元格后就可以输入数据。输入完毕后,将光标移动到下一个单元格继续输入数据。

在SPSS数据窗口中直接录入数据时,需要注意以下几点:

(1)数据编辑窗口中的黄色框框住的单元为当前数据单元,它是当前正在录入或者修改数据的单元。录入数据时应首先确定当前数据单元。

(2)数据录入时可以逐行或者逐列录入。逐行录入时,录完一个数据后按Tab键,当前单元的右边一个单元便自动成为当前单元。逐列录入时，录完一个数据后按回车键，当前单元下方的单元便自动成为当前单元。

(3)录入带有变量值标签的数据可以通过下拉框完成，如图 9-9 所示。但在此之前应首先打开变量值标签的显示开关，具体操作是："视图(V)"—"值标签(V)"。"值标签(V)"是一个重复开关选项，开关打开时，变量值标签将显示在数据编辑器窗口中；反之，不显示变量值标签，只显示变量值。需要说明的是，在变量值标签开关显示打开的状态下，虽然屏幕显示的是变量值标签，但实际存储的数据仍是变量值。

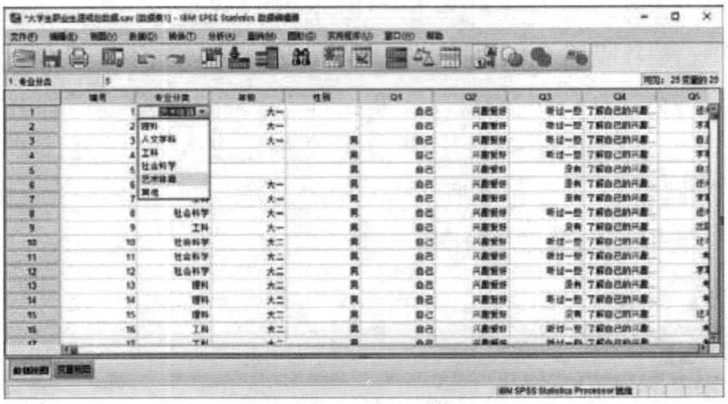

图 9-9 录入带变量值标签的数据

(二)读取电子表格数据文件

SPSS 能够直接打开各种类型的数据文件，常见的格式如表 9-1 所示。

表 9-1 SPSS 可以直接打开的数据类型

数据标识	数据类型
SPSS Statistics(*.sav)	SPSS 各版本的数据文件
便携(*.por)	SPSS 便携格式的数据文件
Excel(*.xls,*.xlsx,*.xlm)	Excel 各版本的数据文件
SAS(*.sas7bdat)	SAS 各版本的数据文件
Stata(*.Dat)	Stata 各版本的数据文件
dBase(*.dbf)	dBase 系列数据文件
文本格式(*.txt,*.dat)	纯文本格式的数据文件

下面以读取 Excel 数据文件"大学生职业生涯规划"(数据 9.2)为例，介绍读取电子表格数据文件的具体步骤。

1. 选择菜单

依次单击"文件(F)"— "打开(O)"—"数据(A)"按钮，随即系统自动弹出"打开数据"对话框。

2. 选择数据文件的类型，并输入文件名

在弹出的对话框中，"查找范围(L)"后指定文件所在的目录，"文件名(N)"后输入文件的名称,此处为“大学生职业生涯规划”,“文件类型(T)”后选择“Excel(*.xls,*.xlsx,*.xlm)”,然后单击“打开”按钮,弹出如图9-10所示的对话框。

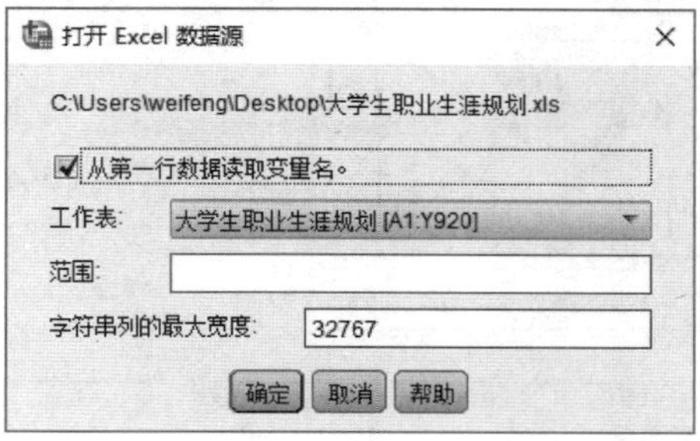

图9-10 “打开Excel数据源”对话框

需要说明的是,SPSS默认将Excel工作表中的全部数据读取到SPSS数据编辑器窗口中。若只需读取部分区域的数据,可以在上述对话框中的“范围”后输入要读取数据的范围(如A3:D9,表示仅读取以A3单元为左上角,D9单元为右下角的矩形区域内的数据)。此外,工作表上的一行数据为SPSS中的一个个案。如果Excel工作表文件第一行或指定读取区域内的第一行为变量名,则应勾选“从第一行数据读取变量名”项,即以工作表文件第一行或指定读取区域内的第一行的文字信息为SPSS的变量名。如果不选,SPSS的变量将自动取名为工作表中的单元名。

确定好读取数据的范围及是否从第一行数据读取变量名后,点击“确定”按钮即可将数据读取至SPSS中。

(三)读取文本数据文件

纯文本数据文件是一种最通用格式的数据文件,具有很好的兼容性,且十分简单,但此类数据在读入时需要对数据格式做进一步的设定。因此,SPSS提供了文本导入向导来完成此项工作。

下面以读取名为“大学生职业生涯规划.txt”的数据文件(数据9.3)为例,介绍读取文本格式数据文件的具体步骤。

1.选择菜单

依次单击“文件(F)”—“打开文本数据(D)” 按钮,随即系统自动弹出“打开数据”对话框。

2.选择数据文件的类型,并输入文件名

在弹出的对话框中,“查找范围(L)”后指定文件所在的目录,“文件名(N)”后输入要打开的文件的名称,此处为“大学生职业生涯规划”,“文件类型(T)”后选择“文本格式(*.txt,*.dat)”,单击“打开”按钮后,系统自动启动“文本导入向导”的对话框,如图9-11所示。

从对话框标题可以看出,“文本导入向导”共分为以下6步:

(1)在图9-11的窗口下,系统首先会询问有无预定义格式,如果有,则在此处选择相应的文件,下方则为按预定义格式读入的数据文件的预览。在未给定预定义格式文件时,SPSS基本上不可能正确识别该文件。因此,按照默认的选择“否”并直接单击“下一步(N)”

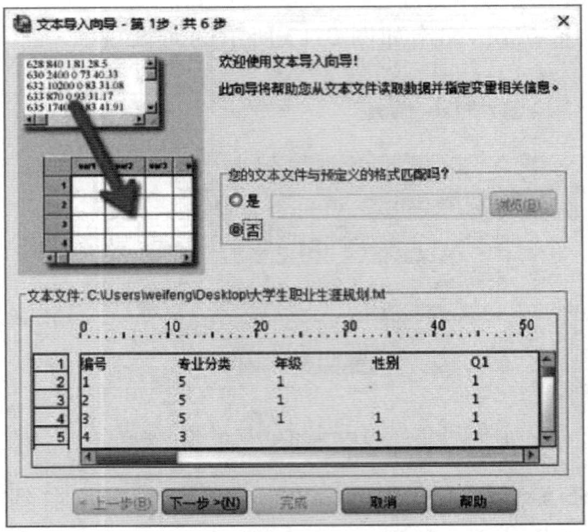

图 9-11 “文本导入向导-第 1 步”对话框

按钮。

(2)单击“下一步(N)”按钮后，弹出如图 9-12 所示对话框。此处用于设置变量排列方式和变量名称。需要注意的是，如果读取的文件中有变量名，则需要在“变量名称是否包括在文件的顶部”问题下勾选“是”这一选项。单击“下一步(N)”按钮。

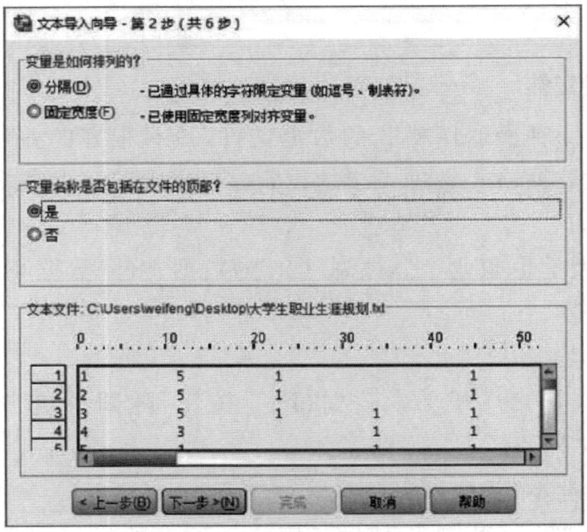

图 9-12 “文本导入向导-第 2 步”对话框

(3)单击“下一步(N)”按钮后，弹出如图 9-13 所示对话框。在这一对话框中需要回答的问题有三个：

第一，数据部分从文本文件的第几行开始。如果文本文件的第一行是变量名，这里应填“2”。

第二，个案数据在文本文件中是如何安排的，是一行一个个案还是一行多个个案。通常数据以前一种方式安排。

第三,将文本文件中的数据全部读入还是部分读入(读入前几个个案还是随机读入一定比例的个案)。

用户根据自己的需要解决上述问题后,就可以单击“下一步(N)”按钮。

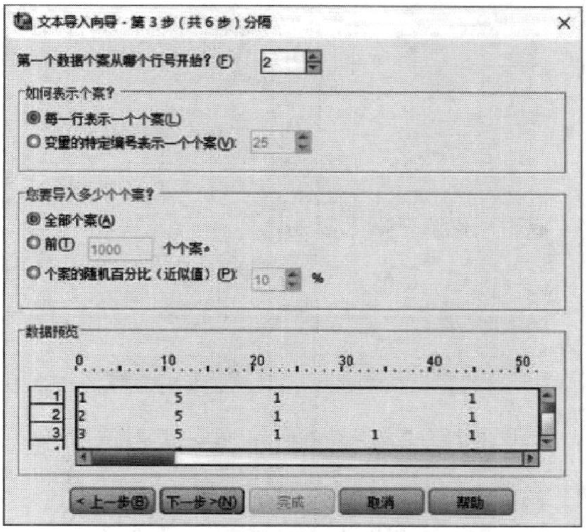

图 9-13 “文本导入向导-第 3 步”对话框

(4)单击“下一步(N)”按钮后,弹出如图 9-14 所示对话框。这一步骤主要是确定文本文件中数据项之间的分隔符号及文本限定符。数据项之间的分隔符可以是制表符、逗号、空格、分号或其他符号。字符串型数据可以不用任何符号括起来,也可以用单引号、双引号或其他括号括起来。设置完成后,单击“下一步(N)”按钮。

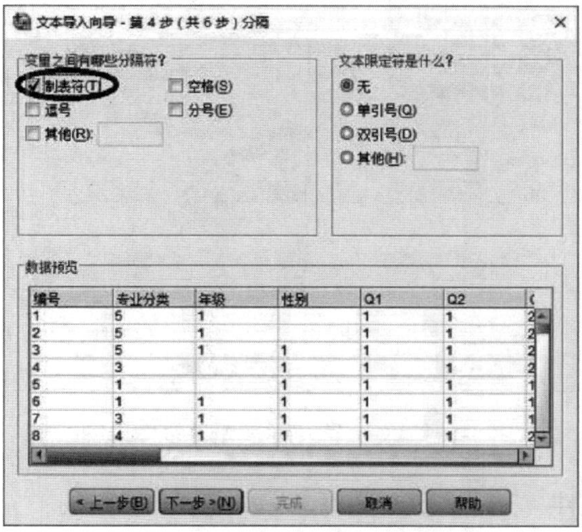

图 9-14 “文本导入向导-第 4 步”对话框

(5)单击“下一步(N)”按钮后,弹出如图 9-15 所示对话框。这一步骤是对各变量做进一步的属性设定,包括更改变量名称和更改数据格式。用户根据自己需要进行修改后,单击“下一步(N)”按钮。

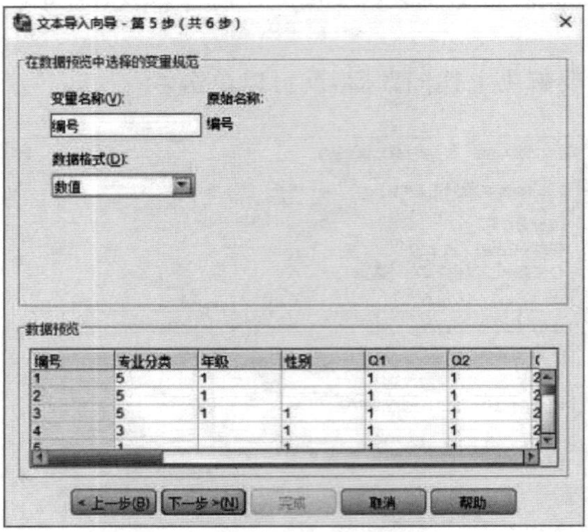

图 9-15 “文本导入向导-第 5 步”对话框

(6)单击“下一步(N)”按钮后，弹出如图 9-16 所示对话框。这一步骤主要是确认是否希望重复利用本次操作的选择，可以考虑将本次的文件设定保存为预定义格式文件，或者将本次操作粘贴为 SPSS 语句。然后单击“完成”按钮，则向导结束，随后可以看到 SPSS 成功地读入了该文本数据。

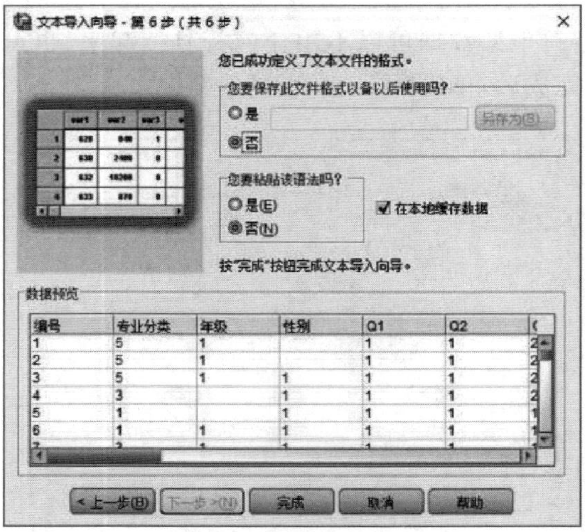

图 9-16 “文本导入向导-第 6 步”对话框

(四)读取数据库文件

数据库文件是一种常用的数据存储格式文件，尤其是用于存储数据量非常庞大的数据文件。当需要对数据库文件进行分析时，可以采用 SPSS 对数据库文件进行导入。

这里简单介绍一下 SPSS 如何读取数据库文件。依次点击“文件(F)”—“打开数据库(B)”—“新建查询”按钮，随即系统会弹出如图 9-17 所示的数据向导窗口。可以看出，SPSS

自动根据当前计算机所安装的软件情况列出了所有数据源。为能够读入“.mdb”类型的文件,需要先对该数据源进行配置。然后按照后续向导步骤进行操作即可,这里不再赘述。

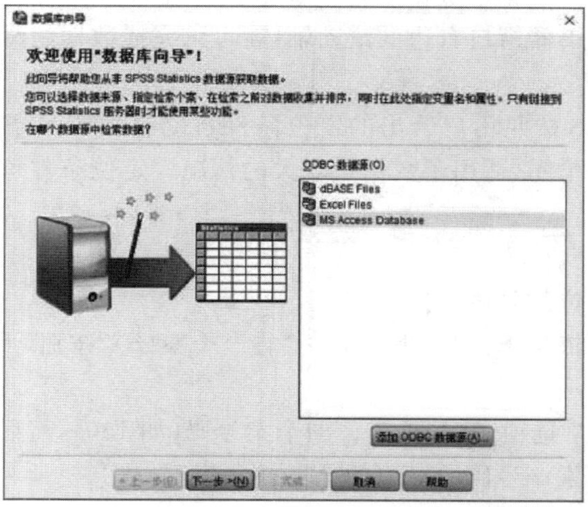

图 9-17 “数据库向导”对话框

第二节 数据文件的编辑

视频:
数据录入

【本节知识分解】

1. 掌握SPSS定位和增删数据的基本方法和具体操作
2. 掌握SPSS数据选取的基本方法和具体操作
3. 掌握SPSS数据排序的基本方法和具体操作
4. 掌握查找SPSS数据重复个案的基本方法和具体操作
5. 掌握SPSS文件合并的基本方法和具体操作
6. 掌握SPSS文件拆分的基本方法和具体操作
7. 掌握SPSS分类汇总的基本方法和具体操作
8. 掌握SPSS数据计算的基本方法和具体操作
9. 掌握SPSS对个案内的值计数的基本方法和具体操作
10. 掌握SPSS个案等级排秩的基本方法和具体操作
11. 掌握SPSS个案加权的基本方法和具体操作
12. 掌握SPSS数据转置的基本方法和具体操作

一、数据的定位与增删

(一)数据的定位

数据定位的目的是将当前数据单元定位到某个特定的单元中。SPSS中有两种定位方式，即人工定位和自动定位。

1. 人工定位

人工定位是指通过人工浏览数据确定当前数据单元，适用于数据量较小的情况。用户只需用鼠标拖动数据编辑器窗口右边的滚动轴，就可以完成数据的浏览和定位。

2. 自动定位

自动定位是指 SPSS 按照用户给出的定位条件自动寻找满足条件的第一个数据单元，并将它设置为当前数据单元，适用于数据量较大的情况。定位条件可以是个案的号码，也可以是某个变量的变量值。

(1)按个案号码自动定位。

按个案号码自动定位的具体操作如下：

第一步，选择菜单：依次单击“编辑(E)”—“转至个案(S)”按钮，此时弹出如图 9-18 所示的对话框。

第二步，选择“个案” 选项，输入欲定位的个案号码(如 150)，然后单击“转向”按钮。

此时，SPSS 自动搜索该号码所对应的个案并定位。

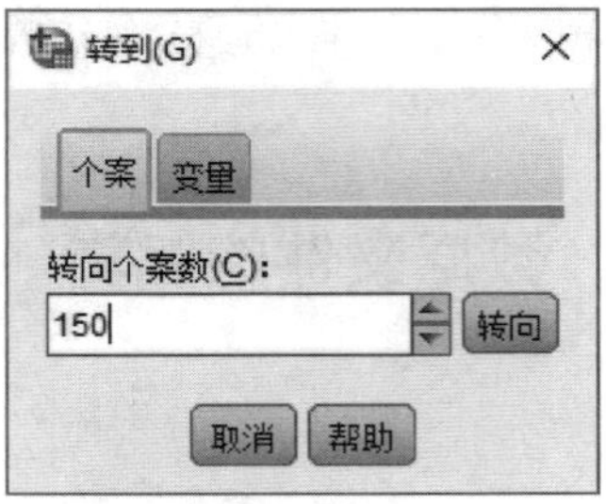

图 9-18　按个案号码自动定位对话框

(2)按变量值自动定位。

按变量值自动定位的具体操作如下：

第一步，将当前单元定位在某变量列的任何一个个案上(如专业分类)。

第二步，选择菜单：依次单击“编辑(E)”—“查找(F)”按钮，此时弹出如图 9-19 所示的对话框。

图 9-19　按变量值自动定位对话框

第三步，在“查找”后的空白框内输入定位变量值(如艺术体育)并确认。

然后，SPSS 自动对第一步指定的变量进行变量值搜索，并将当前单元定位到与定位变量值相等的第一个个案(如专业分类等于“艺术体育”的个案)上。

(二)个案的增删

1. 增加(插入)一个个案

增加(插入)一个个案,即在数据编辑器窗口的某个个案前增加(插入)一个新个案。具体操作步骤如下:

(1)将当前数据单元定位在一个个案上。

(2)选择菜单:

依次点击"编辑(E)"—"插入个案(I)"按钮,然后SPSS就自动在当前数据单元所在行之前插入一个空行。其中,数值型变量的变量值自动为系统缺失值,用户可以根据需要进行修改。

2. 删除一个个案

删除一个个案,即删除数据编辑器窗口中的某个个案。具体操作步骤如下:

(1)在欲删除的个案号码上单击鼠标左键,待删除的个案数据全部显示为黄色。

(2)单击鼠标右键,从弹出的对话框中选择"清除(E)"选项。

然后,欲删除的个案数据将被整条删除,下一行的个案自动上移一行。

(三)变量的增删

1. 增加(插入)一个变量

增加(插入)一个变量,即在数据编辑器窗口的某个变量前插入一个新变量。具体操作步骤如下:

(1)将当前数据单元定位在某变量上。

(2)选择菜单:

依次点击"编辑(E)"—"插入变量(A)"按钮,然后SPSS自动在当前数据单元所在列之前插入一空列。该列的变量名默认为VAR00001,数据类型为数值型,变量值均是系统缺失值,用户可以根据需要进行修改。

2. 删除一个变量

删除一个变量,即删除数据编辑器窗口中的某列变量。具体操作步骤如下:

(1)在欲删除列的变量名上单击鼠标左键,于是待删除列的数据全部显示为黄色。

(2)单击鼠标右键,从弹出的对话框中选择"清除(E)"选项。

然后,待删除的列被整列删除,其右边的变量列自动依次左移一列。

(四)数据的移动、复制和删除

在对数据编辑器窗口中的数据进行编辑时,有时希望对某个数据单元进行操作,有时希望对整块数据(对于从某行某列到某行某列围成的整块数据,称为源数据块)进行整体操作,如移动、复制或删除,具体操作如下:

(1)选定数据单元或定义源数据块。操作方法:将鼠标移至欲操作的数据单元,或将鼠标移动到源数据块的左上角单元上,拖动鼠标至源数据块的右下角的单元上。此时,数据单元或源数据块显示为黄色。

(2)单击鼠标右键。若要清除数据,则选择弹出对话框中的"清除(E)"选项;如果要复制数据,则选择弹出对话框中的"复制(C)"选项;如果要移动数据,则选择弹出对话框中的"剪切(T)"选项。

(3)指定目标单元(块)。将鼠标移动至目标单元(块)处,单击鼠标右键,从弹出对话框中选择“粘贴(P)”选项,原数据或源数据块数据就被复制或移动至目标单元(块)中了。

二、数据选取

数据选取就是根据分析的需要,从已收集到的大批量数据(总体)中按照一定的规则抽取部分数据(样本)参与分析。

(一)数据选取的目的

在对数据进行分析时,经常会进行数据选取这一工作。原因如下所述。

1. 提高数据分析效率

有时数据文件的数据量非常大,如果全部进行分析会在一定程度上影响分析效率。若依据一定的抽样方法从总体中选取少量的样本,仅针对样本展开分析,这会大大提高分析的效率。

2. 检验模型

构建的模型是否能够较为完整准确地反映数据的特征?能否用该模型进行未来的数据预测?这些问题非常重要。为了验证模型,一般可依据一定的抽样方法选择部分样本参与数据建模,剩余数据用于模型检验。

(二)数据选取的方法

依次单击“数据(D)”—“选择个案”后,弹出如图 9-20 所示对话框。

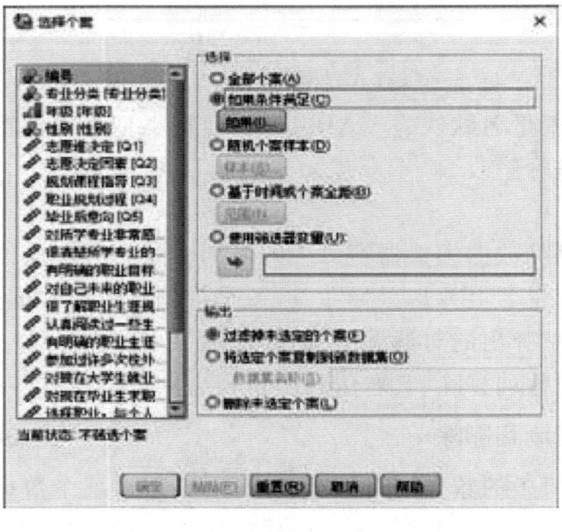

图 9-20 “选择个案”对话框

由图 9-20 的右侧“选择”栏可以看出,SPSS 提供了 5 种选取数据的选项。

(1)“全部个案(A)”:如果用户想要选取全部个案,则选择“全部个案(A)”这一选项。

(2)“如果条件满足(C)”:即选取符合条件的数据。如果勾选“如果条件满足(C)”项,则单击下方的“如果(I)”按钮,弹出如图 9-21 所示的“选择个案:If”对话框。在该对话框的右上方的空白框中根据需要输入条件表达式即可。

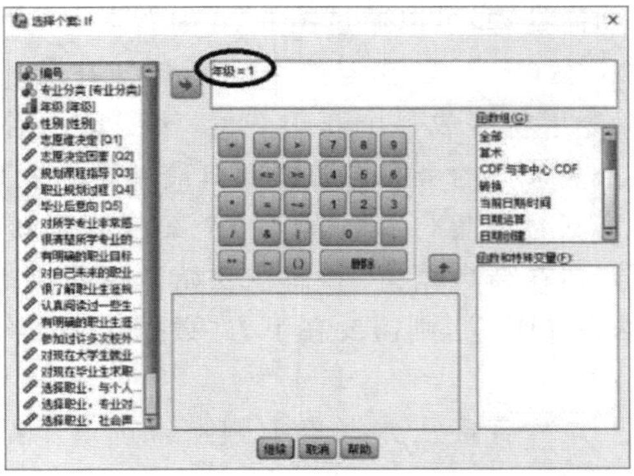

图 9-21 “选择个案:If”对话框

(3)“随机个案样本(D)”:即对数据编辑器窗口中的所有个案进行随机筛选。如果勾选“随机个案样本(D)”项,则单击下方的“样本(S)”按钮,弹出如图 9-22 所示“选择个案:随机样本”对话框。用户可以选定“大约(A)”按钮,并设置一定的百分比进行近似选取,也可以选定“精确(E)”按钮,在后面的两个空白框中依次设定参数(其中,第一个参数是希望选取的个案数,第二个参数是指定在前几个个案中选取)。

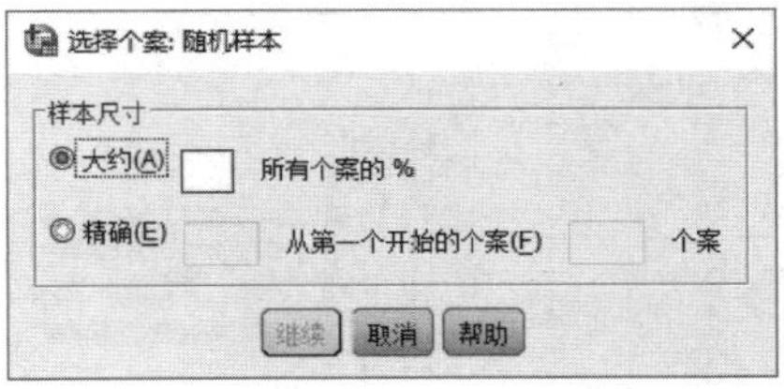

图 9-22 “选择个案:随机样本”对话框

(4)“基于时间或个案全距(B)”:即在设定的范围内随机选择个案。如果勾选“基于时间或个案全距(B)”项,则单击下方的“范围(N)”按钮,弹出如图 9-23 所示的“选择个案:范围”对话框。在“观测值”后的两个空白框中依次输入第一个个案和最后一个个案。这种选取方法通常适用于时间序列数据。

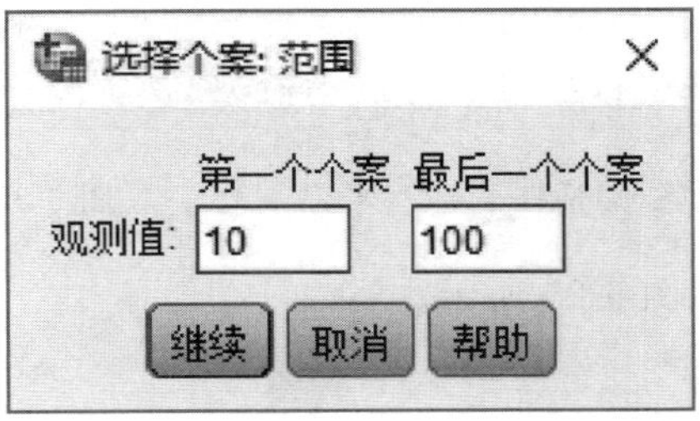

图 9-23 “选择个案:范围”对话框

(5)“使用筛选器变量(U)”:即依据筛选器变量的取值进行选取。在这种方法下,需要指定一个变量作为筛选器变量,该变量取值为非 0 或非系统缺失值的个案将被选中。该方法通常用于排除包含系统缺失值的个案。

对于未被选中的个案如何处理,可以通过图 9-20 中右下方的“输出”栏进行设置。

(1)“过滤掉未选定的个案(F)”:未选定的个案不包括在分析中,但保留在数据集中。SPSS 在执行完选中个案命令后将生成一个新的变量,该变量说明了哪些是被选择的个案、哪些是未被选择的个案。未被选择的个案在数据窗口最左侧的个案序号上打上了斜线。

(2)“将选定个案复制到新数据集(O)”:选定的个案复制到新数据集,原始数据集不会受到影响。未选中个案不包括在新数据集中,而在初始数据集中保持其初始状态。若勾选“将选定个案复制到新数据集(O)”项,则需要在下方“数据集名称(S)”后的空白栏中对新数据集进行命名。

(3)“删除未选定个案(L)”:直接从数据集中删除未选定个案。该选项一般不会轻易使用。

(三)数据选取的应用举例

对于本章中的“大学生职业生涯规划.sav”数据(数据 9.1),现希望仅对年级为大一的学生进行分析。

按照以下步骤进行操作:

依次单击“数据(D)”—“选择个案”按钮,在“选择个案”对话框中,选择“如果条件满足(C)”,并单击其下方的“如果(I)”按钮,编辑条件表达式为“年级=1”,然后单击“继续”按钮,回到主对话框,如图 9-24 所示。

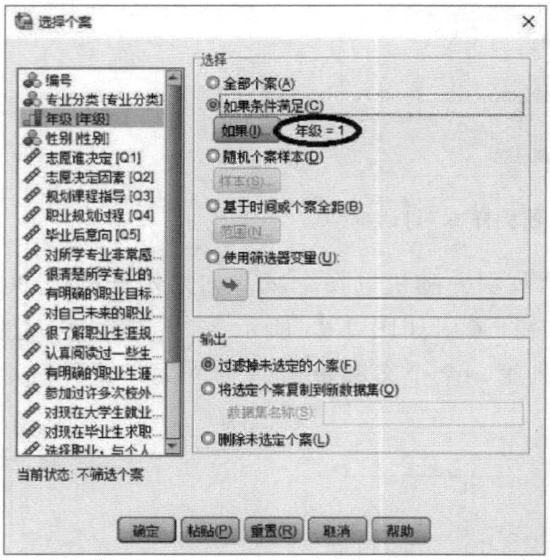

图 9-24 设置“选择个案”对话框

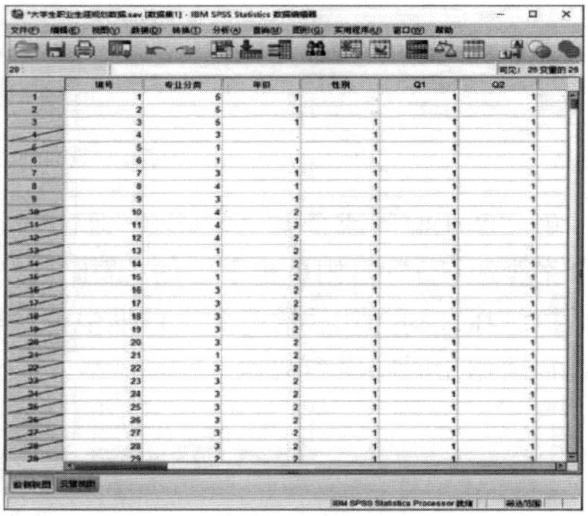

图 9-25 数据选取结果

单击“确定”按钮,结果如图 9-25 所示。

三、数据排序

数据编辑器窗口中的记录次序默认是由录入时的先后顺序决定的。但在进行数据分析时,有时需要对数据按照一定的顺序进行重新排列。

(一)数据排序的作用

数据排序在数据分析中有着非常重要的作用。

(1)数据排序便于数据的浏览,有助于了解数据的取值情况、缺失值情况的多少等。

(2)通过数据排序能够快捷地找到数据的最大值和最小值,进而可以计算出数据的全距,初步把握和比较数据的离散程度。

(3)通过数据排序能够快捷地发现数据中可能异常的值,为进一步明确它们是否对分析产生重要影响提供帮助。

(二)数据排序的方法

SPSS 中的个案排序就是将数据编辑器窗口中的数据,按照用户指定的某一个或多个变量的变量值的升序或降序重新排列,这里用户所指定的变量称为排序变量。若排序变量只有一个,称为单变量排序。若排序变量有多个,称为多重排序。多重排序中,第一个指定的排序变量为主排序变量,其他依次指定的变量分别称为第二排序变量、第三排序变量等。多重排序时,首先按照主排序变量值的大小对数据进行排序,然后对那些具有相同主排序变量值的数据,再按照第二排序变量值的大小依次排序。

对于单变量排序,SPSS 中提供了一种简易操作方法:在数据视图的变量名处单击右键,在弹出的菜单中选择"升序排列"或"降序排列"即可。对于多重排序则可以通过依次单击菜单"数据(D)"—"排序个案"按钮实现。在弹出的如图 9-26 所示的对话框中,按照确定的主排序变量、第二排序变量等,在左侧选择变量并将其移至右侧"排序依据"列表框中,并根据需要在"排列顺序"栏中选择"升序(A)"或"降序(D)"。

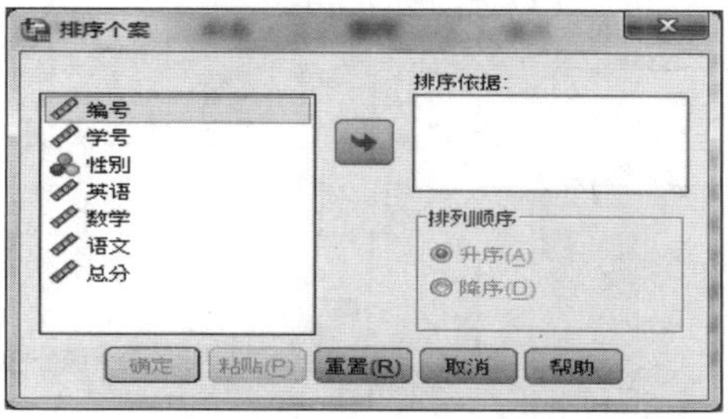

图 9-26 "排序个案"对话框

(三)数据排序的应用举例

现有"某班级期末考试成绩.sav"数据(数据 9.4),如表 9-2 所示,其中包括英语、数学、语文、总分等变量。现要求以总分为主排序变量(降序),同时以数学为第二排序变量(降序),进行多重排序。

表 9-2 "某班级期末考试成绩.sav"数据

编号	学号	性别	英语	数学	语文	总分
1	201801	1	75.00	88.00	67.50	230.50
2	201802	1	84.00	77.00	75.50	236.50
3	201803	2	90.50	66.00	80.00	236.50
4	201804	1	97.00	55.00	94.00	246.00
5	201805	2	58.00	99.00	83.50	240.50

续表

编号	学号	性别	英语	数学	语文	总分
6	201806	2	75.00	55.00	76.00	206.00
7	201807	2	48.00	65.00	84.00	197.00
8	201808	1	92.00	75.00	91.00	258.00
9	201809	1	85.00	85.00	76.00	246.00
10	201810	2	67.00	95.00	81.00	243.00

按照以下步骤进行操作：

依次单击"数据(D)"—"排序个案"按钮，在弹出的如图 9-26 所示的"排序个案"对话框中，从左侧的变量列表中选中"总分"变量，并将其移至右侧"排序依据"列表，并指定其排列顺序为降序。将"数学"变量依照上述方法也添加至"排序依据"列表，指定其排列顺序为降序，如图 9-27 所示。然后单击"确定"按钮，则排序完成，排序结果如图 9-28 所示。

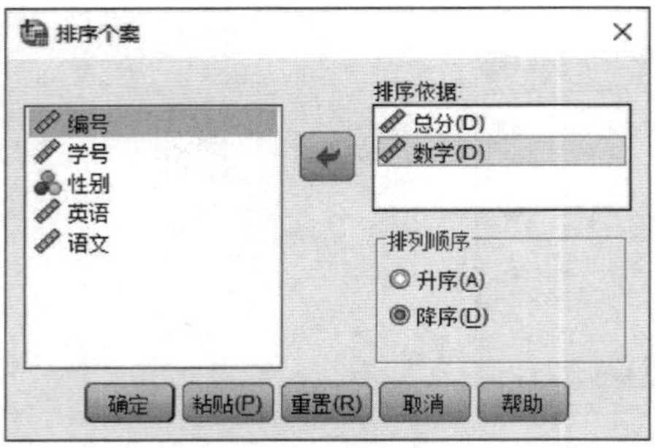

图 9-27　设置"排序个案"对话框

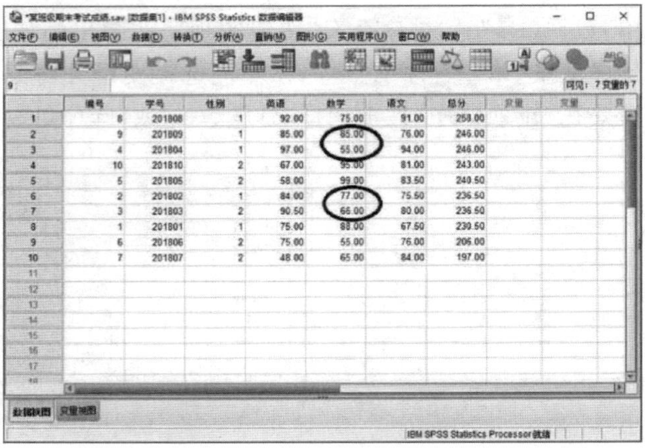

图 9-28　数据排序结果

四、查找重复个案

(一)查找重复个案的方法

通常分析数据中不应出现关键变量相同的个案，但在数据输入时，不同的数据录入员可能会重复录入。SPSS 提供了较为简单的方法查找重复的个案。

运用 SPSS 查找重复个案的主要方法是排序。它首先按照用户指定的关键变量对所有个案进行排序，关键变量值相同的个案，也即重复个案将被排在一起；然后，为确定具有相同关键变量值的重复个案中哪个个案是正确而需要保留的，用户需要指定重复个案的排序变量，并依其进行升序或降序的排序。同时，SPSS 还会给出有关重复个案的统计结果。具体操作步骤如下所述。

(1)选择菜单：

依次单击"数据(D)"—"标识重复个案(U)"按钮，弹出如图 9-29 所示对话框。

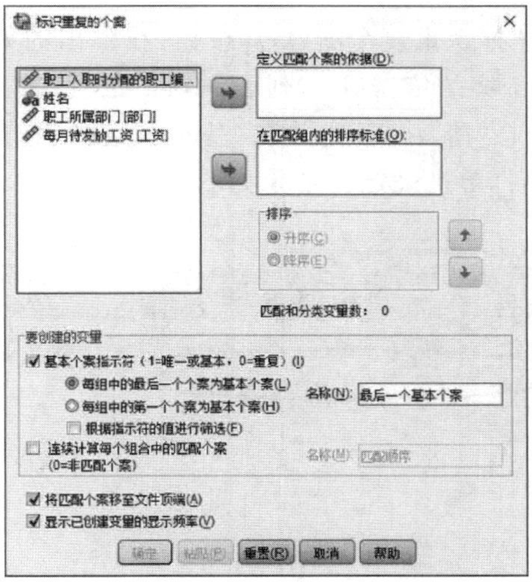

图 9-29 “标识重复的个案”对话框

(2)“定义匹配个案的依据(D)”列表框:用于确认重复个案的变量列表。如果有个案的所有这些变量值全部相同,则将其视为重复个案。

(3)“在匹配组内的排序标准(O)”列表框:对于发现的重复个案,按照指定的变量值排序。

(4)按照确定的标准将相应的变量分别移至“定义匹配个案的依据(D)”和“在匹配组内的排序标准(O)”列表框内后,再根据需要确定“基本个案指示符”和是否“连续计算每个组合中的匹配个案”后,单击“确定”即可完成。

(二)查找重复个案的应用举例

现有“某部门2017年11月工资.sav”数据文件(数据9.5),如表9-3所示。现要求在发放前核实是否存在重复核算问题,若存在,以最高工资为最后发放数据。

表 9-3 “某部门 2017 年 11 月工资.sav”数据

职工号	姓名	部门	工资
100801	A	1	50000.00
100802	B	1	35000.00
100803	C	2	11000.00
100804	D	4	8000.00
100805	E	2	6800.00
100806	F	3	9800.00
100807	G	6	17900.00
100808	H	6	4300.00
100809	I	5	6000.00
100810	J	3	6300.00
100804	D	4	500.00
100811	L	5	7200.00

按照以下步骤进行操作：

依次单击“数据(D)”—“标识重复个案(U)”按钮，在弹出的如图 9-29 所示的对话框中，将“职工号”移至“定义匹配个案的依据(D)”列表框，将“工资”移至“在匹配组内的排序标准(O)”列表框，在“排序”栏选择“降序(E)”，并在“基本个案指示符”下选择“每组中的第一个个案为基本个案(H)”选项后，单击确定。结果如图 9-30 所示。

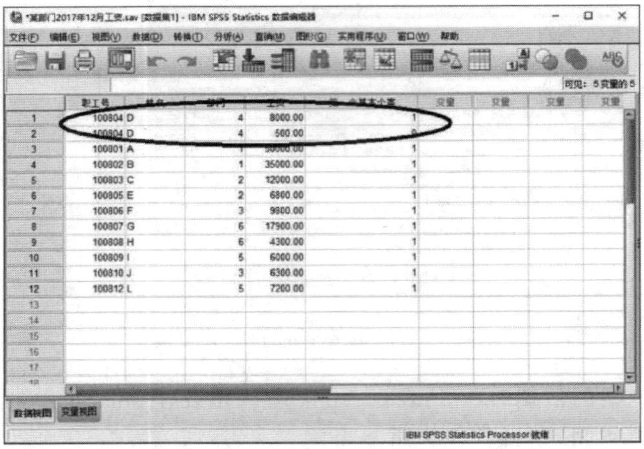

图 9-30　数据重复查找结果

五、文件合并

在进行数据处理和统计分析时，有时需要将多个数据文件合并成一个数据文件。合并方式分为纵向合并和横向合并。

(一)纵向合并

纵向合并，是将当前数据编辑器窗口中的数据与另一个 SPSS 数据文件中的数据进行首尾对接，即将一个 SPSS 数据文件的内容追加到当前数据编辑器窗口中数据的后面，依据两份数据文件中的变量名进行数据对接。

1. 纵向合并的方法

(1)选择菜单：

依次单击“数据(D)”—“合并文件(G)”—“添加个案(C)”按钮，随后显示如图 9-31 所示对话框。

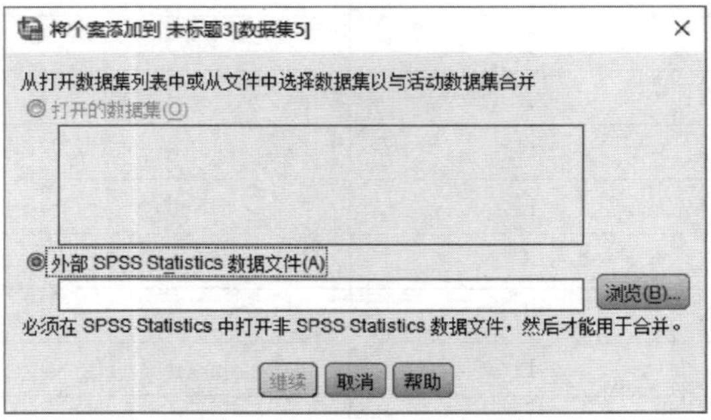

图 9-31　选择合并文件对话框

(2)若待合并的 SPSS 文件已在其他数据编辑器窗口中打开,则选择“打开的数据集(O)”,并在其下方的列表框中指定数据集;若待合并的 SPSS 数据文件尚未读入 SPSS 中,则选择“外部 SPSS Statistic 数据文件(A)”,并点击“浏览(B)”按钮指定数据文件名。点击“继续”后弹出如图 9-32 所示对话框。

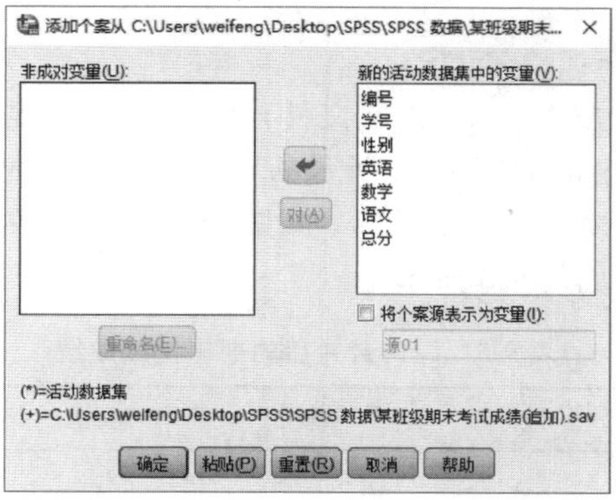

图 9-32　纵向合并数据文件对话框

(3)图 9-32 右侧的“新的活动数据集中的变量(V)”列表框中显示的是两个数据文件中的同名变量,SPSS 默认它们有相同的数据含义,并将它们作为合并后新数据文件中的变量。如果不接受这种默认,可以将它们剔除至左侧“非成对变量(U)”列表框中。

左侧的“非成对变量(U)”列表框中显示的变量名是两个文件中的不同变量名。其中,变量名后的(*)表示该变量是当前数据编辑器窗口中的变量,(+)表示该变量是拟追加合并的数据集中的变量。SPSS 默认这些变量的含义不同,且不纳入合并后的新文件中。若不接受这种默认,可以选择其中的两个变量名并点击“对(A)”按钮进行指定配对,或对某变量点击“重命名(E)”按钮改名后再指定配对,也可以对某变量进行指定,不进行任何匹配,强行进入合并后的数据文件中。

(4)若希望合并后的数据文件标识每个个案来自合并前的哪个 SPSS 文件,可以勾选“将个案源表示为变量(I)”按钮,则合并后的数据文件中将自动生成一个名为“源 01”(变量名可以修改)、取值为 0 或 1 的变量。其中,0 表示个案来自当前数据编辑器窗口中的数据文件,1 表示来自其他数据文件。

然后单击“确定”按钮,数据编辑器窗口中自动显示合并后的数据。

2. 纵向合并的应用举例

现有“某班级期末考试成绩(追加). sav”数据文件(数据 9.6),如表 9-4 所示,将其与表 9-2的“某班级期末考试成绩. sav”数据文件(数据 9.4)进行纵向合并。

表 9-4　“某班级期末考试成绩(追加). sav”数据

编号	学号	性别	英语	数学	语文	总分
11	201811	2	69.00	78.00	84.00	231.00
11	201811	2	83.00	90.00	87.00	260.00
12	201812	1	71.00	84.00	88.00	243.00

续表

编号	学号	性别	英语	数学	语文	总分
14	201814	2	94.00	92.00	89.00	275.00
15	201815	2	87.00	85.00	79.00	251.00

按照以下步骤进行操作：

打开“某班级期末考试成绩.sav”数据文件，依次单击“数据(D)”—“合并文件(G)”—“添加个案(C)”按钮，在弹出的如图9-31所示的对话框中选择“外部SPSS Statistic数据文件(A)”，并单击“浏览(B)”按钮确定文件后，单击“继续”按钮，在随即弹出的对话框中单击“确定”按钮，合并好的文件如表9-5所示。

表9-5 纵向合并后的期末考试成绩

编号	学号	性别	英语	数学	语文	总分
1	201801	1	75.00	88.00	67.50	230.50
2	201802	1	84.00	77.00	75.50	236.50
3	201803	2	90.50	66.00	80.00	236.50
4	201804	1	97.00	55.00	94.00	246.00
5	201805	2	58.00	99.00	83.50	240.50
6	201806	2	75.00	55.00	76.00	206.00
7	201807	2	48.00	65.00	84.00	197.00
8	201808	1	92.00	75.00	91.00	258.00
9	201809	1	85.00	85.00	76.00	246.00
10	201810	2	67.00	95.00	81.00	243.00
11	201811	2	69.00	78.00	84.00	231.00
11	201811	2	83.00	90.00	87.00	260.00
12	201812	1	71.00	84.00	88.00	243.00
14	201814	2	94.00	92.00	89.00	275.00
15	201815	2	87.00	85.00	79.00	251.00

(二)横向合并

横向合并就是将数据编辑器窗口中的数据与另一个SPSS数据文件中的数据进行左右对接，即将一个SPSS数据文件的内容拼到数据编辑器窗口中当前数据的右边，依据两个数据文件中的个案进行数据对接。

1.横向合并的方法

(1)选择菜单：

依次单击“数据(D)”—“合并文件(G)”—“添加变量(V)”按钮。与纵向合并类似，弹出选择合并文件窗口对话框，用户根据需要指定数据文件或数据集后，单击“继续”按钮后，弹出如图 9-33 所示对话框。

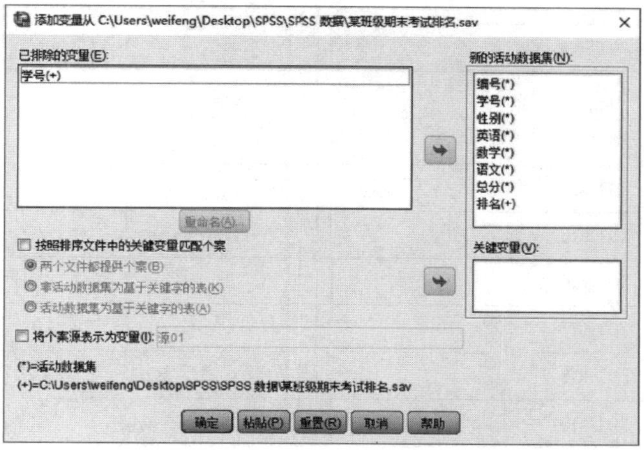

图 9-33　横向合并数据文件对话框

(2)图 9-33 右侧的“新的活动数据集(N)”列表框中显示的是两个待合并数据文件中的所有变量名,SPSS 默认这些变量均以原有变量名进入合并后的新数据文件中。其中,变量名后的(*)表示该变量是当前数据编辑器窗口中的变量,(+)表示该变量是追加合并的文件中的变量。用户若不接受这种默认,可以将其移至左侧“已排除的变量(E)”列表框中。

两个待合并数据文件中共有的变量名会自动显示在图中左侧“已排除的变量(E)”列表框中。

(3)当两个数据文件的排列顺序不一致时,可以指定“关键变量(V)”,但需要先将数据文件按照关键变量值进行升序排列。

对于合并数据的来源,SPSS 在“按照排序文件中的关键变量匹配个案”项中提供了 3 种方式:

第一种:“两个文件都提供个案(B)”项。这一方式是 SPSS 默认的方式,指由原来两个数据文件中的个案共同组成合并后的数据文件。

第二种:“非活动数据集为基于关键字的表(K)”项。这一方式是指在数据编辑器窗口中数据的基础之上,将第二个数据文件中的其他变量合并进来,即合并后数据文件中的个案仅包含当前数据编辑器窗口中的个案。

第三种:“活动数据集为基于关键字的表(A)”项。这一方式是指在第二个数据文件的基础之上,将数据编辑器窗口中的其他变量合并进来,即合并后数据文件中的个案仅包含第二个数据文件中的个案。

(4)若希望在合并后的数据文件中看出每个个案来自哪个数据文件,可以勾选“将个案源表示为变量(I)”,运行得出的结果与纵向合并中所讲解的类似,这里不再详细说明。

然后,单击“确定”按钮,数据编辑器窗口中会自动显示合并后的数据。

2. 横向合并的应用举例

现有“某班级期末考试排名.sav”数据文件(数据 9.7),如表 9-6 所示,将其与表 9-2 的“某班级期末考试成绩.sav”数据文件(数据 9.4)进行横向合并。

表 9-6 “某班级期末考试排名.sav”数据文件

学号	排名
201801	8
201802	6
201803	7
201804	3
201805	5
201806	9
201807	10
201808	1
201809	2
201810	4

按照以下步骤进行操作：

打开“某班级期末考试成绩.sav”数据文件，依次单击“数据(D)”—“合并文件(G)”—“添加变量(V)”按钮后，在弹出的如图 9-31 所示的对话框中选择“外部 SPSS Statistic 数据文件(A)”，并单击“浏览(B)”按钮确定文件后，单击“继续”按钮，在随即弹出的对话框中将“学号”从“已排除的变量(E)”栏移至“关键变量(V)”栏，并选择“两个文件都提供个案(B)”选项，单击“确定”按钮，合并好的文件如表 9-7 所示。

表 9-7 横向合并后的期末考试成绩

编号	学号	性别	英语	数学	语文	总分	排名
1	201801	1	75.00	88.00	67.50	230.50	8
2	201802	1	84.00	77.00	75.50	236.50	6
3	201803	2	90.50	66.00	80.00	236.50	7
4	201804	1	97.00	55.00	94.00	246.00	3
5	201805	2	58.00	99.00	83.50	240.50	5
6	201806	2	75.00	55.00	76.00	206.00	9
7	201807	2	48.00	65.00	84.00	197.00	10
8	201808	1	92.00	75.00	91.00	258.00	1
9	201809	1	85.00	85.00	76.00	246.00	2
10	201810	2	67.00	95.00	81.00	243.00	4

六、文件拆分

文件拆分是将数据按照指定的分组变量对原始数据进行分组，使分组变量取值相同的个案集中在一起。数据文件的拆分对于后续统计分析有很大影响，后续分析将按照分组进行。

(一)文件拆分的方法

(1)选择菜单:

依次单击“数据(D)”—“拆分文件(F)”按钮,弹出如图 9-34 所示的“分割文件”对话框。

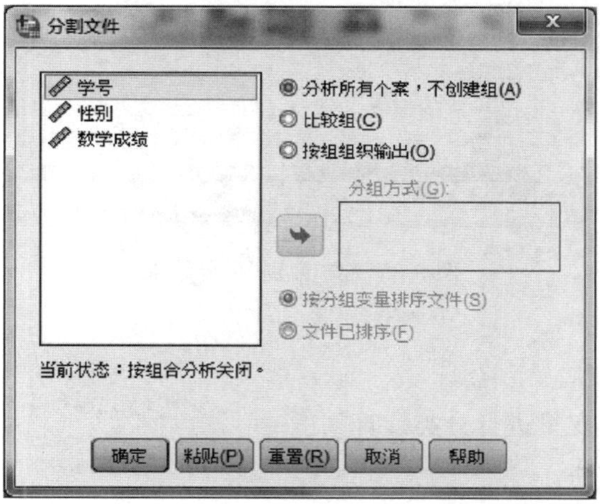

图 9-34 “分割文件”对话框

(2)在“分割文件”对话框中,首先确定数据的拆分方式。SPSS 提供了 3 种拆分文件的方式:

①“分析所有个案,不创建组(A)”项:系统默认项,指分析全部数据,不创建分组。

②“比较组(C)”项:表示将分组的统计结果输出到同一表格中,以此来进行不同组间的对比。

③“按组组织输出(O)”项:表示将分组统计结果显示在不同的表格中。

确定好分组方式后,如若对数据进行拆分,则下一步需要确定分组所依据的变量,将其由对话框左侧移至“分组方式(G)”列表框中。

SPSS 还提供了两种对分组变量进行处理的方式:

(1)“按分组变量排序文件(S)”项:指将数据按照分组变量的取值排序。

(2)“文件已排序(F)”项:指数据已经按分组变量排序了,不需要重新排序。

然后单击“确定”按钮,系统会自动弹出文件拆分的结果。

需要注意的是,拆分后的文件在保存之后,下次调用该文件时,拆分结果仍然有效。当不需要分组时,按上述操作选择“分析所有个案,不创建组(A)”即可。

(二)文件拆分的应用举例

现有数据文件“某班数学成绩.sav”(数据 9.8),要求将该班数学成绩按照性别进行拆分。

按照以下步骤进行操作:

依次单击“数据(D)”—“拆分文件(F)”按钮,在弹出的如图 9-34 所示的对话框中,选择“比较组(C)”,并将变量“性别”移入“分组方式(G)”列表框中作为分组变量,然后单击“确定”,文件拆分的结果如图 9-35 所示。

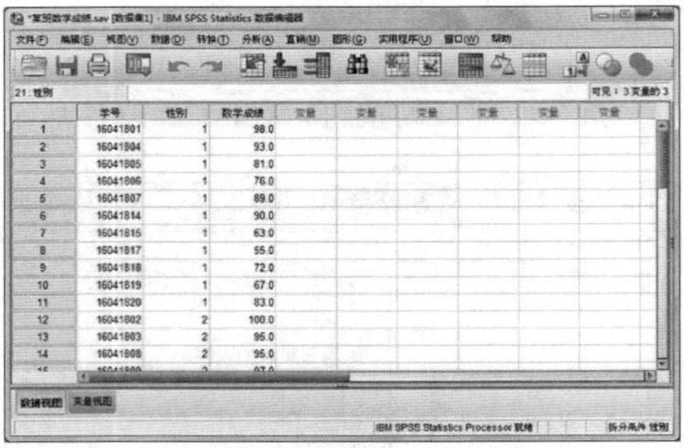

图 9-35　按“性别”拆分结果

七、分类汇总

分类汇总是按照某变量进行分类计算。

(一)分类汇总的方法

(1)选择菜单：

依次单击“数据(D)”—“分类汇总(A)”按钮，弹出如图 9-36 所示“汇总数据”对话框。

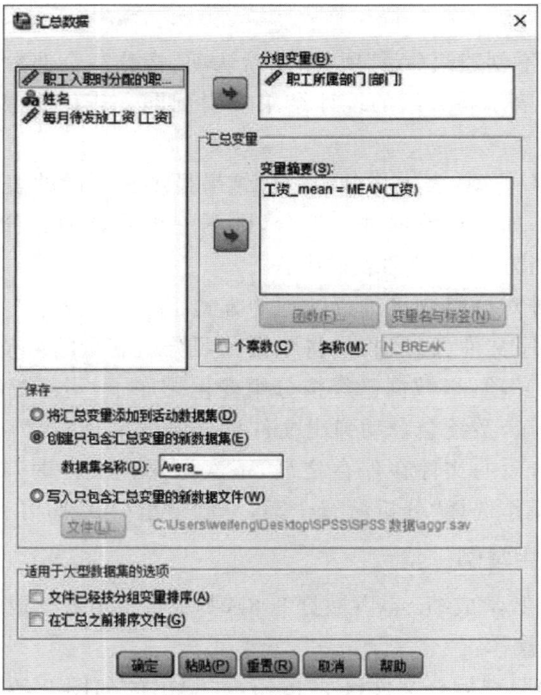

图 9-36　“汇总数据”对话框

(2)分别指定分组变量和汇总变量并移至“分组变量(B)”列表框和“变量摘要(S)”列表框。单击“函数(F)”按钮，可指定汇总变量需要计算的统计量，单击“变量名与标签(N)”按钮,可以重新指定汇总结果中的变量名或添加变量名标签。

若希望在结果文件中保存各分类组的个案数,可以勾选"个案数(C)"选项,SPSS 会在结果文件中自动生成一个默认名为 N_BREAK 的变量(变量名可以修改)。

对于汇总函数的保存方式,SPSS 在"保存"栏提供了 3 种方式:将汇总变量添加到活动数据集(D)、创建只包含汇总变量的新数据集(E)和写入只包含汇总变量的新数据文件(W)。

然后单击"确定"按钮,系统会自动弹出分类汇总的结果。

(二)分类汇总的应用举例

现将表 9-3 中的"某部门 2017 年 11 月工资. sav"数据文件(数据 9.5)按照部门分类,并计算每个部门的平均工资。

按照以下步骤进行操作:

依次单击"数据(D)"—"分类汇总(A)"按钮,在弹出的如图 9-36 所示的对话框中将"部门"移至"分组变量(B)"列表框,将"工资"移至"变量摘要(S)"列表框,并选择"创建只包含汇总变量的新数据集(E)",为新数据集命名为"Avera_",然后单击"确定"按钮,分类汇总的结果如表 9-8 所示。

表 9-8 不同部门平均工资的分类汇总结果

部门	平均工资	人数
总裁办	42500	2
财务	9400	2
运营	8050	2
采购	4250	2
生产	6600	2
销售	11100	2

八、变量计算

变量计算是数据分析中应用非常频繁的一个环节。通过变量计算,可以利用已知变量产生新变量。

(一)变量计算的方法

(1)选择菜单:

依次单击"转换(T)"—"计算变量(C)"按钮,随后弹出如图 9-37 所示的对话框。

(2)在"目标变量(T)"框中输入存放计算结果的变量名。该变量可以是一个新变量,也可以是已经存在的变量。新变量的变量类型默认为数值型,用户可以根据需要单击"类型与标签(L)"按钮修改,还可以为新变量加变量名标签。

(3)在"数字表达式(E)"下的空白框中输入 SPSS 算术表达式和函数,可以手工输入,也可以点击下方的按钮完成算术表达式和函数的输入工作。该对话框的右侧显示了若干类别的函数,各类别所包含的函数名列在右侧下方。鼠标选中一个函数后,该函数的说明信息显

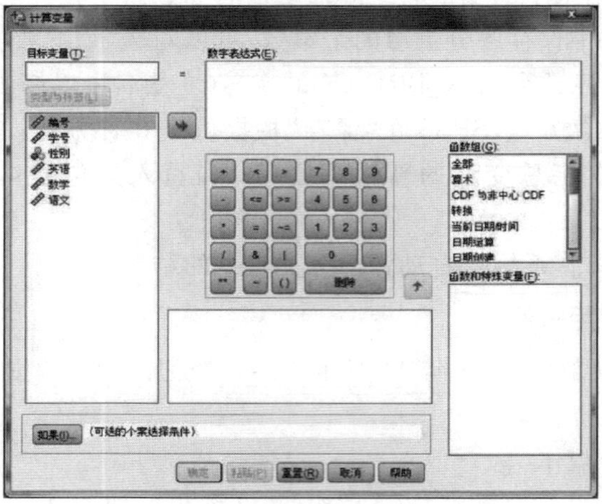

图 9-37 “计算变量”对话框

示在对话框的中央位置上。

(4)若用户仅希望对符合一定条件的个案计算产生变量,则可以单击对话框中的“如果(I)”按钮,出现如图 9-38 所示的对话框。在该对话框中选择“如果个案满足条件则包括(F)”,然后输入条件表达式,单击“继续”按钮返回主对话框。

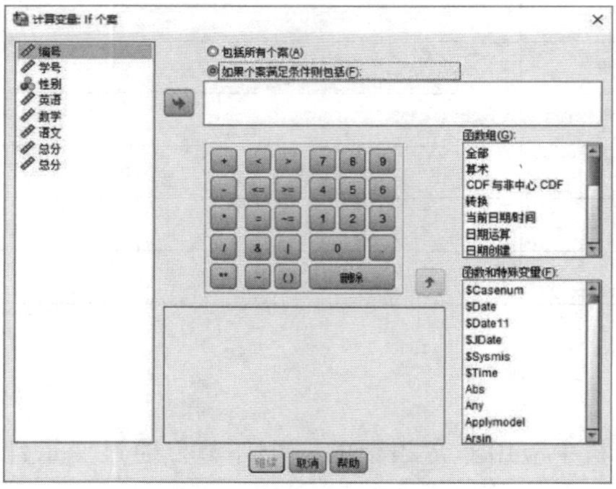

图 9-38 “计算变量:If 个案”对话框

单击“确定”按钮后,计算结果将会显示在数据编辑器窗口中。

(二)变量计算的应用举例

现假定表 9-2 的“某班级期末考试成绩.sav”数据文件(数据 9.4)中清除了“总分”这一变量,利用 SPSS 中的变量计算功能实现成绩的加总。

按照以下步骤进行操作:

依次单击“转换(T)”—“计算变量(C)”按钮,在弹出的如图 9-37 所示的对话框中,分别在“目标变量(T)”框中输入“总分”,在“数学表达式(E)”框中输入“英语+数学+语文”,然后单击“确定”按钮,加总计算的结果如图 9-39 所示。

	编号	学号	性别	英语	数学	语文	总分
1	1	201801	男生	75.00	88.00	67.50	230.50
2	2	201802	男生	84.00	77.00	75.50	236.50
3	3	201803	女生	90.50	66.00	80.00	236.50
4	4	201804	男生	97.00	55.00	94.00	246.00
5	5	201805	女生	58.00	99.00	83.50	240.50
6	6	201806	女生	75.00	55.00	76.00	206.00
7	7	201807	女生	48.00	65.00	84.00	197.00
8	8	201808	男生	92.00	75.00	91.00	258.00
9	9	201809	男生	85.00	85.00	76.00	246.00
10	10	201810	女生	67.00	95.00	81.00	243.00
11							

图 9-39　变量计算结果

九、对个案内的值计数

SPSS 中的计数是对所有个案或者满足某条件的部分个案，计算若干个变量中有几个变量的值落在指定的区间内，并将计数结果存入一个新变量的过程。

(一)对个案内的值计数的方法

(1)选择菜单：

依次单击“转换(T)”—“对个案内的值计数(O)”按钮，随即弹出如图 9-40 所示的对话框。

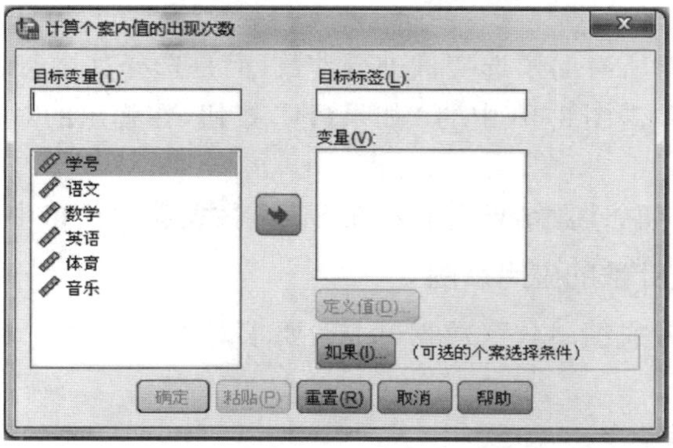

图 9-40　“计算个案内值的出现次数”对话框

(2)在“目标变量(T)”框中输入存放计数结果的变量名，并可以在“目标标签(L)”框中输入相应的变量名标签。

(3)选择需要计数的变量，将其移至对话框右侧“变量(V)”列表框中。需要注意的是，凡移入该栏的变量必须具有相同的类型。

确定好需要计数的变量后，“定义值(D)”按钮被激活，单击该按钮，弹出如图 9-41 所示对话框。在该对话框中,用户可以根据需要设置变量计数规则。

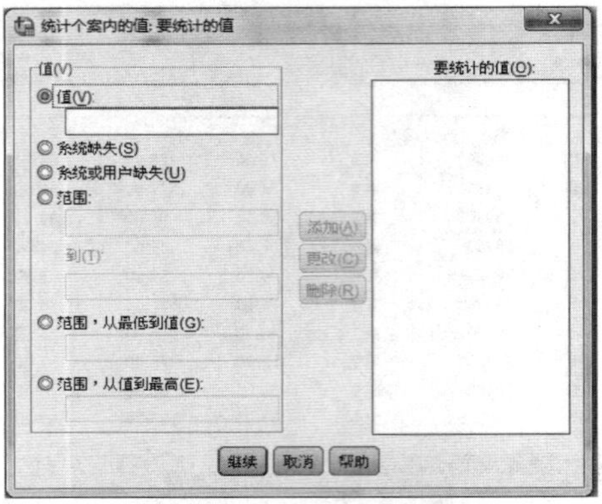

图 9-41 “统计个案内的值:要统计的值”对话框

其中,各选项的含义和设置如下:

①“值(V)”项:用于指定单个数值出现的次数。选中此项可以在下方的文本框中输入指定值计数。

②“系统缺失(S)”项:用于计算系统缺失值出现的次数。

③“系统或用户缺失(U)”项:用于计算系统缺失值与用户缺失值出现的次数。

④“范围”项:用于计算用户指定的最小值到最大值范围内任意数值出现的次数。选择此项,则可以在第一个文本框中输入最小值,在第二个文本框中输入最大值。

⑤“范围,从最低到值(G)”项:用于计算从最小值到用户指定的最大值范围内任意数值出现的次数。

⑥“范围,从值到最高(E)”项:用于计算从用户指定的最小值到所有数据中最大值范围内任意数值出现的次数。

(4)如果用户不是对所有的候选变量进行计数,而是选择其中符合某些条件的变量值进行计数操作,此时需要单击图 9-40 中的“如果(I)”按钮,在弹出的对话框中对选择条件进行指定。

然后单击“确定”按钮,计数结果会显示在 SPSS 数据编辑窗口中。

(二)对个案内的值计数的应用举例

现有数据“某班抽考成绩.sav”(数据 9.9),要求对本次抽考中学生的不及格门数进行统计。

按照以下步骤进行操作:

依次单击“转换(T)”—“对个案内的数计数(O)”按钮,在弹出的如图 9-40 所示的对话框中,在“目标变量(T)”框中输入“不及格门数”,将“语文”“数学”“英语”“体育”“音乐”移至对话框右侧的“变量(V)”列表框中,单击“定义值(D)”按钮,在弹出的如图 9-41 所示的对话框中,选择“范围,从最低到值(G)”这一选项,并在下方的文本框中输入 60,并单击“添加(A)”按钮,依次单击“继续”—“确定”按钮,计数结果如图 9-42 所示。

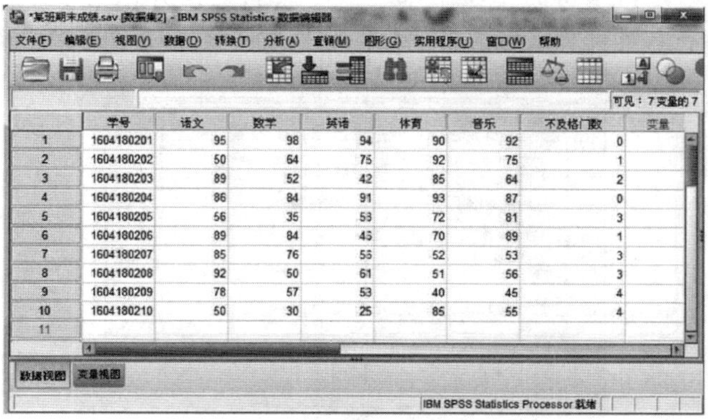

图 9-42　计数结果

十、个案等级排秩

个案等级排秩，又称为变量值的排序，是将个案排序的结果生成一个新变量，新变量的取值即排序后的顺序号。

(一)个案等级排秩的方法

(1)选择菜单：

依次单击“转换(T)”—“个案排秩(K)”按钮，弹出如图 9-43 所示的对话框。

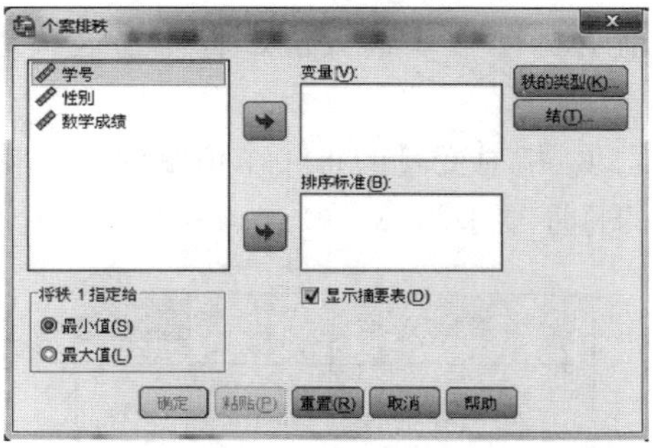

图 9-43　“个案排秩”对话框

(2)从对话框左侧的列表框中选择求秩变量，将其移至“变量(V)”列表框中。系统会产生一个新的变量，它是在求秩变量的前面添加“r”而构成的。

(3)从对话框左侧的列表框中选择分组变量，将其移至“排序标准(B)”列表框中。此时 SPSS 会按所选的分组变量进行求秩。若不指定分组变量，SPSS 会对所有的观测量求秩。

“排序标准(B)”列表框下方为“显示摘要表(D)”选项按钮，选择这一按钮，系统将在结果输出窗口中显示原变量和新变量的摘要信息表。

(4)“将秩 1 指定给”栏用于指定求秩顺序，其中各项含义如下：

①最小值(S)：指将等级 1 指定给最小值，即按升序进行排序。

②最大值(L)：指将等级 1 指定给最大值，即按降序进行排序。

(5)单击“秩的类型(K)”按钮，弹出“个案排秩：类型”对话框，如图 9-44 所示。其中，“秩

(R)”是系统默认选项，指将求得的排序结果生成一个新变量并保持下来。其余各个选项框是对原始的排序变量进行各种计算后形成新的排序变量的选项，用户可以根据需要进行相应选择。

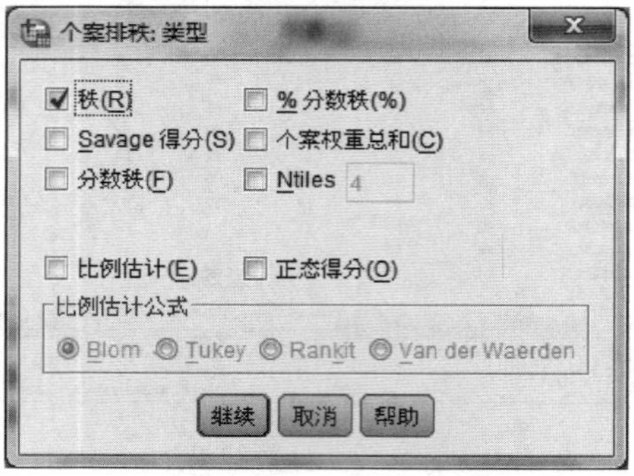

图 9-44 “个案排秩：类型”对话框

(6)单击“结(T)”按钮，弹出“个案排秩：结”对话框，如图 9-45 所示。该对话框是用于确定相同数值的排序的分配方法。现以 5、7、7、11、12、12 这 6 个数据为例，采用升序方法来说明均值、低、高、顺序秩到唯一值的差异。

①“均值(M)”项：指相同值的排序号取平均值。若勾选这一选项，上述数据的排序结果为：1、2.5、2.5、4、5.5、5.5。

②“低(L)”项：指相同值的排序号取最小值。若勾选这一选项，上述数据的排序结果为：1、2、2、4、5、5。

③“高(H)”项：指相同值的排序号取最大值。若勾选这一选项，上述数据的排序结果为：1、3、3、4、6、6。

④“顺序秩到唯一值(S)”项：指对变量的每一个值赋给一个排序号，且排序号是连续的。若勾选这一选项，上述数据的排序结果为：1、2、2、3、4、4。

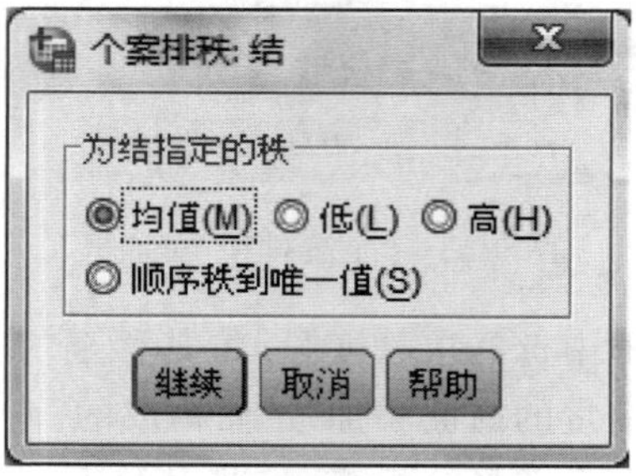

图 9-45 “个案排秩：结”对话框

单击“继续”按钮，排秩结果会显示在 SPSS 数据编辑窗口中。

(二)个案等级排秩的应用举例

现有“某班数学成绩.sav”数据(数据 9.8)，要求按照数学成绩从高到低的顺序进行等级排秩。

按照以下步骤进行操作：

依次单击“转换(T)”—“个案排秩(K)”按钮,在弹出的如图 9-43 所示的对话框中,将变量“数学成绩”移至“变量(V)”列表栏中,将秩 1 指定给最大值,然后单击“确定”按钮,个案排秩结果如图 9-46 所示。

图 9-46　个案排秩结果

十一、个案加权

个案加权是指在统计分析过程中对不同观测量定义不同的权重,权重的大小描述了该指标在整体评价中的相对重要程度。

(一)个案加权的方法

(1)选择菜单:

依次单击“数据(D)”—“加权个案(W)”按钮,弹出如图 9-47 所示“加权个案”对话框。

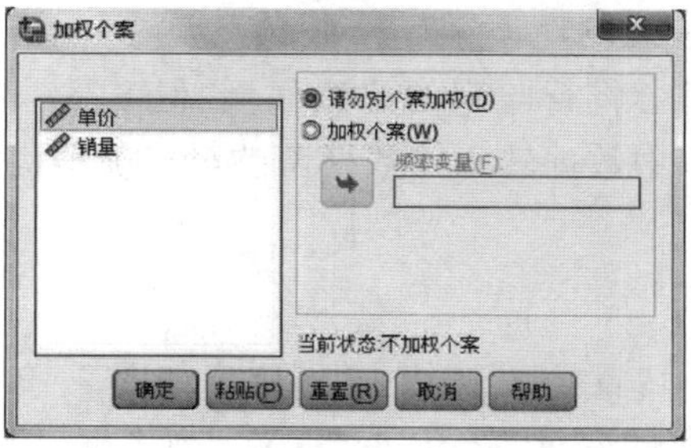

图 9-47　“加权个案”对话框

(2)在上述对话框中,用户首先需要确定是否对个案进行加权。SPSS 为用户提供了两种选择:

①“请勿对个案加权(D)”项:系统默认项,指对当前数据不做加权。

②“加权个案(W)”项:指按照指定变量进行加权。勾选此项,则需要将加权依据的变量

移至“频率变量(F)”空白框中。

单击“确定”按钮，加权结果会显示在SPSS数据编辑窗口中。

需要注意的是，一旦指定加权变量，在以后的分析处理中加权会一直有效。若需要取消加权，在图9-47所示的对话框中选择“请勿对个案加权(D)”选项。

(二)个案加权的应用举例

现有“某菜市场销售情况.sav”数据(数据9.10)，要求以销量为加权变量进行加权。

按照以下步骤进行操作：

依次单击“数据(D)”—“加权个案(W)”按钮，在弹出的如图9-47所示的“加权个案”对话框中选择“加权个案(W)”，将变量“销量”移至“频率变量(F)”栏中，单击“确定”按钮，加权结果如图9-48所示。

图9-48 加权结果

十二、数据转置

数据转置，也称数据变换，其可以将数据文件中原来的行变成列，原来的列变成行，即将观测量变成变量，将变量变成观测量。

有时用户在录入数据时会将行与列的位置颠倒，但SPSS分析的数据须符合特定的数据结构，因此可以利用SPSS中数据转置将数据调整至正确结构。

(一)数据转置的方法

(1)选择菜单：

依次单击“数据(D)”—“转置(N)”按钮，随即弹出如图9-49所示的“转置”对话框。

(2)将数据转置后拟保留的变量，移至“变量(V)”列表框。

(3)确定一个取值唯一的变量即关键变量作为标记变量，并将其移至“名称变量(N)”列表框。若略去本步骤，则转置后的数据各变量名默认为VAR00001、VAR00002、VAR00003等。

单击“确定”按钮，则SPSS会自动完成数据转置，转置结果显示在数据编辑器窗口中。

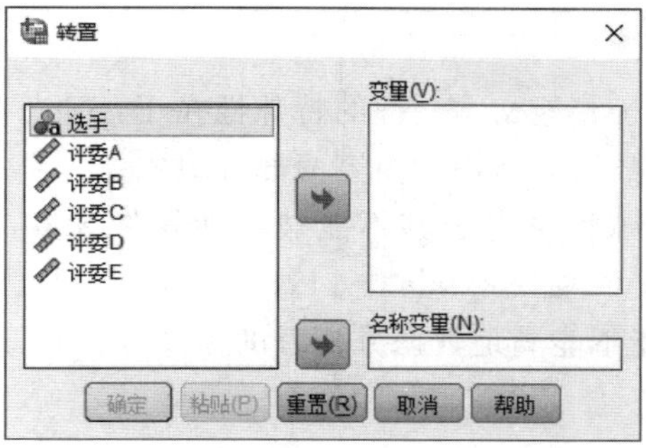

图 9-49 “转置”对话框

(二)数据转置的应用举例

某次比赛中,5 位评委为 7 位参赛选手的打分情况保存在“某次比赛打分情况.sav”数据文件(数据 9.11)中,如表 9-9 所示。现要求对这一文件中的数据进行转置。

表 9-9 “某次比赛打分情况.sav”数据

选手	评委 A	评委 B	评委 C	评委 D	评委 E
选手 1	6	7	8	7	6
选手 2	9	9	9	10	8
选手 3	9	9	7	8	9
选手 4	8	7	6	7	7
选手 5	8	8	8	7	7
选手 6	7	9	9	9	8
选手 7	10	9	9	9	10

按照以下步骤进行操作:

依次单击“数据(D)”—“转置(N)”,在弹出的如图 9-49 所示的对话框中将变量“选手”移至“名称变量(N)”列表框,将变量“评委 A”至“评委 E”全部移至“变量(V)”列表框,单击“确定”按钮,转置结果如图 9-50 所示。

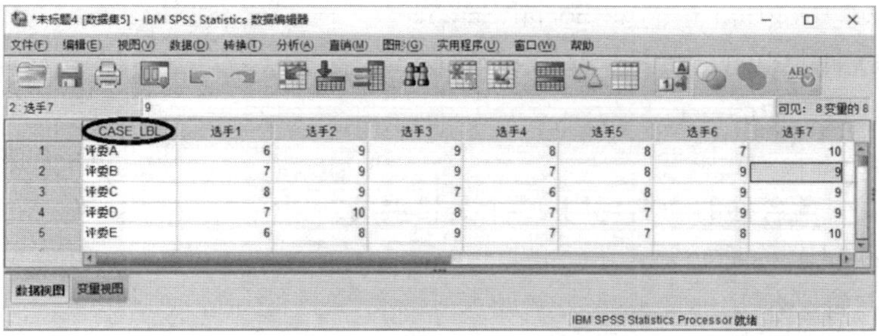

	CASE_LBL	选手1	选手2	选手3	选手4	选手5	选手6	选手7
1	评委A	6	9	9	8	8	7	10
2	评委B	7	9	9	7	8	9	9
3	评委C	8	9	7	6	8	9	9
4	评委D	7	10	8	7	7	9	9
5	评委E	6	8	9	7	7	8	10

图 9-50 转置结果

【本章重要知识小结】

视频：
数据处理

1. SPSS 数据文件区别于其他文本文件的特殊性在于：SPSS 数据文件是一种有结构的数据文件，它由数据的结构和内容两部分组成。

2. SPSS 数据文件的特殊性决定了其不能被其他软件读取，但是 SPSS 却可以读入许多其他类型的文件，如(*.xls、*.txt、*.mdb 等)。

3. 初始录入的文件可能不能满足数据分析者的需要，有时需要对数据进行整理，如增删、排序、转置等。

【复习题】

一、判断题

1. SPSS 数据窗口中，表中每一行表示一个变量，每一列是关于变量一个方面的信息。 (　　)

2. 变量名标签是对变量的每一个可能取值的进一步描述。 (　　)

3. 在进行数据转置时，原来的观测量变成了变量，原来的变量变成了观测量。 (　　)

4. 进行变量合并，当两个数据文件的排列顺序不一致时，可以指定关键变量，但需先将数据文件按照关键变量值进行降序排列。 (　　)

5. 若已对文件进行了拆分，后取消拆分文件的设置，数据顺序可还原至拆分之前的顺序。 (　　)

6. 利用“计算新变量”这一功能时，若指定的新变量与已存在的变量名一样，则在命令运行后新变量的取值将会覆盖原变量的取值。 (　　)

7. 个案合并会使个案数增加，可称为“纵向合并”；变量合并可使变量数增加，可称为“横向合并”。 (　　)

8. 在选择个案时，若选中“使用过滤变量”按钮并指定相应的变量为过滤变量，则意味着被指定为过滤变量的值为 0 或缺失值时，这一变量值对应的个案将被选取。 (　　)

二、选择题

1. SPSS 的英文全名是 (　　)

A. Statistical Package for the Science Study

B. Statistical Program for the Service Solutions

C. Statistical Program for the Social Science

D. Statistical Product and Service Solutions

2. 数据编辑窗口中的一行称为一个 (　　)

A. 变量　　B. 属性　　C. 元素　　D. 个案

3. 下列有关变量名称的命名规则，哪个是错误的 (　　)

A. 每一个变量名称都必须是唯一的

B. 第一个字符必须是中文或英文字母

C. 变量名称可以使用 64 个全/半角字符

D. 变量名称不区分大小写

4. 在对某班成绩进行排序时，若想先根据“总分”进行降序排序，再根据“数学成绩”进行

降序排序,则“总分”这一变量应称为 ( )

A. 主(第一)排序变量　　B. 第二排序变量

C. 降序变量　　D. 升序变量

5. 对于包含1000个个案的数据文件,若想从中随机选出25%的数据,应借助“选择个案”功能,并在“选择个案”对话框中选中什么按钮 ( )

A. 如果条件满足　　B. 随机个案样本

C. 基于时间或个案全距　　D. 使用过滤变量

6. 进行纵向合并时,若已打开数据文件1,拟将数据文件2纵向合并至数据文件1,在弹出的“添加变量”对话框中,指定关键变量使其按照关键变量进行匹配个案,若选择“非活动数据集为基于关键字的表”这一按钮,则 ( )

A. 合并后的个案既包括数据文件1所有的个案,又包括数据文件2所有的个案

B. 合并后的个案仅包括数据文件1所有的个案

C. 合并后的个案仅包括数据文件2所有的个案

D. 合并后的个案仅包括数据文件1和数据文件2部分变量值相同的个案

7. 一个数据文件中,变量有2个,个案有2个,则经过“数据转置”后,数据视图模式下,数据文件共有列数 ( )

A. 1　　B. 2　　C. 3　　D. 无法确定

8. 利用“个案等级排秩”功能对1、1、4、5、6、6这6个数据采用升序方法排序,在“个案登记排秩”的“结”对话框中,若为“结”制定的等级为“平均值”,则排序结果为 ( )

A. 1、2、3、4、5、6　　B. 1.5、1.5、3、4、5.5、5.5

C. 1、1、3、4、5、5　　D. 2、2、3、4、6、6

三、上机操作题

1. 期末某班考试成绩存储在“1. 某班期末考试成绩”数据文件中,该文件类型为“*.xsl”。

要求:

(1) 利用SPSS打开该文件;

(2) 利用SPSS计算该班学生成绩总分(新变量名称为“总分”);

(3) 利用SPSS统计每位同学挂科门数(新变量名称为“挂科门数”);

(4) 利用SPSS,在不改变现有数据顺序的前提下,根据总分大小确定每位同学的名次(总分最高的排名第1);

(5) 利用SPSS,生成新的变量,新变量名称为“等级”,若“总分”取值为250分以下,则等级取值为“中等”;若“总分”取值在250~350分,则等级取值为“良好”;若“总分”取值大于350分,则等级取值为“优秀”。

数据文件

第十章　信度、效度检验与因子分析

【本章教学主要内容】

➢ 模块一：信度检验

1. 信度检验的方法
2. 信度检验的具体操作
3. 信度检验的结果解读

➢ 模块二：效度检验

效度检验的方法

➢ 模块三：因子分析

1. 因子分析的主要原理
2. 因子分析的主要步骤
3. 因子分析的具体操作
4. 因子分析的结果解读

【本章教学目的】

1. 掌握信度和效度的概念，了解两者之间的关系
2. 掌握信度检验的方法、具体操作和结果解读
3. 了解效度检验的方法
4. 掌握因子分析的主要原理、具体操作和结果解读

问卷调查法是实证研究中广泛采用的一种调查方法，根据调查目的设计的调查问卷是问卷调查法获取信息的工具，其质量高低对调查结果的真实性、适用性等具有决定性的作用。为了保证问卷具有较高的可靠性和有效性，在形成正式问卷之前，应当对问卷进行试测，并对试测结果进行信度和效度检验，根据分析结果筛选问卷题项，调整问卷结构，从而提高问卷的信度和效度。信度和效度检验的方法包括逻辑检验和统计检验，本书主要讨论后者。

信度，即可靠性，是指测验工具所得到的结果的一致性或稳定性，是反映被测特征真实程度的指标。一般而言，两次或两个测验的结果愈是一致，则误差愈小，所得的信度愈高。

效度，即有效性，即测量工具或手段能够准确测出所需测量的事物的程度。测量结果与要考察的内容越吻合，则效度越高；反之，则效度越低。

信度与效度两者的关系：

第一，信度低，效度不可能高。因为如果测量的数据不准确，也并不能有效地说明所研究的对象。

第二，信度高，效度未必高。例如，如果我们准确地测量出某人的经济收入，也未必能够说明他的消费水平。

第三，效度低，信度很可能高。例如，即使一项研究未能说明社会流动的原因，但它很有可能很精确、很可靠地调查各个时期各种类型的人的流动数量。

第四，效度高，信度也必然高。

第一节　信度检验

【本节知识分解】

1. 掌握信度检验的方法

2. 掌握信度检验的具体操作，掌握信度检验结果的解读方法

一、信度检验概述

信度检验的方法主要有以下四种。

1. 重测信度法

这一方法是用同样的问卷对同一组被调查者间隔一定时间重复施测，计算两次施测结果的相关系数。显然，重测信度属于稳定系数。重测信度法特别适用于事实式问卷，如性别、出生年月等在两次施测中不应有任何差异，大多数被调查者的兴趣、爱好、习惯等在短时间内也不会有十分明显的变化。如果没有突发事件导致被调查者的态度、意见突变，这种方法也适用于态度、意见式问卷。由于重测信度法需要对同一样本试测两次，被调查者容易受到各种事件、活动和他人的影响，而且间隔时间长短也有一定限制，因此在实施中有一定困难。

2. 复本信度法

复本信度法是让同一组被调查者一次填答两份问卷复本，计算两个复本的相关系数。复本信度属于等值系数。复本信度法要求两个复本除表述方式不同外，在内容、格式、难度和对应题项的提问方向等方面要完全一致，而在实际调查中，很难使调查问卷达到这种要求，因此采用这种方法者较少。

3. 折半信度法

折半信度法是将调查项目分为两半，计算两半得分的相关系数，进而估计整个量表的信度。折半信度属于内在一致性系数，测量的是两半题项得分间的一致性。这种方法一般不适用于事实式问卷(如年龄与性别无法相比)，常用于态度、意见式问卷的信度分析。在问卷调查中，态度测量最常见的形式是5级李克特(Likert)量表。进行折半信度分析时，如果量表中含有反意题项，应先将反意题项的得分作逆向处理，以保证各题项得分方向的一致性，然后将全部题项按奇偶或前后分为尽可能相等的两半，计算两者的相关系数(r_{hh}，即半个量

表的信度系数），最后用斯皮尔曼-布朗（Spearman-Brown）公式：

$$r_u = \frac{2r_{hh}}{(1+r_{hh})}$$

求出整个量表的信度系数（r_u）。

4.α 信度系数法

Cronbach α 信度系数是目前最常用的信度系数，其公式为：

$$\alpha = \left(\frac{n}{n+1}\right) \times \left[\frac{1-\sum S_i^2}{S_t^2}\right]$$

其中，n 为量表中题项的总数，S_i^2 为第 i 题得分的题内方差，S_t^2 为全部题项总得分的方差。从公式中可以看出，α 系数评价的是量表中各题项得分间的一致性，属于内在一致性系数。这种方法适用于态度、意见式问卷（量表）的信度分析。

信度指标多以相关系数表示，大致可分为三类：稳定系数（跨时间的一致性）、等值系数（跨形式的一致性）和内在一致性系数（跨项目的一致性）。

若以信度系数来表示信度的大小，信度系数越大，表示测量的可信程度越大。究竟信度系数要多少才算有高的信度？学者 De Vellis（1991）认为：0.60～0.65（最好不要）；0.66～0.70（最小可接受值）；0.71～0.80（相当好）；0.81～0.90（非常好）。由此，一份信度系数好的量表或问卷，最好在 0.80 以上，0.71～0.80 还算是可以接受的范围；分量表最好在 0.70 以上，0.60～0.70 可以接受。若分量表的内部一致性系数在 0.60 以下或者总量表的信度系数在 0.80 以下，应考虑重新修订量表或增删题项。

二、信度检验的操作方法

（1）选择菜单：

依次单击“分析（A）”—“度量（S）”—“可靠性分析（R）”按钮，弹出如图 10-1 所示的“可靠性分析”对话框。

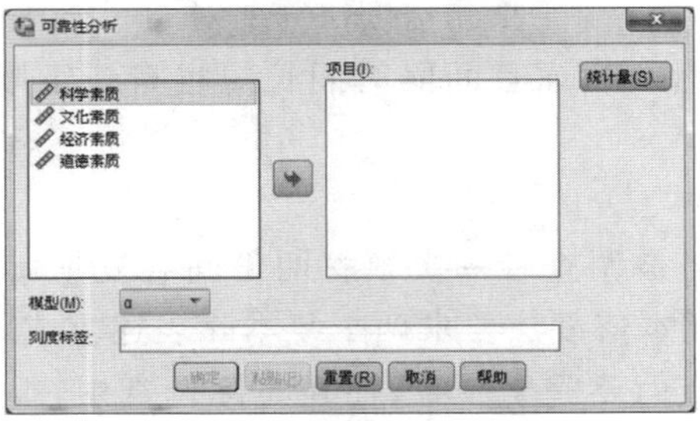

图 10-1 “可靠性分析”对话框

选择拟分析的变量并将其移至对话框中的“项目（I）”列表框中。

（2）在“模型（M）”下拉框中选择信度分析的信度系数，以对变量进行信度分析。SPSS 共提供了 5 类信度系数：

①α：克朗巴哈（Cronbach）α 信度系数；

②半分：折半信度系数；

③Guttman：Guttman 最低下限真实信度法；

④平行:各题目变异数同质时的最大概率信度;

⑤严格平行:各题目平均数与变异数均同质时的最大概率信度。

(3)“刻度标签”主要用于对信度分析的信度系数做一个标签。

(4)单击“统计量(S)”按钮,弹出如图 10-2 所示的“可靠性分析:统计量”对话框。

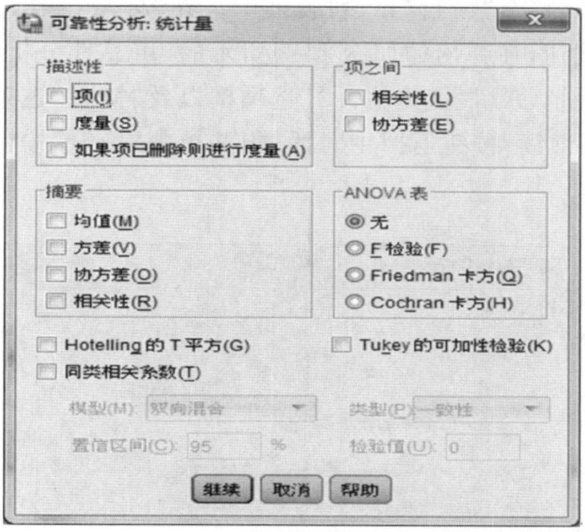

图 10-2 “可靠性分析:统计量”对话框

其中,各项的含义如下:

①“描述性”:“项(I)”表示输出各评估项目的基本描述性统计;“度量(S)”表示输出各评估项目的总分的基本描述性统计;“如果项已删除则进行度量(A)”表示输出剔除某评价项目后的均值、方差、协方差等基本统计量,从而对评估项目进行逐个评估。

②“项之间”:“相关性(L)”和“协方差(E)”分别表示输出各评估项目的协方差系数矩阵和相关系数矩阵。

③“摘要”:“均值(M)”表示输出评估项目总分的平均值的基本描述性统计;“方差(V)”表示输出评估项目总分的样本方差的描述性统计;“协方差(O)”和“相关性(R)”分别表示输出评估项目总分的协方差矩阵、相关系数矩阵的描述性统计。

④“ANOVA 表”:该选项组中提供了多种方法,用于检验同一评估对象在评估项目上的得分是否具有一致性。“无”表示什么检验都不做;“F 检验(F)”表示进行反复测试的方差分析;“Friedman 卡方(Q)”表示对配对样本进行 Friedman 检验,适用于非正态分布或定序型数据;“Cochran 卡方(H)”表示进行多配对样本的 Cochran 检验,适用于二值型数据。

单击“确定”按钮,SPSS 会自动输出信度检验结果。

三、信度检验的应用举例

为评估某公司员工的素质,设计了一套评价体系。其中,评价项目包括:科学素质、文化素质、经济素质和道德素质。每个评价项目满分 25 分,四个项目评价的总分为 100 分,分数越高意味着员工素质越高。为了对该评价体系的可信性进行评价,随机选择 30 名员工进行了测试,得到了“员工素质评价体系得分. sav”数据(数据 10.1),现利用这些数据进行信度分析。

(一)具体操作

按照以下步骤进行操作:

依次单击"分析(A)"—"度量(S)"—"可靠性分析(R)"按钮,在弹出的如图 10-1 所示的"可靠性分析"对话框中,在左侧的候选变量列表框中选择"科学素质""文化素质""经济素质"和"道德素质",并将其移至"项目(I)"列表框中。在"模型(M)"下拉框中选择"α"选项,然后单击"统计量(S)"按钮,在弹出的如图 10-2 所示的"可靠性分析:统计量"对话框中勾选"如果项已删除则进行度量(A)""相关性(L)"选项框以及"摘要"选项组中的所有选项框,如图 10-3 所示,然后单击"继续"按钮返回主对话框,并单击"确定"按钮,信度检验结果显示在结果输出窗口中。

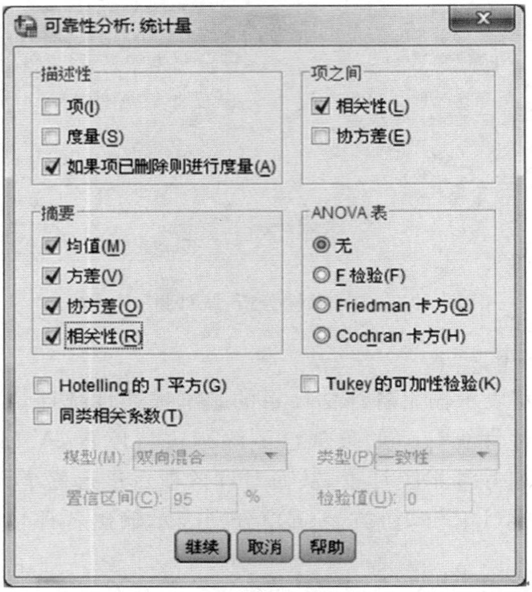

图 10-3 设置"可靠性分析:统计量"对话框

(二)结果解读

1. 信度分析过程摘要

SPSS 结果输出窗口中,首先呈现的是信度分析过程的摘要,如表 10-1 所示。根据表 10-1,此次信度分析的有效数据为 30 个,已排除的数据为 0 个,整个信度分析是基于所有数据进行的。

表 10-1 信度分析过程摘要

		N	占比(%)
案例	有效	30	100.0
	已排除[a]	0	0.0
	总计	30	100.0

a. 在此程序中基于所有变量的列表方式删除。

2. 信度系数计算结果

如表10-2所示，克朗巴哈(Cronbach)α信度系数的估计值是0.816，基于标准化项的克朗巴哈(Cronbach)α信度系数为0.825，评价项目数为4个。由于信度系数处于0.80～0.90，说明问卷调查中的题目具有较强的内在一致性。

表10-2　克朗巴哈(Cronbach)α信度系数计算结果

Cronbach's Alpha	基于标准化项的Cronbach's Alpha	项数
0.816	0.825	4

3. 评价项目间相关系数矩阵

表10-3为各评价项目间的相关系数矩阵。由表10-3可以看出，科学素质与文化素质间的相关系数为0.734，具有较强的正相关性；科学素质与经济素质间的相关系数为0.691，正相关性较强；文化素质与道德素质间的相关系数为0.343，是相关性最低的两个项目。

表10-3　各评价项目间相关系数矩阵

	科学素质	文化素质	经济素质	道德素质
科学素质	1.000	0.734	0.691	0.430
文化素质	0.734	1.000	0.487	0.343
经济素质	0.691	0.487	1.000	0.561
道德素质	0.430	0.343	0.561	1.000

4. 评价项目的描述性统计

表10-4为评价项目的描述性统计。第一行显示，30名员工在4个评价项目上总分的均值为21.992，最大值为23.067，最小值为21.000，范围为2.067，样本均值的方差为0.811；第二行显示，30名员工在4个评价项目上总分的样本方差为0.585，最大值为0.754，最小值为0.437，范围为0.317，样本方差的方差为0.026。可见，各个项目的平均分基本相当，各项评分的差异性比较平衡。第三行显示，4个评价项目协方差的均值为0.308，最大值为0.414，最小值为0.202，范围为0.211，样本协方差的方差为0.006；第四行显示，4个评价项目相关系数的均值为0.541，最大值为0.734，最小值为0.343，范围为0.391。可见，各个评价项目的相关程度较高，且相关程度的差异较小。

表10-4　评价项目的描述性统计

评价项目	均值	极小值	极大值	范围	极大值/极小值	方差	项数
项的均值	21.992	21.000	23.067	2.067	1.098	0.811	4
项方差	0.585	0.437	0.754	0.317	1.726	0.026	4
项之间的协方差	0.308	0.202	0.414	0.211	2.045	0.006	4
项之间的相关性	0.541	0.343	0.734	0.391	2.129	0.021	4

5. 剔除某个评价项目以后的结果

表10-5为剔除某个评价项目以后的结果。第一列显示了剔除某个评价项目以后剩余

项目的总平均分。例如,剔除了科学素质的剩余其他三项的总平均分为66.97,是第一列中最大的,这说明科学素质的得分影响比较大。第二列显示了剔除某个评价项目以后剩余项目总分的样本方差。第三列是某评价项目与其余评价项目总分的简单相关系数。例如,科学素质与剩余其他三项的总分之间的简单项系数为0.750,这再次说明科学素质的地位比较重要。第四列是某评价项目与其余评价项目的复相关系数,反映了该评价项目与其余评价项目的总体相关程度。最后一列是剔除某个评价项目以后剩余项目计算得到的克朗巴哈(Cronbach)α信度系数。

表10-5 剔除某个评价项目以后的结果

评价项目	项已删除的刻度均值	项已删除的刻度方差G	校正的项总计相关性	多相关性的平方	项已删除的Cronbach's Alpha值
科学素质	66.97	3.127	0.750	0.685	0.710
文化素质	66.40	3.903	0.622	0.542	0.777
经济素质	65.63	3.757	0.718	0.565	0.740
道德素质	64.90	3.610	0.506	0.321	0.840

第二节 效度检验

【本节知识分解】

1. 了解效度检验的方法

效度分为三种类型:内容效度、准则效度和结构效度。效度分析有多种方法,其测量结果反映效度的不同方面。可用于调查问卷效度分析的方法主要有以下几种。

1. 内容效度分析

这种方法用于测量量表的内容效度。内容效度又称表面效度或逻辑效度,它是指所设计的题项能否代表所要测量的内容或主题。对内容效度常采用逻辑分析与统计分析相结合的方法进行评价。逻辑分析一般由研究者或专家评判所选题项是否"看上去"符合测量的目的和要求。统计分析主要采用单项与总和相关分析法获得评价结果,即计算每个题项得分与题项总分的相关系数,根据相关是否显著判断是否有效。若量表中有反意题项,应将其逆向处理后再计算总分。

2. 准则效度分析

准则效度又称为效标效度或预测效度。准则效度分析是根据已经得到确定的某种理论,选择一种指标或测量工具作为准则(效标),分析问卷题项与准则的联系,若两者相关显著,或者问卷题项对准则的不同取值、特性表现出显著差异,则为有效的题项。评价准则效度的方法是相关分析或差异显著性检验。在调查问卷的效度分析中,选择一个合适的准则往往十分困难,这使这种方法的应用受到一定限制。

3. 结构效度分析

结构效度是指测量结果体现出来的某种结构与测值之间的对应程度。结构效度分析所采用的方法是因子分析。有的学者认为，效度分析最理想的方法是利用因子分析测量量表或整个问卷的结构效度。因子分析的主要功能是从量表全部变量(题项)中提取一些公因子，各公因子分别与某一特定变量高度关联，这些公因子即代表了量表的基本结构。通过因子分析可以考察问卷是否能够测量出研究者设计问卷时假设的某种结构。

视频：信度与效度检验

用 SPSS 进行的效度检验一般为结构效度，也就是常说的“探索性因子分析”。下一节将详细讲解因子分析的内容。

第三节　因子分析

【本节知识分解】

1. 掌握因子分析的主要原理及主要步骤
2. 掌握因子分析的具体操作，掌握因子分析结果的解读方法

因子分析的概念起源于 20 世纪初 Karl Pearson 和 Charles Spearman 等人关于智力测验的统计分析。目前，因子分析已成功应用于心理学、医学、气象学、经济学等领域，并因此促进了理论的不断丰富和完善。

一、因子分析概述

在实际问题中，往往涉及多个变量，且各个变量之间可能存在一定的相关性，这会增加问题分析的复杂性。为解决这一问题，最简单和最直接的方法就是削减变量个数。但盲目地削减变量，可能会损失很多重要信息，从而导致错误的结论。为此，人们希望探索一种更有效的方法，它既能大幅减少参与数学建模的变量个数，同时又保留原变量提供的大部分信息。因子分析就是这样一种能够有效降低变量维数，并已得到广泛应用的分析方法。

(一)因子分析的基本思想

因子分析的基本思想是从协方差矩阵或相关矩阵出发，根据相关性大小给原始变量分组，使得同组内的变量之间相关性较高，而不同组的变量间的相关性则较低。每组变量用一个不可观测的假想变量表示，这个假想变量称为公共因子(也常称为因子)。

因子具有以下几个特点：

(1)因子个数远远少于原有变量的个数。原有变量综合成少数几个因子后，因子可以代替原有变量参与数据建模，这将大幅减少分析过程中的计算工作量。

(2)因子能够反映原有变量的绝大部分信息。因子并不是原有变量的简单取舍，而是原有变量重组后的结果，因此不会造成原有变量信息的大量丢失，能够代表原有变量的绝大部分信息。

(3)因子之间的线性关系不显著。由原有变量重组出来的因子之间的线性关系较弱，因

子参与数据建模能够有效地解决诸如变量多重共线性等给分析方法应用带来的诸多问题。

(4)因子具有命名解释性。通常,因子分析产生的因子能够通过各种方式最终获得命名解释性。因子的命名解释性有助于对因子分析结果的解释,对因子的进一步应用有重要意义。

(二)因子分析的数据模型和相关概念

因子分析的核心是用较少的互相独立的因子反映原有变量的绝大部分信息,可以将这一思想用数学模型来表示。设有 p 个原有变量 $x_1,x_2,x_3,\cdots$,且每个变量(经标准化处理后)的均值为 0,标准差为 1。现将每个原有变量用 $k(k<p)$ 个因子 $f_1,f_2,f_3,\cdots,f_k$(标准化值)的线性组合来表示,则有:

$$\begin{aligned}
x_1 &= a_{11}f_1+a_{12}f_2+a_{13}f_3+\cdots+a_{1k}f_k+\varepsilon_1 \\
x_2 &= a_{21}f_1+a_{22}f_2+a_{23}f_3+\cdots+a_{2k}f_k+\varepsilon_2 \\
&\cdots\cdots \\
x_p &= a_{p1}f_1+a_{p2}f_2+a_{p3}f_3+\cdots+a_{pk}f_k+\varepsilon_p
\end{aligned} \tag{10.1}$$

式(10.1)便是因子分析的数学模型,也可用矩阵的形式表示为:

$$X=AF+\varepsilon$$

式中,F 称为因子,由于出现在每个原有变量的线性表达式中,因此又称为公共因子,f_j $(j=1,2,\cdots,k)$彼此不相关;A 称为因子载荷矩阵,$a_{ij}(i=1,2,\cdots,p;j=1,2,\cdots,k)$称为因子载荷,是第 i 个原有变量在第 j 个因子上的载荷;ε 称为特殊因子,表示原有变量不能被因子解释的部分,其均值为 0,独立于 $f_j(j=1,2,\cdots,k)$。

由因子分析的数学模型可引入以下几个相关概念。理解这些概念不仅有助于理解因子分析的意义,更有利于把握因子与原有变量间的关系,明确因子的重要程度以及评价因子分析的效果。

1. 因子载荷

可以证明,在因子不相关的前提下,因子载荷 a_{ij} 是变量 x_i 与因子 f_j 的相关系数,反映了变量 x_i 与因子 f_j 的相关程度。因子载荷 a_{ij} 的绝对值小于等于 1,绝对值越接近于 1,表明因子 f_j 与变量 x_i 的相关性越强。同时,因子载荷 a_{ij} 的平方也反映了因子 f_j 对解释变量 x_i 的重要作用和程度。

2. 变量共同度(communality)

变量的共同度的数学定义为:

$$h_i^2=\sum_{j=1}^{k}a_{ij}^2 \tag{10.2}$$

式(10.2)表明,变量 x_i 的共同度是因子载荷矩阵 A 中第 i 行元素的平方和。在变量 x_i 标准化时,由于变量 x_i 的方差可以表示成 $h_i^2+\varepsilon_i^2=1$,因此原有变量 x_i 的方差可由两个部分解释:第一部分为变量共同度 h_i^2,是全部因子对变量 x_i 方差解释说明的比例,体现了全部因子对变量 x_i 的解释贡献程度。变量共同度 h_i^2 接近 1,说明因子全体解释了变量 x_i 的较大部分方差,如果用因子全体刻画变量 x_i,则变量 x_i 的信息丢失较少。第二部分为特殊因子 ε_i 的平方,也即特殊因子方差,反映了变量 x_i 方差中不能由因子全体解释说明的部分,ε_i^2 越小,则说明变量 x_i 的信息丢失越少。

总之,变量的共同度刻画了因子全体对变量 x_i 信息解释的程度,是评价 x_i 信息丢失程度的重要指标。如果大多数原有变量的变量共同度均较高(如高于 0.8),则说明提取的因子能够反映原有变量的大部分(如 80%以上)信息,仅有较少的信息丢失,因子分析的效果较好。因此,变量共同度是衡量因子分析效果的重要指标。

3. 因子的方差贡献

因子 f_i 的方差贡献的数学定义为:

$$S_j^2 = \sum_{i=1}^{p} a_{ij}^2 \tag{10.3}$$

式(10.3)表明,因子 f_j 的方差贡献是因子载荷矩阵 A 中第 j 列元素的平方和。因子 f_j 的方差贡献反映了因子 f_j 对原有变量总方差的解释能力。该值越大,说明相应因子越重要。因此,因子的方差贡献和方差贡献率(S_j^2/p)是衡量因子重要性的关键指标。

二、因子分析的基本步骤

(一)判断因子分析的前提条件是否满足

由于因子分析的主要任务之一是对原有变量进行浓缩,即将原有变量中的信息重叠部分提取和综合成因子,最终实现减少变量个数的目的,因此,它要求原有变量之间应存在较强的相关关系。否则,如果原有变量相互独立,不存在信息重叠,就无法将其综合和浓缩,也就无须进行因子分析。本步骤正是通过各种方法分析原有变量是否存在相关关系,是否适合进行因子分析。通常可采用以下几种方法。

1. 计算相关系数矩阵

计算原有变量的简单相关系数矩阵并进行统计检验。观察相关系数矩阵,不难理解:如果相关系数矩阵中的大部分相关系数值均小于 0.3,即各个变量间大多为弱相关,那么原则上这些变量不适合进行因子分析。

2. 计算反映象相关矩阵

反映象相关矩阵是关于负的偏相关系数和抽样充分性测度的矩阵。不难理解,偏相关系数是在控制了其他变量对两个变量影响的条件下计算出来的净相关系数。如果原有变量之间确实存在较强的相关以及传递影响,也就是说,如果原有变量中确实能够提取出公共因子,那么在控制了这些影响后偏相关系数必然很小。

反映象相关矩阵第 i 行对角线上的元素为变量的抽样充分性测度统计量,其数学定义为:

$$MSA_i = \frac{\sum_{j\neq i} r_{ij}^2}{\sum_{j\neq i} r_{ij}^2 + \sum_{j\neq i} p_{ij}^2} \tag{10.4}$$

式(10.4)中,r_{ij} 是变量 x_i 和其他变量 $x_j(j\neq i)$ 间的简单相关系数,p_{ij} 是变量 x_i 和其他变量 $x_j(j\neq i)$ 在控制了剩余变量下的偏相关系数。

由式(10.4)可知,变量 x_i 的 MSA_i 统计量的取值在 0~1。当它与其他所有变量间的简单相关系数平方和远大于偏相关系数平方和时,MSA_i 的值接近 1。MSA_i 的值越接近 1,意味着变量 x_i 与其他变量间的相关性越强。当它与其他所有变量间的简单相关系数平方和接近 0 时,MSA_i 的值接近 0。MSA_i 的值越接近 0,意味着变量 x_i 与其他变量间的相关性越弱。

观察反映象相关矩阵，如果反映象相关矩阵中除主对角线元素外，其他大多数元素的绝对值均较小，且对角线上元素的值较接近 1，则说明这些变量的相关性较强，适合进行因子分析。

3. 巴特利特球形度检验

巴特利特球形度检验以原有变量的相关系数矩阵为出发点，其原假设 H_0 是：相关系数矩阵是单位阵，即相关系数矩阵为对角阵（对角元素不为 0，非对角元素均为 0）且主对角元素均为 1。

巴特利特球形度检验的检验统计量根据相关系数矩阵的行列式计算得到，且近似服从卡方分布。如果该统计量的观测值较大，且对应的 p 值小于给定的显著性水平 α，则应拒绝原假设，认为相关系数矩阵不太可能是单位阵，原有变量适合做因子分析；反之，如果检验统计量的观测值比较小，且对应的 p 值大于给定的显著性水平 α，则不能拒绝原假设，可以认为相关系数矩阵与单位阵无显著差异，原有变量不适合做因子分析。

4. KMO 检验

KMO 检验统计量是用于比较变量间简单相关系数和偏相关系数的指标，数学定义为：

$$KMO_i = \frac{\sum\sum_{j\neq i} r_{ij}^2}{\sum\sum_{j\neq i} r_{ij}^2 + \sum\sum_{j\neq i} p_{ij}^2} \tag{10.5}$$

式(10.5)中，r_{ij}^2 是变量 x_i 和变量 x_j 间的简单相关系数；p_{ij} 是变量 x_i 和变量 x_j 间在控制了剩余变量下的偏相关系数。KMO 将相关系数和偏相关系数矩阵中的所有元素都加入到平方和的计算中。由式(10.5)可知，KMO 统计量的取值在 0～1。当所有变量间的简单相关系数平方和远大于偏相关系数平方和时，KMO 值接近 1。KMO 值越接近 1，意味着变量间的相关性越强，原有变量越适合做因子分析。当所有变量间的简单相关系数平方和接近 0 时，KMO 值接近 0。KMO 值越接近 0，意味着变量间的相关性越弱，原有变量越不适合做因子分析。Kaiser 给出了常用的度量标准：0.9 以上表示非常适合；0.8 表示适合；0.7 表示一般；0.6 表示不太合适；0.5 以下表示极不合适。

(二)因子提取

通过上面的讨论可以知道，因子分析的关键是根据样本数据求解因子载荷矩阵。因子载荷矩阵的求解方法有基于主成分（注：根据《现代汉语词典》，“成分”为首选词，故正文中均用“成分”。SPSS 软件因时间较早，程序中用的是“成份”。正文与图中存在不一致，特此说明）模型的主成分分析法、基于因子分析模型的主轴因子法、极大似然法、最小二乘法、α 因子提取法等。这里仅对使用最为广泛的主成分分析法作简单讨论。

主成分分析法能够为因子分析提供初始解，因子分析是对主成分分析结果的延伸和拓展。主成分分析法通过坐标变换的手段，将原有的 p 个相关变量 x_i（标准化后）做线性组合，转换成另一组不相关的变量 y_i。于是有

$$\begin{cases} y_1 = \mu_{11}x_1 + \mu_{12}x_2 + \mu_{13}x_3 + \cdots + \mu_{1p}x_p \\ y_2 = \mu_{21}x_1 + \mu_{22}x_2 + \mu_{23}x_3 + \cdots + \mu_{2p}x_p \\ \qquad \cdots\cdots \\ y_p = \mu_{p1}x_1 + \mu_{p2}x_2 + \mu_{p3}x_3 + \cdots + \mu_{pp}x_p \end{cases} \tag{10.6}$$

式(10.6)是主成分分析的数学模型。其中，$\mu_{i1}^2 + \mu_{i2}^2 + \mu_{i3}^2 + \cdots + \mu_{ip}^2 = 1(i=1,2,3,\cdots,p)$，对式(10.6)中的系数应按照以下原则求解：

(1)y_i 与 $y_j(i\neq j;i,j=1,2,3,\cdots,p)$不相关。

(2)y_1 是 $x_1,x_2,x_3,\cdots,x_p$ 的一切线性组合(系数满足上述方程组)中方差最大的；y_2 是与 y_1 不相关的 $x_1,x_2,x_3,\cdots,x_p$ 的一切线性组合中方差次大的；y_p 是与 $y_1,y_2,y_3,\cdots,y_{p-1}$ 都不相关的 $x_1,x_2,x_3,\cdots,x_p$ 的一切线性组合中方差最小的。

根据上述原则确定的 $y_1,y_2,y_3,\cdots,y_p$ 依次成为原有变量 $x_1,x_2,x_3,\cdots,x_p$ 的第 1,2,3,…,p 个主成分。其中，y_1 在总方差中所占比例最大，它体现原有变量 $x_1,x_2,x_3,\cdots,x_p$ 方差的能力最强，其余主成分 $y_2,y_3,\cdots,y_p$ 在总方差中所占比例依次递减，体现原有变量 $x_1,x_2,x_3,\cdots,x_p$ 方差的能力依次减弱。在主成分分析的实际应用中，一般只选取前面几个方差较大的主成分。这样既减少了变量的数目，又能够用较少的主成分反映原有变量的绝大部分信息。

可见，主成分分析法的核心是通过原有变量的线性组合以及各个主成分的求解来实现变量降维。

因此，主成分数学模型的系数求解步骤归纳如下：

(1)将原有变量数据进行标准化处理。

(2)计算变量的简单相关系数矩阵 R。

(3)求相关系数矩阵 R 的特征值 $\lambda_1,\lambda_2,\lambda_3,\cdots,\lambda_p(\lambda_1\geqslant\lambda_2\geqslant\lambda_3\geqslant\cdots\geqslant\lambda_p\geqslant 0)$及对应的单位特征向量 $\mu_1,\mu_2,\mu_3,\cdots,\mu_p$。

通过上述步骤，计算 $y_i=\mu'_i x$，便得到各个主成分。其中的 p 个特征值和对应的特征向量便是因子分析的初始解。

现在回到因子分析。因子分析利用上述 p 个特征值和对应的特征向量，并在此基础上计算因子载荷矩阵：

$$A=\begin{bmatrix} a_{11} & \cdots & a_{1p} \\ \vdots & \ddots & \vdots \\ a_{p1} & \cdots & a_{pp} \end{bmatrix}=\begin{bmatrix} \mu_{11}\sqrt{\lambda_1} & \cdots & \mu_{1p}\sqrt{\lambda_p} \\ \vdots & \ddots & \vdots \\ \mu_{p1}\sqrt{\lambda_1} & \cdots & \mu_{pp}\sqrt{\lambda_p} \end{bmatrix} \tag{10.7}$$

由于因子分析的目的是减少变量个数，因此在因子分析的数学模型中，因子数目 k 小于原有变量个数 p。所以在计算因子载荷矩阵时，只选取 k 个特征值和对应的特征向量，得到式(10.8)所示的包含 k 个因子的因子载荷矩阵。

$$A=\begin{bmatrix} a_{11} & \cdots & a_{1k} \\ \vdots & \ddots & \vdots \\ a_{p1} & \cdots & a_{pk} \end{bmatrix}=\begin{bmatrix} \mu_{11}\sqrt{\lambda_1} & \cdots & \mu_{1k}\sqrt{\lambda_k} \\ \vdots & \ddots & \vdots \\ \mu_{p1}\sqrt{\lambda_1} & \cdots & \mu_{pk}\sqrt{\lambda_k} \end{bmatrix} \tag{10.8}$$

这里主要的问题是如何确定因子数 k。通常有以下两个标准。

(1)根据特征值确定因子数。

这里，特征值 λ_j 等于因子载荷矩阵第 j 列元素的平方和，即第 j 个因子的方差贡献。一般选取特征值大于 1 的因子，即至少应解释 1 个方差。另外，还可绘制特征值的碎石图，如图 10-4 所示，并通过观察碎石图确定因子数。

图 10-4 中，横坐标为特征值编号，纵坐标为各特征值。可以看到：第 1 个特征值较大，第 2 个特征值次之，第 3 个以后的特征值都很小，图形很平缓，很像“高山脚下的碎石”。可以丢弃这些“碎石”，因此，确定“山脚”下的特征值编号为因子个数 k。图 10-4 中可尝试选取

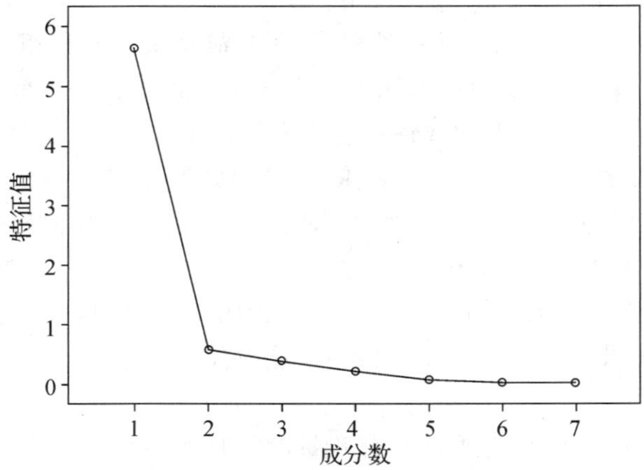

图 10-4 因子分析的碎石图

前两个因子。

(2)根据因子的累计方差贡献率确定因子数。

第一个因子的累计方差贡献率定义为：

$$a_1 = \frac{S_1^2}{p} = \frac{\lambda_1}{\sum_{j=1}^{p}\lambda_j} \tag{10.9}$$

由式(10.9)可知，第一个因子的方差贡献率是它的方差贡献除以总方差贡献(总方差)，由于原有的 p 个变量已经进行了标准化处理(均值为 0，方差为 1)，因此总方差为 p。

第二个因子的累计方差贡献率定义为：

$$a_2 = \frac{S_1^2 + S_2^2}{p} = \frac{\lambda_1 + \lambda_1}{\sum_{j=1}^{p}\lambda_j} \tag{10.10}$$

于是，前 k 个因子的累计方差贡献率定义为：

$$a_k = \frac{\sum_{j=1}^{k} S_j^2}{p} = \frac{\sum_{j=1}^{k}\lambda_j}{\sum_{j=1}^{p}\lambda_j} \tag{10.11}$$

根据式(10.11)计算因子的累计方差贡献率。通常选取累计方差贡献率大于 0.85 时的特征值个数为因子个数 k。

(三)因子的命名

因子分析的另一个重要问题是因子的命名解释。观察因子载荷矩阵，如果因子载荷 a_{ij} 的绝对值在第 i 行的多个列上都有较大的取值(通常大于 0.5)，则表明原有变量 x_i 与多个因子同时有较强的相关关系。也就是说，原有变量 x_i 的信息需要由多个因子来共同解释。如果因子载荷 a_{ij} 的绝对值在第 j 列的多个行上都有较大的取值，则表明因子 f_j 能够同时解释许多变量的信息。因子 f_j 不能典型代表任何一个原有变量 x_i。在这种情况下，因子 f_j 的实际含义是模糊不清的。而实际分析工作中人们总是希望对因子的实际含义有比较清楚的认识。为解决这个问题，可通过因子旋转的方式使一个变量只在尽可能少的因子上有比较高的载荷。最理想的状态下，使某个变量 x_i 在某个因子 f_j 上的载荷趋于 1，在其他因子上的载荷趋于 0。这样，因子 f_j 就能够成为某个变量 x_i 的典型代表，于是因子的实际含义也就清楚了。

所谓因子旋转，就是将因子载荷矩阵 A 右乘一个正交矩阵 τ 后得到一个新的矩阵 B。它并不影响变量 x_i 的共同度 h_i^2，却会改变因子 f_j 的方差贡献 S_j^2。因子旋转通过改变坐标轴，能够重新分配各个因子解释原始变量方差的比例，使因子更易于理解。

因子旋转方式有两种：一种为正交旋转，另一种为斜交旋转。正交旋转是指坐标轴始终保持垂直 90°角旋转，于是新生成的因子仍可保持不相关性；斜交旋转坐标轴中的夹角可以是任意度数，新生成的因子之间不能保证不相关性。在使因子具有命名解释性方面，斜交旋转通常会优于正交旋转，但却以不能保持因子的不相关性为代价。因此应用中一般会选用正交旋转方式。这里仅对正交旋转进行简单论述。

正交旋转方式通常有四次方最大法、最大方差法和等量最大法等。这些旋转方法的目标是一致的，只是策略不同，仅以最大方差法为例。

在最大方差法中，如果只考虑两个因子的正交旋转，因子载荷矩阵 A 右乘一正交矩阵后的矩阵 B 为：

$$B=\begin{bmatrix} b_{11} & b_{11} \\ b_{21} & b_{22} \\ b_{p1} & b_{p2} \end{bmatrix}$$

为实现因子旋转的目标（一部分变量仅与第 1 个因子相关，另一部分变量与第 2 个因子相关），这里要求（$b_{11}^2, b_{21}^2, \cdots, b_{p1}^2$）和（$b_{11}^2, b_{22}^2, \cdots, b_{p2}^2$）两组数据的方差尽可能大，综合考虑应要求式(10.11)最大：

$$G = V_1 + V_2 = \frac{1}{p^2}\left[p\sum_{i=1}^{p}\left(\frac{b_{i1}^2}{h_i^2}\right) - \sum_{i=1}^{p}\left(\frac{b_{i1}^2}{h_i^2}\right)^2\right] + \frac{1}{p^2}\left[p\sum_{i=1}^{p}\left(\frac{b_{i2}^2}{h_i^2}\right) - \sum_{i=1}^{p}\left(\frac{b_{i2}^2}{h_i^2}\right)^2\right] \tag{10.11}$$

于是，可以通过求导数的方法求解出参数。

当因子个数大于 2 个时，应首先逐次对两两因子进行上述旋转，这样需要进行 C_k^2 次旋转；然后继续重复下一轮旋转，直至 G 基本不变或达到指定的迭代次数为止。

（四）计算各观测的因子得分

因子得分是因子分析的最终体现。在因子分析的实际应用中，当因子确定以后，便可以计算每个观测在各因子上的具体取值，这些取值称为因子得分，形成的变量称为因子得分变量。于是，在以后的分析中就可以用因子得分变量代替原有变量进行数据建模，或利用因子得分变量对样本进行分类或评价等研究，进而实现降维和简化问题的目的。

计算因子得分的途径是用原有变量来描述因子得分变量，第 i 个观测在第 j 个因子上的取值可表示为：

$$F_{ij} = \omega_{j1}x_{1i} + \omega_{j2}x_{2i} + \omega_{j3}x_{3i} + \cdots + \omega_{jp}x_{pi}, j = 1,2,3,\cdots,k \tag{10.12}$$

式中，$x_{1i}, x_{2i}, x_{3i}, \cdots, x_{pi}$ 分别是第 $1,2,3,\cdots,p$ 个原有变量在第 i 个观测上的取值；ω_{j1}，$\omega_{j2}, \omega_{j3}, \cdots, \omega_{jp}$ 分别称为第 j 个因子和第 $1,2,3,\cdots,p$ 个原有变量间的因子值系数。可见，因子得分是原有变量线性组合的结果，是各变量值的加权（$\omega_{j1}, \omega_{j2}, \omega_{j3}, \cdots, \omega_{jp}$）平均，权数的大小表示变量对因子得分变量的重要程度。于是有：

$$F_j = \omega_{j1}x_1 + \omega_{j2}x_2 + \omega_{j3}x_3 + \cdots + \omega_{jp}x_p, j = 1,2,3,\cdots,k \tag{10.14}$$

式(10.14)称为因子得分函数。由于因子个数 k 小于原有变量个数 p，因此式(10.14)中方程的个数少于变量的个数。对因子值系数通常采用最小二乘意义上的回归法进行估计。可将式(10.14)看作因子得分变量 F_j 对 p 个原有变量的线性回归方程(其中常数项为0)。可以证明式(10.14)中回归系数的最小二乘满足：

$$W_j R = S_j \tag{10.15}$$

式(10.15)中，$W_j = (\omega_{j1}, \omega_{j2}, \omega_{j3}, \cdots, \omega_{jp})$；$R$ 为原有变量的相关系数矩阵；$S_j = (s_{1j}, s_{2j}, s_{3j}, \cdots, s_{pj})$，是第 1,2,3,…,$p$ 个变量与第 j 个因子的相关系数，是不可见的。虽然 S_j 不可见，但当各因子正交时，有 $S_j = A'_j = (\alpha_{1j}, \alpha_{2j}, \alpha_{3j}, \cdots, \alpha_{pj})$，$\alpha_{1j}, \alpha_{2j}, \alpha_{3j}, \cdots, \alpha_{pj}$ 为第 1,2,3,…,p 个变量在第 j 个因子上的因子载荷，于是有：

$$W_j = A'_j R^{-1} \tag{10.16}$$

式(10.16)中，R^{-1} 为相关系数矩阵的逆矩阵。

根据式(10.16)可计算出因子得分变量的因子值系数，再利用式(10.14)可计算出各个观测在第 j 个因子上的因子得分。估计因子得分的方法还有 Bartlett 法、Anderson-Rubin 法等。

三、因子分析的操作方法

运用 SPSS 进行因子分析的基本操作步骤如下：

(1)选择菜单：

依次单击“分析(A)”—“降维”—“因子分析(F)”按钮，随后弹出如图 10-5 所示的对话框。

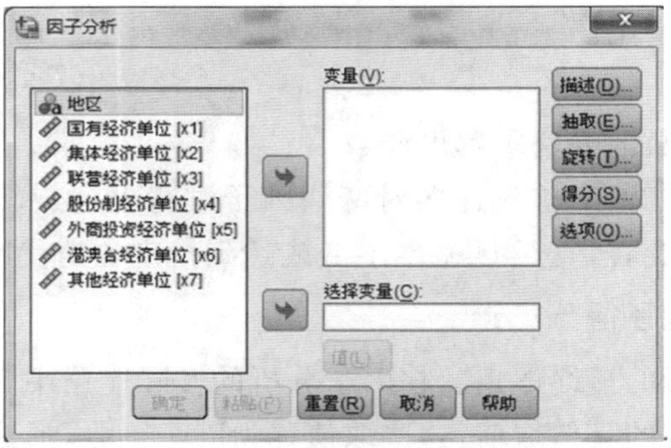

图 10-5 “因子分析”对话框

(2)选择参与因子分析的变量，并将其移至“变量(V)”列表框中。若在进行因子分析时，拟仅允许部分符合条件的数据参与因子分析，则指定作为条件变量的变量，并将其移至“选择变量(C)”框中并点击“值(L)”按钮输入变量值，则只有满足相应条件的数据才参与因子分析。

(3)单击“描述(D)”按钮，弹出如图 10-6 所示的对话框。

这一对话框主要用于判断是否适合进行因子分析。其中，各项含义如下：

①“统计量”：主要用于指定输出哪些基本统计量。其中，“单变量描述性(U)”表示输出

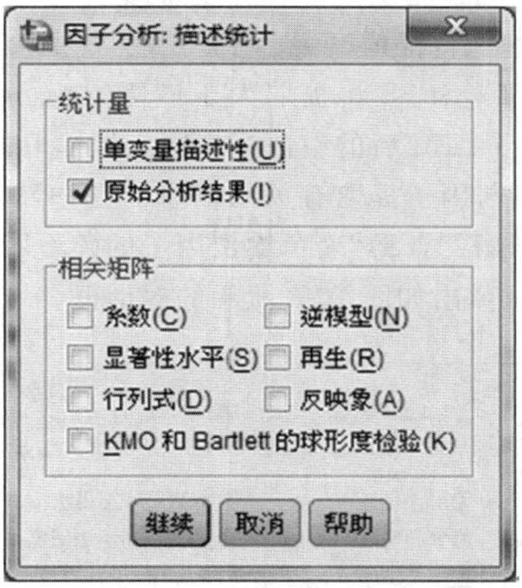

图 10-6 “因子分析:描述统计”对话框

各个变量的基本描述统计量;“原始分析结果(I)”表示输出因子分析的初始解。

②“相关矩阵”:用于指定考察因子分析条件的方法及输出结果。其中,“系数(C)”表示输出相关系数矩阵;“显著性水平(S)”表示输出相关系数检验的 p 值;“行列式(D)”表示输出变量相关系数矩阵的行列式值;“逆模型(N)”表示输出相关系数矩阵的逆矩阵(与相关系数矩阵的积为单位阵);“反映象(A)”表示输出反映象相关矩阵;“KMO 和 Bartlett 的球形度检验(K)”表示进行巴特利特球形度检验和 KMO 检验。

(4)单击“抽取(E)”按钮,弹出如图 10-7 所示的对话框。

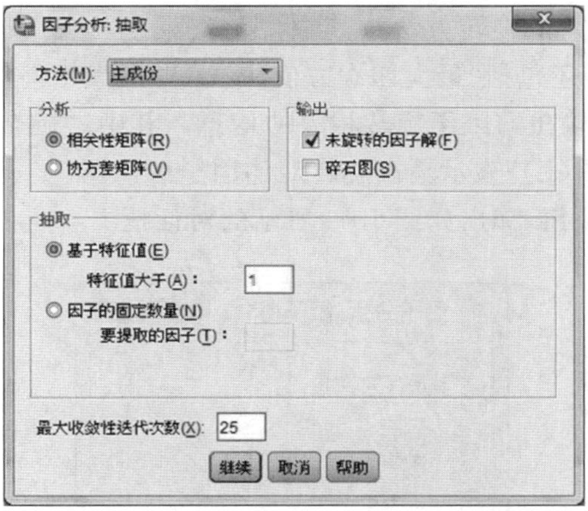

图 10-7 “因子分析:抽取”对话框

这一对话框主要用于指定提取因子的方法。其中,各项含义如下:

①“方法(M)”:下拉框中提供了多种提取因子的方法,其中,包括主成分分析法(SPSS 默认的方法)、未加权的最小平方法、最大似然(K)等。用户可以根据需要自行选择。

②“分析”:用于指定提取因子的依据。可以勾选“相关性矩阵(R)”,也可以勾选“协方差矩阵(V)”,当原有变量存在数量级的差异时,通常勾选“相关性矩阵(R)”。

③“抽取”:用于指定如何确定因子数目。可以勾选“基于特征值(E)”,也可以勾选“因子的固定数量(N)”。若勾选“基于特征值(E)”,则需要在“特征值大于(A)”后的空白框中输入一个特征值(SPSS 默认值为 1),SPSS 将提取大于该值的特征值;若勾选“因子的固定数量(N)”,则需要在“要提取的因子(T)”后的空白框中输入拟提取的因子的个数。

④“输出”:用于选择输出与因子提取有关的信息。其中,“未旋转的因子解(F)”表示输出未旋转的因子载荷矩阵,“碎石图(S)”表示输出因子的碎石图。

(5)单击“旋转(T)”按钮,弹出如图 10-8 所示的对话框。

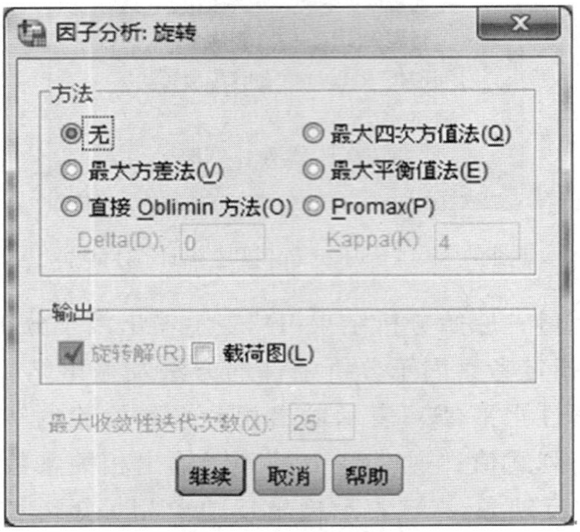

图 10-8 “因子分析:旋转”对话框

其中,各项含义如下:

①“方法”:用于选择因子旋转方法。其中,“无”表示不旋转(SPSS 默认选项);“最大方差法(V)”为方差极大法,还包括“最大四次方值法(Q)”“最大平衡值法(E)”等。

②“输出”:用于指定输出与因子旋转相关的信息。其中,“旋转解(R)”表示输出旋转后的因子载荷矩阵;“载荷图(L)”表示输出旋转后的因子载荷图。

(6)单击“得分(S)”按钮,弹出如图 10-9 所示的对话框。

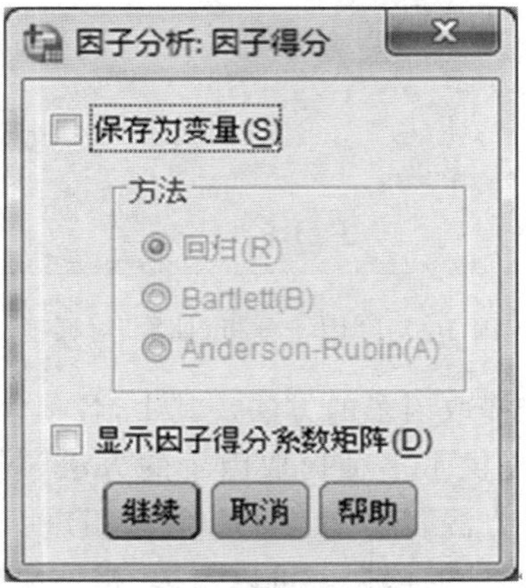

图 10-9 “因子分析:因子得分”对话框

其中，各项含义如下：

①“保存为变量(S)”：表示将因子得分保存到 SPSS 变量中，有几个因子便产生几个 SPSS 变量。变量名的形式为 FACn_m，其中，n 是因子编号，以数字序号的形式表示，m 表示是第几次分析的结果。勾选“保存为变量(S)”选项框后，“方法”栏被激活，用户可根据需要确定计算因子得分的方法，包括“回归(R)”、“Bartlett(B)”和“Anderson-Rubin(A)”。

②“显示因子得分系数矩阵(D)”：表示输出因子得分函数中的各因子值系数。

(7)单击“选项(O)” 按钮，弹出如图 10-10 所示的对话框。

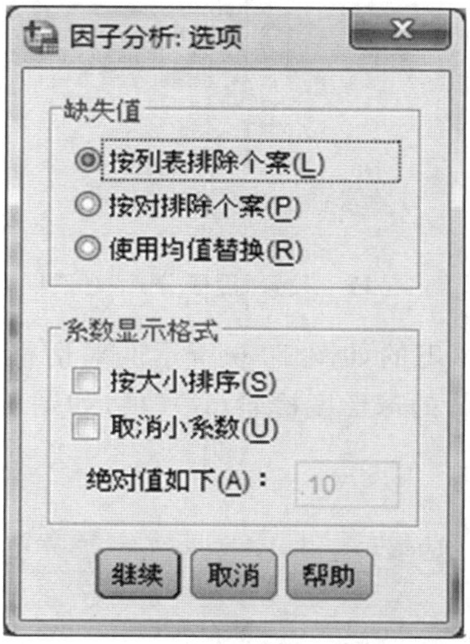

图 10-10 “因子分析：选项”对话框

其中，各项含义如下：

①“缺失值”：用于指定如何处理缺失值，相应方法在前面章节均有涉及，此处不再赘述。

②“系数显示格式”：用于指定因子载荷矩阵的输出方式。其中，“按大小排序(S)”表示以第一因子得分的降序输出因子载荷矩阵；“取消小系数(U)”表示只输出因子载荷矩阵中绝对值大于指定值的因子载荷，勾选此项，需要在“绝对值如下(A)”后的空白栏中输入一数值，表示只输出因子载荷矩阵中绝对值大于该值的因子载荷。

单击“确定”按钮，SPSS 将按照用户指定的要求自动进行因子分析，并将结果输出到结果输出窗口，因子得分变量保存到数据编辑窗口中。

四、因子分析的应用举例

视频：
因子分析

现有名为“各地区年平均收入. sav”的 SPSS 数据文件(数据 10.2)，其中涵盖了某年全国 31 个省区市各类经济单位包括国有经济单位、集体经济单位、联营经济单位、股份制经济单位、外商投资经济单位、港澳台经济单位和其他经济单位的人均年平均收入的数据。现希望对全国各地区间人均年收入的差异性和相似性进行研究，但由于涉及变量过多，直接进行地区间的比较分析较为烦琐，现考虑采用因子分析方法减少变量个数。

(一)具体操作

按照以下步骤进行操作:

依次单击“分析(A)”—“降维”—“因子分析(F)”按钮,在弹出的如图 10-5 所示的对话框中,将变量 x_1 至 x_7 移至“变量(V)”列表框中,如图 10-11 所示。

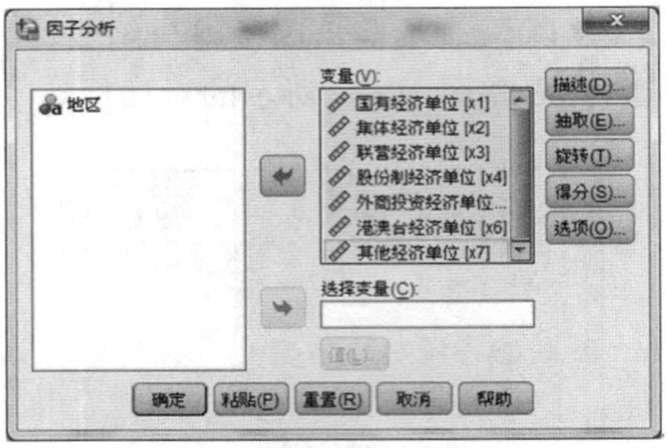

图 10-11 设置“因子分析”对话框

单击“描述(D)”按钮,在弹出的如图 10-6 所示的对话框中,勾选“原始分析结果(I)”、“系数(C)”和“KMO 和 Bartlett 的球形度检验(K)”项,如图 10-12 所示。单击“继续”按钮,回到主对话框。

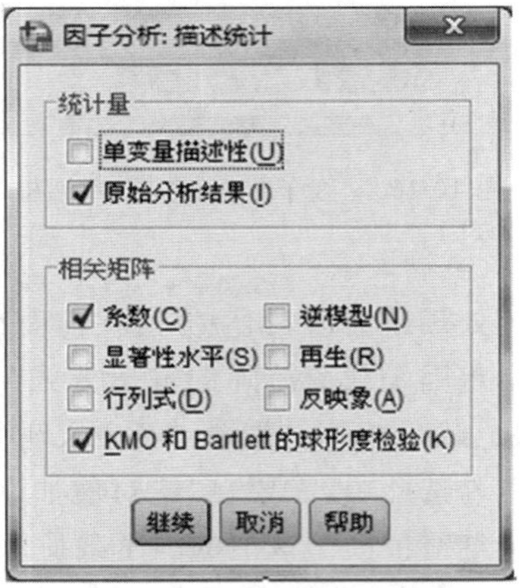

图 10-12 设置“因子分析:描述统计”对话框

单击“抽取(E)”按钮,在弹出的如图 10-7 所示的对话框中,在“方法(M)”下拉框中选择“主成分”,勾选“相关性矩阵(R)”“未旋转的因子解(F)”“碎石图(S)”和“基于特征值(E)”,并在“特征值大于(A)”后的空白框中输入 0.5(本研究首先进行了尝试性分析,发现若根据特征值大于 1 的标准进行提取,只能提取一个公共因子,信息丢失较为严重。为获得较为理想的因子提取效果,并考虑到后续步骤的展示和讲解,此处设置的提取标准为特征值大于 0.5),如图 10-13 所示。单击“继续”按钮,回到主对话框。

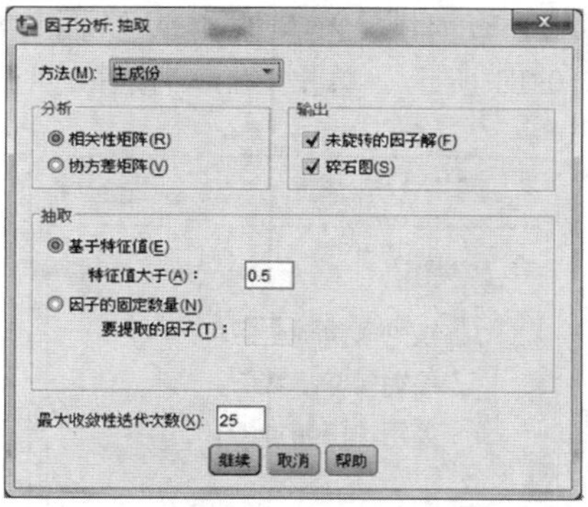

图 10-13 设置“因子分析:抽取”对话框

单击“旋转(T)”按钮,在弹出的如图 10-8 所示的对话框中,勾选“最大方差法(V)”、“旋转解(R)”和“载荷图(L)”,如图 10-14 所示。单击“继续”按钮,回到主对话框。

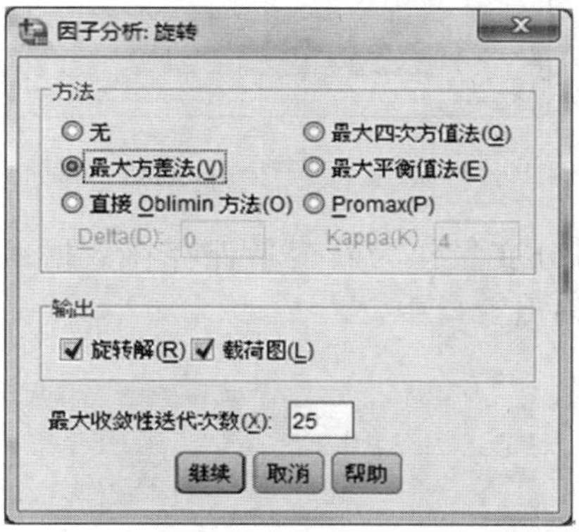

图 10-14 设置“因子分析:旋转”对话框

单击“得分(S)”按钮,在弹出的如图 10-9 所示的对话框中,勾选“保存为变量(S)”和“显示因子得分系数矩阵(D)”,选择“回归”方法,如图 10-15 所示。单击“继续”按钮,回到主对话框。

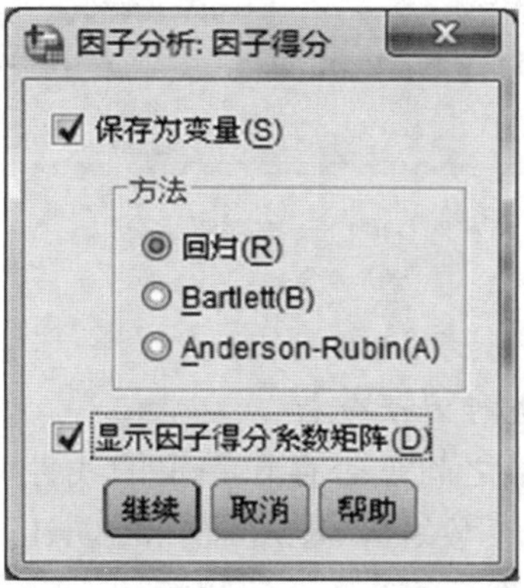

图 10-15 设置“因子分析:因子得分”对话框

单击“选项(O)”按钮，在弹出的如图 10-10 所示的对话框中，勾选“使用均值替换(R)”和“按大小排序(S)”项，如图 10-16 所示。单击“继续”按钮，回到主对话框。

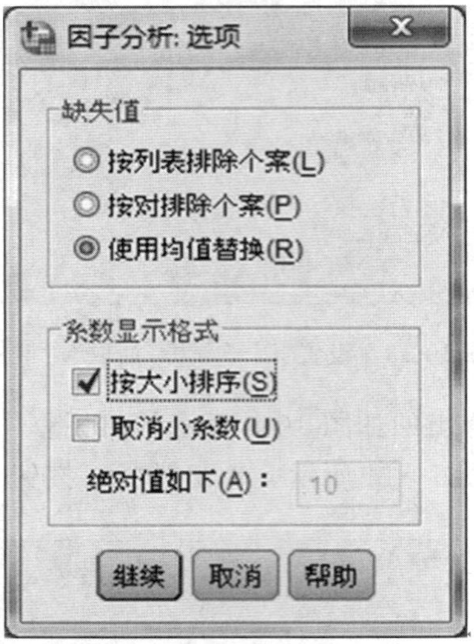

图 10-16　设置“因子分析:选项”对话框

单击“确定”按钮，因子得分变量作为新变量保存在数据编辑窗口中，如图 10-17 所示，因子分析的结果显示在结果输出窗口中。

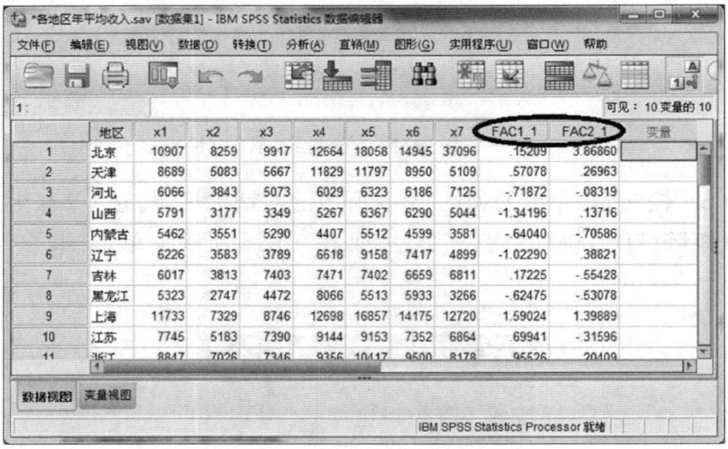

图 10-17　因子分析结果

(二)结果解读

1. 考察原有变量是否适合进行因子分析

首先考察收集到的原有变量之间是否存在一定的线性关系，是否适合采用因子分析提取因子。这里，借助变量的相关系数矩阵、KMO 值和 Bartlett 球形度检验进行分析。

表 10-6 为原有变量间的相关系数矩阵。可以看出，所有的相关系数都大于 0.3，这意味着原有变量间存在较强的线性关系，能够从中提取公共因子，适合进行因子分析。

表 10-6 原有变量的相关系数矩阵

原有变量	国有经济单位	集体经济单位	联营经济单位	股份制经济单位	外商投资经济单位	港澳台经济单位	其他经济单位
国有经济单位	1.000	0.939	0.707	0.815	0.898	0.896	0.631
集体经济单位	0.939	1.000	0.782	0.788	0.876	0.887	0.718
联营经济单位	0.707	0.782	1.000	0.682	0.610	0.664	0.498
股份制经济单位	0.815	0.788	0.682	1.000	0.830	0.863	0.564
外商投资经济单位	0.898	0.876	0.610	0.830	1.000	0.967	0.766
港澳台经济单位	0.896	0.887	0.664	0.863	0.967	1.000	0.768
其他经济单位	0.631	0.718	0.498	0.564	0.766	0.768	1.000

表 10-7 所示为 KMO 值和 Bartlett 球形度检验结果。由表 10-7 可知，Bartlett 球形度检验统计量的观测值为 197.089，相应的 p 值接近 0。在显著性水平 α 为 0.05 的情况下，由于 p 值小于显著性水平 α，则应拒绝原假设，认为相关系数矩阵与单位阵有显著差异。同时，KMO 值为 0.859，根据 Kaiser 给出的 KMO 度量标准可知，原有变量适合进行因子分析。

表 10-7 KMO 和 Bartlett 球形度检验

取样足够度的 Kaiser-Meyer-Olkin 度量		0.859
Bartlett 的球形度检验	近似卡方	197.089
	df	21
	Sig.	0.000

2. 提取因子

表 10-8 为提取因子的变量共同度。由表 10-8 第三列可知，所有变量的共同度均较高，各个变量的信息丢失都较少，本次因子提取的总体效果较为理想。

表 10-8 因子分析中的变量共同度

原有变量	初始	提取
国有经济单位	1.000	0.897
集体经济单位	1.000	0.920
联营经济单位	1.000	0.853
股份制经济单位	1.000	0.808
外商投资经济单位	1.000	0.939
港澳台经济单位	1.000	0.949
其他经济单位	1.000	0.859

提取方法：主成分分析。

表 10-9 中，第一列为因子编号，以后三列组成一组，每组中数据项的含义依次是特征值（方差贡献）、方差贡献率和累计方差贡献率。

第一组数据项（第二列至第四列）描述了因子分析初始解的情况。可以看到：第 1 个因子的特征值为 5.652，即方差贡献为 5.652，解释原有 7 个变量总方差的 80.75％，累计方差贡献率为 80.75％；第 2 个因子的特征值 0.573，即方差贡献为 0.573，解释原有 7 个变量总方差的 8.185％，累计方差贡献率为 88.932％。其余数据含义类似。在初始解中由于提取了 7 个因子，原有变量的总方差均被解释，累计方差贡献率为 100％。由于只有前两个公共因子的特征值大于 0.5，且解释了全部变量大部分的信息，因此选择前 2 个因子为主因子即可。

第二组数据项（第五列至第七列）描述了因子解的情况。可以看到：按照特征值大于 0.5 的标准提取的 2 个因子共解释了原有变量总方差的 88.932％，总体上，原有变量的信息丢失较少，因子分析效果较为理想。

第三组数据项（第八列至第十列）描述了最终因子解的情况。可见，因子旋转后，总的累计方差贡献率没有改变，也就是没有影响原有变量的共同度，但却重新分配了各个因子解释原有变量的方差，改变了各因子的方差贡献，使因子更易于解释。

表 10-9　因子解释原有变量总方差的情况

成分	初始解			提取平方和载入			旋转平方和载入		
	特征值	方差贡献率（％）	累计方差贡献率（％）	特征值	方差贡献率（％）	累计方差贡献率（％）	特征值	方差贡献率（％）	累计方差贡献率（％）
1	5.652	80.747	80.747	5.652	80.747	80.747	3.148	44.972	44.972
2	0.573	8.185	88.932	0.573	8.185	88.932	3.077	43.960	88.932
3	0.393	5.617	94.549						
4	0.225	3.216	97.764						
5	0.088	1.264	99.028						
6	0.040	0.567	99.595						
7	0.028	0.405	100.000						

提取方法：主成分分析。

图 10-18 中，横坐标为因子编号，纵坐标为特征值。可以看到：第 1 个因子的特征值（方差贡献）很高，对解释原有变量的贡献最大；第 3 个以后的因子特征值都较小，对解释原有变量的贡献很小，已经成为可以忽略的“高山脚下的碎石”，因此提取 2 个因子是合适的。

3. 因子的命名解释

如表 10-10 所示为因子载荷矩阵，是因子分析的核心计算结果。由表 10-10 可知，7 个变量在第 1 个因子上的载荷都很高，意味着它们与第 1 个因子的相关程度高，第 1 个因子很重要；第 2 个因子与原有变量的相关性均较小，它对原有变量的解释作用不显著。还可以看到，这两个因子的实际含义比较模糊。

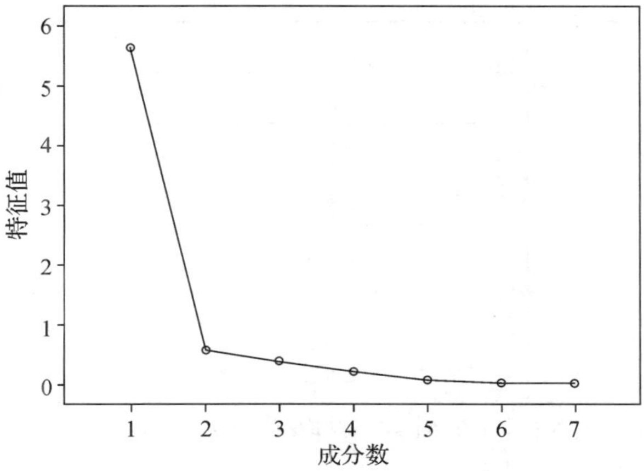

图 10-18　因子分析的碎石图

表 10-10　因子载荷矩阵

原有变量	成分	
	1	2
港澳台经济单位	0.967	−0.112
集体经济单位	0.956	0.078
外商投资经济单位	0.952	−0.180
国有经济单位	0.943	0.088
股份制经济单位	0.886	0.152
其他经济单位	0.783	−0.495
联营经济单位	0.781	0.493

提取方法：主成分分析。a. 已提取了 2 个成分。

为使因子含义更为清晰，这里采用方差极大法对因子载荷矩阵实行正交旋转。如表 10-11所示，旋转后，联营经济单位、股份制经济单位、集体经济单位和国有经济单位在第 1 个因子上有较高的载荷，第 1 个因子主要解释了这 4 个变量，可解释为内部投资经济单位；其他经济单位、外商投资经济单位和港澳台经济单位在第 2 个因子上有较高的载荷，第 2 个因子主要解释了这 3 个变量，可解释为外来投资经济单位。可以看到，与旋转前相比，因子含义较为清晰。

表 10-11　旋转后的因子载荷矩阵

原有变量	成分	
	1	2
联营经济单位	0.902	0.197
股份制经济单位	0.738	0.512

续表

原有变量	成分	
	1	2
集体经济单位	0.735	0.616
国有经济单位	0.733	0.600
其他经济单位	0.210	0.903
外商投资经济单位	0.552	0.797
港澳台经济单位	0.603	0.766

提取方法：主成分分析。旋转法：具有 Kaiser 标准化的正交旋转法。a. 旋转在 3 次迭代后收敛。

由图 10-19 可以看出，联营经济单位（x_3）、其他经济单位（x_7）比较靠近两个因子坐标轴，这表明如果分别用第 1 个因子刻画联营经济单位（x_3）、用第 2 个因子刻画其他经济单位（x_7），信息丢失较少，效果较好。但如果只用一个因子分别刻画其他变量，则效果不太理想。

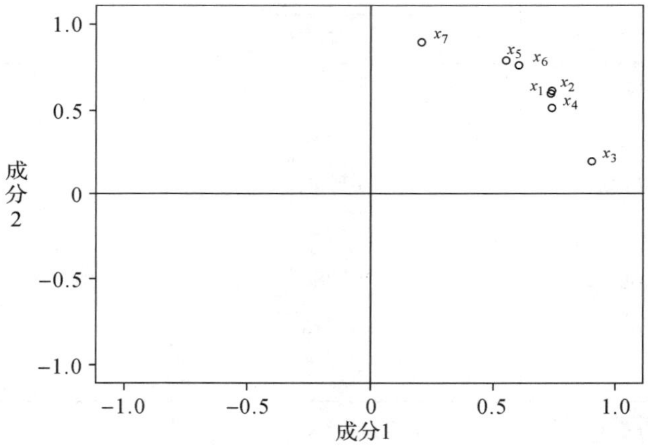

图 10-19　旋转后的因子载荷图

4. 计算因子得分

采用回归法估计因子得分，因子得分系数矩阵如表 10-12 所示。

表 10-12　因子得分系数矩阵

原有变量	成　分	
	1	2
国有经济单位	0.227	0.008
集体经济单位	0.216	0.022
联营经济单位	0.703	−0.516
股份制经济单位	0.298	−0.079

续表

原有变量	成分	
	1	2
外商投资经济单位	−0.100	0.342
港澳台经济单位	−0.028	0.272
其他经济单位	−0.508	0.712

提取方法：主成分分析。旋转法：具有 Kaiser 标准化的正交旋转法。

根据表 10-12 可以写出以下因子得分函数：

F_1 = 0.227×国有经济单位＋0.216×集体经济单位＋0.703×联营经济单位＋0.298×股份制经济单位－0.100×外商投资经济单位－0.028×港澳台经济单位－0.508×其他经济单位

F_2 = 0.008×国有经济单位＋0.022×集体经济单位－0.516×联营经济单位－0.079×股份制经济单位＋0.342×外商投资经济单位＋0.272×港澳台经济单位＋0.712×其他经济单位

由此可见，计算两个因子得分变量时，联营经济单位和其他经济单位的权重较高，但方向相反，这与因子的实际含义是相吻合的。此外，因子得分的均值为 0，正值表示高于平均水平，负值表示低于平均水平。

【本章重要知识小结】

1. 问卷调查法是实证研究中广泛采用的一种调查方法，为了保证问卷具有较高的可靠性和有效性，在形成正式问卷之前，应当对问卷进行试测，并对试测结果进行信度和效度检验，根据分析结果筛选问卷题项，调整问卷结构，从而提高问卷的信度和效度。

2. 信度系数法是信度检验的方法之一，其中 Cronbach α 信度系数是目前最常用的信度系数。

3. 因子分析是常用于效度检验的方法。因子分析也可以用于降维，即在保留原有变量大部分信息的同时，减少变量的个数。

4. 新因子之间的相关程度较弱，即因子分析可以改善原有变量间多重共线性的问题，后续分析可以利用新因子参与分析建模。

【复习题】

一、判断题

1. 因子分析就是从原来的变量中选择出若干具有代表性的变量。 (　　)

2. SPSS 中确定提取公因子的个数时，可以通过设置直接指定需要提取的公共因子的个数。 (　　)

3. 旋转后的因子载荷矩阵比未旋转时更容易解释各因子的意义。 (　　)

4. 提取的公共因子的个数可能大于原有变量的个数。 (　　)

5. Bartlett 的球形度检验主要用于检验变量之间偏相关的大小。 (　　)

二、选择题

1. 下列方法中，不可用于判断变量是否适宜进行因子分析的是 （　　）

A. KMO 值　　B. Bartlett 球形度检验

C. 特征值　　D. 相关性矩阵

2. 下列关于因子分析的说法中，不正确的是 （　　）

A. 因子分析的主要目的在于降维，即减少变量个数

B. 因子分析往往要求原有变量间存在显著的相关性

C. 通过因子分析提取出来的新变量之间一般不存在显著的相关性

D. 通过因子分析提取出来的变量可以反映原有变量的所有信息

3. 下列方法中，不可用于确定提取的因子个数的是 （　　）

A. KMO 值　　B. 特征值

C. 累计方差贡献率　　D. 碎石图

4. 下列说法中，正确的是 （　　）

A. 某一变量在提取出的不同公因子上的载荷之和为 1

B. 原有的变量在同一公因子上的载荷之和为 1

C. 因子载荷一定为正

D. 因子载荷不一定为正

5. 下列说法中，正确的是 （　　）

A. 提取公共因子时，因子旋转是必经的一个步骤

B. 利用新提取出因子的得分计算综合得分时，各公共因子的权重为其对应的方差贡献率

C. 利用新提取出因子的得分计算综合得分时，各公共因子的权重为其对应的累计方差贡献率

D. 碎石图的纵坐标轴为各因子的方差贡献率

三、上机操作题

1. 数据“企业绩效数据. sav”收集展示了衡量 110 家企业综合绩效的数据。现拟利用因子分析从 8 项指标中选取公共因子进行降维。

要求：

(1) 利用 KMO 值和 Bartlett 球形度检验判断该数据是否适合进行因子分析；

(2) 若适合进行因子分析，则基于特征值＞1，利用主成分提取法，判断应提取几个因子，并输出碎石图；

(3) 采用最大方差法对成分矩阵进行旋转，输出旋转前的成分矩阵和旋转后的成分矩阵，并判断新提取的因子分别代表原有的哪些变量；

(4) 输出成分得分系数矩阵，并写出新提取的因子得分方程。

数据文件

第十一章　基本统计分析与相关分析

【本章教学主要内容】

➢　模块一：频数分析

1. 参数设置
2. 频数分析的 SPSS 实现
3. 频数分析的结果分析

➢　模块二：描述性统计分析

1. 参数设置
2. 描述性分析的 SPSS 实现
3. 描述性分析的结果分析

➢　模块三：列联表分析

1. 参数设置
2. 列联表分析的 SPSS 实现
3. 列联表分析的结果分析

➢　模块四：相关分析

1. 相关系数
2. 双变量相关分析
3. 偏相关分析

【本章教学目的】

1. 理解各个基本统计分析的分析目的，熟知各个对话框中的参数含义
2. 熟练掌握基本统计分析的操作步骤，学会分析各项结果的含义
3. 了解相关分析的分析目的，熟知各个对话框中的参数含义
4. 熟练掌握各个相关分析的操作步骤，深刻理解各项结果的含义

统计分析的目的是研究总体的数量特征。但是，由于各种原因，研究者能够得到的往往只是总体中随机抽取出的一部分观察对象，它们就是样本。只有对样本进行研究，才能对总体的实际情况做出可能的判断。因此，在数据收集、整理完毕后，进行深入分析之前，首要的工作是去了解数据的整体情况，随后才能考虑做深入的推断。

SPSS 提供的基本统计量大致可以分成三类：集中趋势的统计量、离散程度的统计量和

总体分布的统计量，针对不同的目的，需要选择不同的统计量。比如我们用均值、中位数、众数、百分位数等统计量来描述集中趋势；如要描述离散程度，则有方差、标准差、极差等统计量；如要描述总体分布，则有偏度和峰度等统计量。SPSS 中可完成描述性分析的模块集中在频数分析、描述性统计分析、列联表分析和相关分析。

第一节　频数分析

【本节知识分解】

1. 频数分析通过频数分布表和分布图来了解变量取值的状况，把握数据分布特征
2. 频数统计量包括百分位值、集中趋势、离散程度、分布指标
3. 频数分布表中的参数包括频数、百分比、有效百分比、累计百分比
4. 频数分析中常用图表有条形图、饼图和直方图

频数分析主要是按照四分位数、百分位数、均值、中位数、标准差、方差 、偏度、峰度等统计量对数据进行整理，通过频数分布表和频数分布图来描述多种类型变量的统计和图形显示。它主要能够了解变量取值的状况，对把握数据分布特征非常有用。例如：了解某班同学的考试成绩、了解某地区居民的收入水平等都可以借助于频数分析。

一、参数设置

(1)打开数据文件，选择“分析”—“描述统计”—“频率”，弹出“频率”对话框，如图 11-1 所示，这是频数分析的主操作窗口。

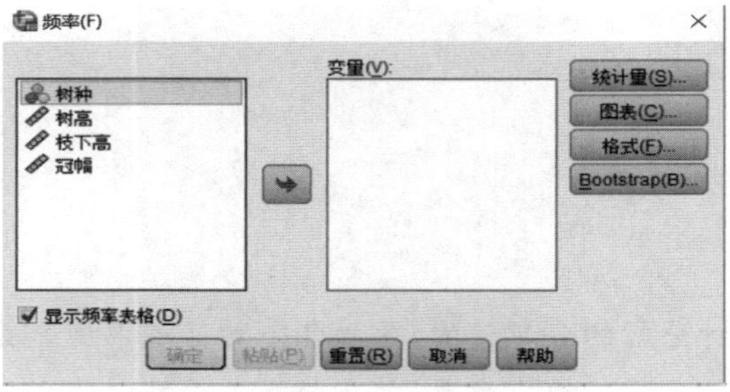

图 11-1　“频率”对话框

①“变量(V)”：从左侧的候选变量列表框中，选取一个或多个待分析变量，将它们移入右侧的列表框中。

②“显示频率表格(D)”：勾选此项，输出频数分析表。

在此对话框中还可以单击“统计量(S)”和“图表(C)”等按钮，进行其他基本统计分析，这些选项提供了丰富的统计输出结果。

(2)单击“统计量(S)”按钮，弹出如图 11-2 所示的“频率：统计量”对话框，该对话框主要

用于输出各类基本统计量结果，各项含义如下所述。

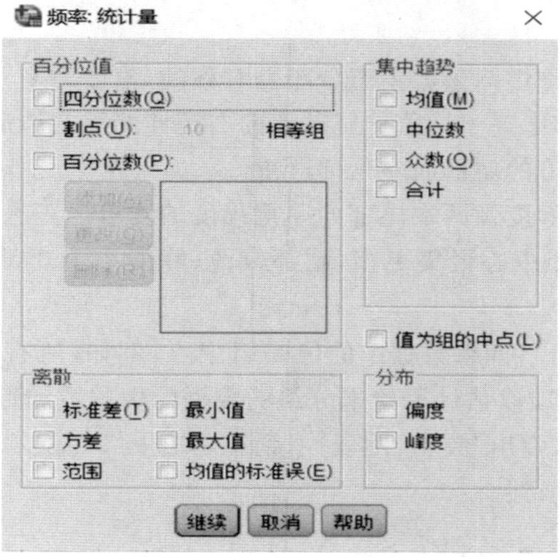

图 11-2 “频率:统计量”对话框

①“百分位值”。

“四分位数(Q)”:输出四分位数，显示 25%、50%、75%的分位数，将观察值分为四个大小相等的组。

“割点(U)”：将数据平分为所设定的等份数。例如，如果输入的数值为“5”，则输出第 20%、40%、60%和 80%百分位数。

“百分位数(P)”:由用户定义百分位数。如果要删除已定义的百分位数，在百分位数框中选择一个数值然后单击“移除”按钮。

②“离散”。

“标准差(T)”:对围绕平均值的离差的测量。正态分布中，要求 68%的个案在平均值的一倍标准差范围内，95%的个案在平均值的两倍标准差范围内。

“方差”:对围绕平均值的离差的测量，值等于与平均值的差的平方和除以个案数减一。

“范围”:最大值与最小值之间的差额。

“最小值”:数值变量的最小值。

“最大值”:数值变量的最大值。

“均值的标准误(E)”:取自同一分布的样本与样本之间的平均值之差的测量，可以用来粗略比较观察平均值与假设值，如果差与标准误差的比值小于－2 或大于 2，那可以初步判断两个值不同。

③“集中趋势”。

“均值(M)”:算术平均数，总和除以个案数，容易受少数多个非常大或非常小的值的影响。

“中位数”:是集中趋势的测量，但对于远离中心的值不敏感。把一组数据按大小顺序排列，处于最中间位置的一个数据叫作这组数据的中位数。当一组数据的个数为奇数时，中位数是最中间的那个数。当一组数据的个数为偶数时，中位数是中间两个数的平均数。

“众数(O)”:一组数据中最常出现的值。

“合计”:所有带有非缺少值的个案的值的合计。

④“分布”。

“偏度”:分布的不对称性测量。正态分布是对称的,偏度为0。偏度值大于0,表示为正偏,也称为右偏,它的分布中高于均值的尾部有向右延伸严重的情形。偏度值小于0,表示为负偏,它的分布中低于均值的尾部向左延伸严重。

“峰度”:分布的陡峭程度及两端尾部的厚重程度的测量。正态分布,峰度统计的值为0。峰度大于0,观测值在分布中心聚集更多,尾部较薄;峰度小于0,观测值在分布中心聚集少并且尾部较厚。

⑤“值为组的中点(L)”:如果数据中的值是组中点,例如,所有年龄在30多岁的人都被编码为35,那么选择此选项以估计原始未分组的数据的中位数和百分位数。

(3)单击“图表”按钮,弹出“频率:图表”对话框,如图11-3所示,该对话框用来设置统计图的输出,各项含义如下所述。

①“图表类型”。

“无”:系统默认状态,不输出图形。

“条形图(B)”:将不同值或不同类别的计数作为单独的条显示,可以直观地比较各个类别。

“饼图(P)”:每个分区对应于单个分组变量定义的组,直观地显示各部分对整体的贡献。

“直方图(H)”:可以看出数据分布的形状、中心位置和数据的离散程度等。直方图上的正态曲线有助于判断数据是否符合正态分布。

②“图表值”:对于条形图,可以按频率或百分比标记刻度轴。

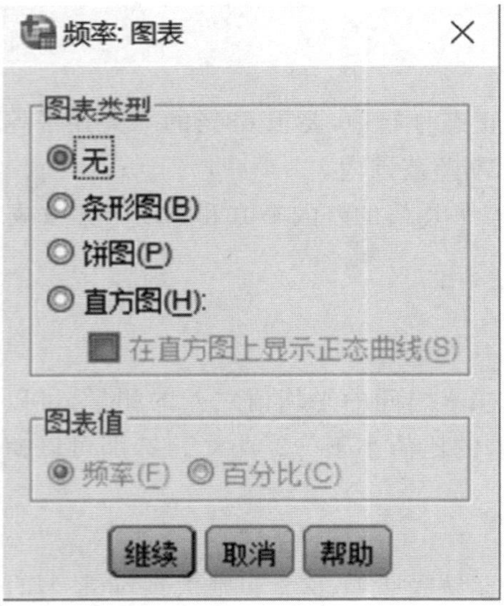

图11-3 “频率:图表”对话框

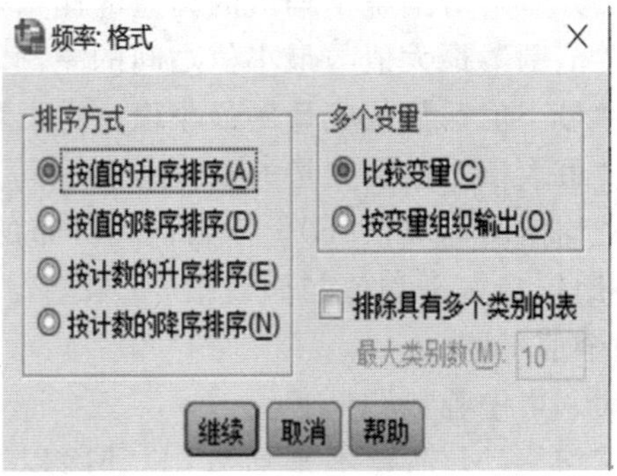

图11-4 “频率:格式”对话框

(4)单击“格式”按钮,弹出“频率:格式”对话框,如图11-4所示,该对话框用来设置频数输出格式,各项含义如下所述。

①“排序方式”：

“按值的升序排序(A)”；

“按值的降序排序(D)”；

“按计数的升序排序(E)”；

“按计数的降序排序(N)”。

②“多个变量”。

“比较变量(C)”：所有变量的频数表集中输出，系统默认。

“按变量组织输出(O)”：即每一个变量单独输出一个频数表。

③“排除具有多个类别的表”：变量的频数超过一定值时不显示频数分布表，系统默认是10，即如果变量的个数大于10，不输出相应的频数分布表。

二、频数分析的SPSS实现

1. 实例内容

数据文件11-01.sav是关于某家公司的销售数据，假设该公司每周大约卖出2000万件产品，但市场的需求不稳定，该公司的生产经理想更好地掌握近期该产品的分布情况。假设下面给出的销售数字(单位：百万元)代表近期公司该产品每周的销售数据。利用频数分析你能得到什么有助于生产及销售的信息？

24　18　18　26　24　23　16　18　21　20　21　24　19　19　14　22　21　26　27
15　19　17　20　20　19　22　23　16　23　21　15　19　21　20　22　15　24　19

2. 实例操作

现在的任务是要分析历史销售数据的信息。由于每周销售数据变动很大，最少销售量只有14(百万元)，最大销售量达到27(百万元)，因此，可以采用频数分析法来分析这些销售数据的基本统计特征，具体操作步骤如下。

(1)打开SPSS软件和数据文件11-01.sav，选择菜单栏中的“分析”—“描述性统计”—“频率”命令，弹出“频率”对话框。

(2)在左侧的候选变量列表框中选择“sale”变量，将其添加到“变量(V)”列表中，表示它是进行频数分析的变量。

(3)单击“统计量(S)”按钮，弹出“频率：统计量”对话框，勾选“四分位数(Q)”复选框，要求输出四分位数，然后单击“继续”按钮，返回“频率”对话框。

(4)单击“图表(C)”按钮，弹出“频率：图表”对话框，由于该数据属于数值型，因此选“条形图(B)”按纽，表示结果输出条形图。再单击“继续”按钮，返回“频率”对话框。

(5)单击“确定”按钮结束操作。

三、频数分析的结果分析

1. 基本统计结果输出

SPSS软件首先输出基本统计结果，如表11-1所示。其中，N表示进行统计分析的样本总量，这里有效样本总量等于38，缺失样本数目为0，0.25分位数、0.5分位数、0.75分位数分别为18.00、20.00和23.00。其中，0.5分位数等于20.00，说明样本数据中有一半的数据小于20.00，而另一半数据大于20.00。

表 11-1 频数分析表输出

统计量

Sale

N	有效	38
	缺失	0
百分位数	25	18.00
	50	20.00
	75	23.00

2.频数分析表输出

SPSS输出对销售样本数据“Sale”的频数分析如表11-2所示。其中,频率是指变量值落在某个区间(某个类别)中的次数;百分比是指各频数占总样本数的百分比;有效百分比是指各频数占有效样本数的百分比;累积百分比是指各百分比逐级累加起来的结果,最终取值为100。从频数分析表中可以看到,销售总量“19”出现的频数最多,共计6次;而销售总量“14”“17”“27”出现的频数最少,只有1次。

表 11-2 频数分析表

销售总量		频率	百分比	有效百分比	累积百分比
有效	14	1	2.6	2.6	2.6
	15	3	7.9	7.9	10.5
	16	2	5.3	5.3	15.8
	17	1	2.6	2.6	18.4
	18	3	7.9	7.9	26.3
	19	6	15.8	15.8	42.1
	20	4	10.5	10.5	52.6
	21	5	13.2	13.2	65.8
	22	3	7.9	7.9	73.7
	23	3	7.9	7.9	81.6
	24	4	10.5	10.5	92.1
	26	2	5.3	5.3	97.4
	27	1	2.6	2.6	100.0
	合计	38	100.0	100.0	

3.直方图

SPSS输出结果也包括直方图,如图11-5所示。从图形特征看,数据呈右偏分布,说明历史销售数据总体数值偏大;同时,最大值“27”差不多是最小值“14”的一倍,说明这种产品的销售量不是很稳定,具有较大的波动性。

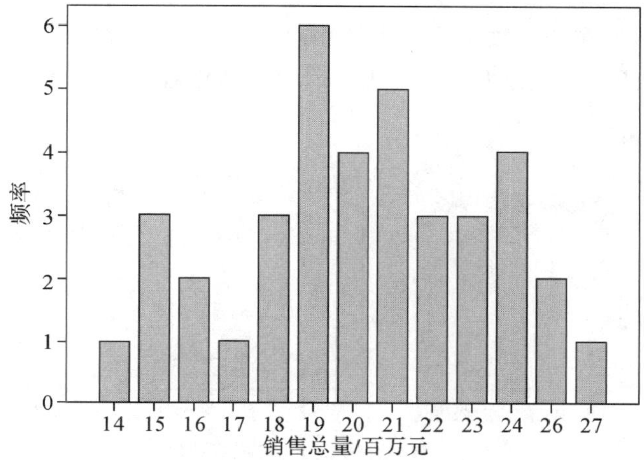

图 11-5　直方图

第二节　描述性统计分析

【本节知识分解】

1. 描述性统计的过程为单个表中若干变量显示单变量摘要的统计量，并以此计算标准化值

2. 描述统计主要涉及数据的集中趋势、离散程度和分布形态

3. 集中趋势是指一组数据向某一中心值靠拢的程度，其度量包括均值、中位数、众数

4. 离散程度是指一组数据远离其中心值的程度，观测度量包括样本方差、标准差与全距

5. 分布形态用来分析数据的具体分布情况，可以用偏度和峰度来进行分析

描述性统计分析是指将研究中所得的数据加以整理、归类、简化或绘制成图表，以此分析数据的观测个数、中心趋势，以及到中心值的变异或离散程度的一种过程。通过描述性统计分析，可以清晰、准确地分析数据的分布特点。

一、参数设置

(1)打开数据文件，选择“分析”—“描述统计”—“描述”，弹出“描述性”对话框，如图 11-6 所示，各项含义如下。

①“变量(V)”：从左侧的源变量列表中选择一个或多个变量进入其中。

②“将标准化得分另存为变量(Z)”：勾选该复选框，选择生成标准化数据。

标准化数据指 Z 标准化得分，是某一数据与平均数的距离以标准差为单位的测量值。其计算公式如下：

$$Z_i = \frac{X_i - \overline{X}}{\sigma}$$

式中，Z_i 即 X_i 的 Z 标准得分。Z 的标准化数据越大，说明它离平均数越远。标准化值不仅能表明各原始数据在一组数据分布中的相对位置，而且能在不同分布的各组原始数据间进行比较，同时还能接受代数方法的处理。因此标准化值在统计分析中起着重要的作用。

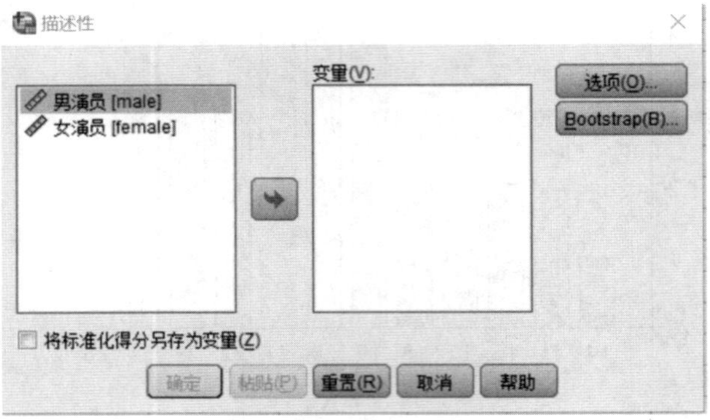

图 11-6 “描述性”对话框

(2)单击“选项(O)”按钮，弹出“描述:选项”对话框，如图 11-7 所示。这里的描述分析量与前面介绍的频数分析的统计量中相同的部分就不再做重复介绍，具体内容请参见第十一章第一节，剩下的分析量含义如下。

“显示顺序”:该选项栏用于设置当对多个变量进行描述统计时，输出的统计表中各变量如何排列，系统默认是按“变量列表(B)”排列。

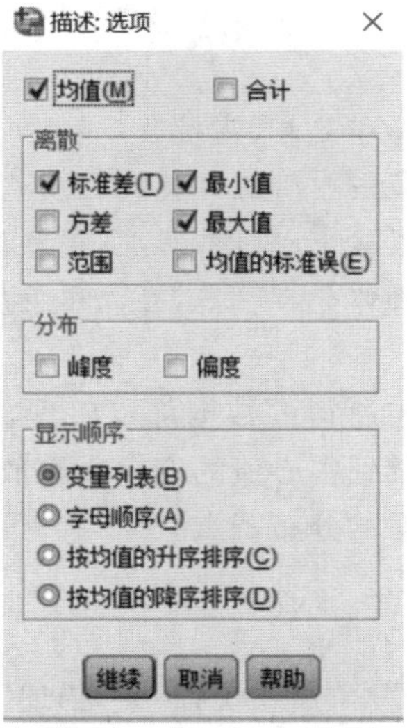

图 11-7 “描述:选项”对话框

二、描述性分析的 SPSS 实现

1. 实例内容

数据文件 11-02.sav 是近年来荣获奥斯卡奖的最佳男主角和女主角的年龄，请你分析不同性别演员获得奥斯卡奖的年龄差异性。

男演员:32 37 36 32 51 53 33 61 35 45 55 39 76 37 42 40 60 38 56 48 48 40 43 62 43 42 44 41 56 39 46 31 47 45 60

女演员:50 44 35 80 26 28 41 21 61 38 49 33 74 30 33 41 31 35 41 42 37 26 34 34 35 26 61 60 34 24 30 37 31 27 39 34

2. 实例操作

案例中列出了获得奥斯卡奖的男演员和女演员的年龄,现在要比较不同性别演员年龄的差异,就可以利用描述性统计量来分析这种差异性,具体操作步骤如下。

(1)打开数据文件 11-02. sav,其中"male"和"female"列分别表示男演员和女演员:选择菜单栏中的"分析"—"描述性统计"—"描述"命令,弹出"描述性"对话框。

(2)在左侧的候选变量列表框中选择"male"和"female"变量,将其添加至"变量"列表框中,表示它是要进行描述性统计分析的变量。

(3)单击"选项(O)"按钮,其主要目的是选择需要输出的描述性统计量,这里除了选择系统默认的统计量外,还勾选"全距"、"偏度系数"和"峰度系数"复选框;再单击"继续"按钮,返回"描述性"对话框。

(4)单击"确定"按钮完成操作。

三、描述性分析的结果分析

执行完上述操作后,输出的描述性统计分析结果如表 11-3 所示。表格第二列中的"N"表示男演员和女演员的统计人数都是 36 人,样本容量相同。从描述数据中心位置在统计量样本均值可以看到,女演员获奖的平均年龄(38.94)低于男演员的平均年龄(45.14)。男演员获奖年龄的全距值和标准差都小于女演员。最后偏度和峰度都表示两组数据都不服从正态分布。

表 11-3 描述性统计分析结果

	N	全距	极小值	极大值	均值	标准差	偏度		峰度	
	统计量	统计量	统计量	统计量	统计量	统计量	统计量	标准误	统计量	标准误
男演员	36	45	31	76	45.14	10.406	0.898	0.393	0.704	7.768
女演员	36	59	21	80	38.94	13.546	1.503	0.393	2.111	0.768
有效的 N(列表状态)	36									

第三节 列联表分析

视频:
描述性
统计

【本节知识分解】

1. 交叉列联表是对两个或两个以上分类变量的描述与推断的统计方法
2. 进行交叉表分析时,用卡方检验法来比较两个或两个以上分类变量的关联性分析
3. 卡方取值越大,表明行列变量之间的相关性越高;反之卡方取值越小,则表明行列变

量之间的独立性越高

列联表是指一个频率对应两个变量的表(第一个变量用来对行分类,第二个变量用来对列分类)。列联表经常被用来分析调查结果。它有两个基本任务:一是根据收集到的样本数据产生二维或多维交叉列联表;二是在列联表基础上,对两两变量间是否存在一定的相关性进行分析。

列联表的频数分布不可能用来直接确定行、列变量之间的关系及关系的强弱。令人感兴趣的二维列联表的检验问题是行、列变量的独立性检验。独立性检验是指列联表中行变量和列变量无关这样一个零假设进行的假设,即检验行、列变量之间是否彼此独立。一般采用的检验方法是卡方(χ^2)检验,计算公式如下:

$$\chi^2 = \sum \frac{(f_0 - f_e)^2}{f_e}$$

式中,f_0 表示实际观察频数;f_e 表示期望频数;χ^2 值是观察频数和期望频数之间距离的一种度量指标,χ^2 值越小,说明行、列变量之间的相关程度越密切。由于 χ^2 统计量服从(行数−1)×(列数−1)个自由度的卡方分布,SPSS 在自动计算统计量后,会给出相应的相伴概率 P 值,用户可以通过比较概率 P 值和显著性水平值大小来判断接受还是拒绝零假设。如果 P 值小于等于显著性水平 a,则拒绝原假设,认为行、列变量不独立;否则,接受原假设。

一、参数设置

(1)打开数据文件,选择“分析”—“描述统计”— “交叉表”,弹出“交叉表”对话框,如图 11-8 所示,各项含义如下。

①“行(S)”:从左侧的变量列表中选择一个或多个变量进入其中作为行变量。

②“列(C)”:从左侧的变量列表中选择一个或多个变量进入其中作为列变量。

③“层”:分层变量,决定频数分布表的层,如果要增加一个分层变量,就单击“下一张(N)”按钮,再选择一个分层变量。

④“显示复式条形图(B)”:选中该复选框,表示结果中会输出复式条形图,帮助汇总个案组的数据。

⑤“取消表格(T)”:勾选该复选框,表示结果中不输出交叉表。

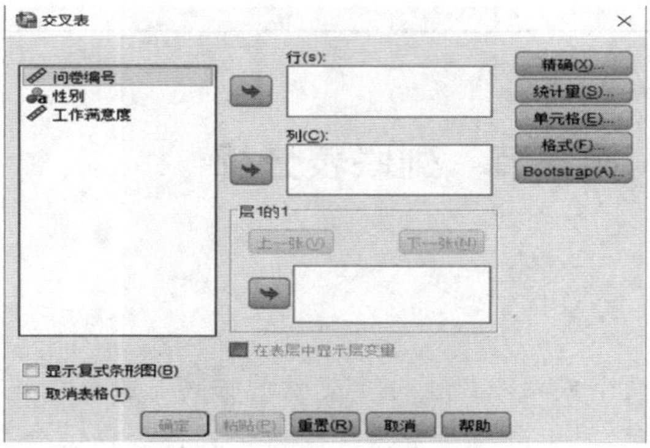

图 11-8 “交叉表”对话框

(2)单击“精确(X)”按钮,弹出“精确检验”对话框,如图11-9所示,各项含义如下。

①“仅渐进法(A)”:基于渐进分布计算的概率值,一般情况下值小于0.05,则认为显著。

②“Monte Carlo(M)”: 统计量是精确显著水平的无偏估计。

“置信水平(C)”框中可输入0.01~99.9的置信水平。

“样本数(N)”框中可输入1~1000000000的样本数。

③“精确(E)”:精确计算概率,当值小于0.05,则认为显著,行、列变量之间相互独立,适合在期望数有小于5的情况下使用。

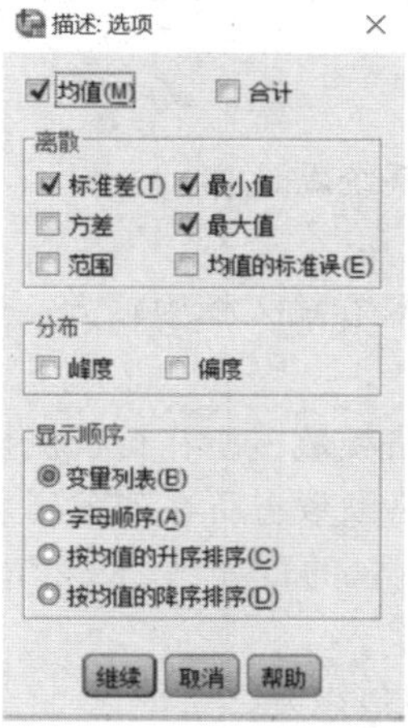

图1-9 “精确检验”对话框

(3)单击“统计量(S)”按钮,弹出“交叉表:统计量”对话框,如图11-10所示,该对话框用来选择统计分析量,各项含义如下。

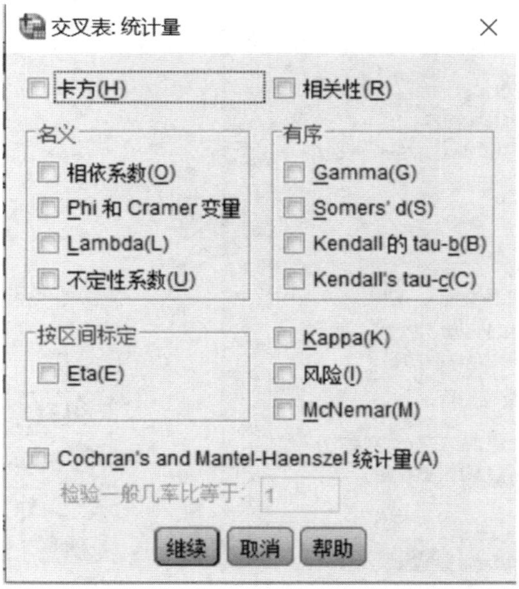

图11-10 “交叉表:统计量”对话框

①“卡方(H)”：当两个表变量都是定量变量时，用来检验行变量和列变量之间是否相关。

②“相关性(R)”：选择此项，当两个表变量都是定量变量时，相关产生 Pearson 相关系数 R，这是变量之间的线性相关性测量。

③“按区间标定”：当一个变量为定量变量，而另一个变量为分量变量时，请选择“Eta(E)”，分类变量必须进行数值编码。

“Eta(E)”：关联度统计量，取值在 0～1，值接近 1 表示高度相关。

(4)单击“单元格(E)”，弹出“交叉表：单元显示”对话框，如图 11-11 所示，设置单元格显示内容，各项含义如下。

①“计数”。

“观察值(O)”：显示实际频数，系统默认。

“期望值(E)”：显示期望频数。

“隐藏较小计数(H)”：选择此项，在输入框中输入一个数值 n 的整数，$n\geqslant2$。

②“百分比(C)”。

“行(R)”：显示行百分比，单元格频数占所在行观测量的百分比。

“列(C)”：显示列百分比，单元格频数占所在列观测量的百分比。

“总计”：单元格频数占全部观测量的百分比。

③“残差”。

“未标准化(U)”：观察值与期望值之差。

“标准化(S)”：残差除以其标准差的估计，均值为 0，标准差为 1。

“调节的标准化(A)”：单元格的残差除以其标准误差的估计值。

(5)单击“格式(F)”按钮，弹出“交叉表：表格格式”对话框，如图 11-12 所示，可以选择行变量值的升序或降序来排列行。

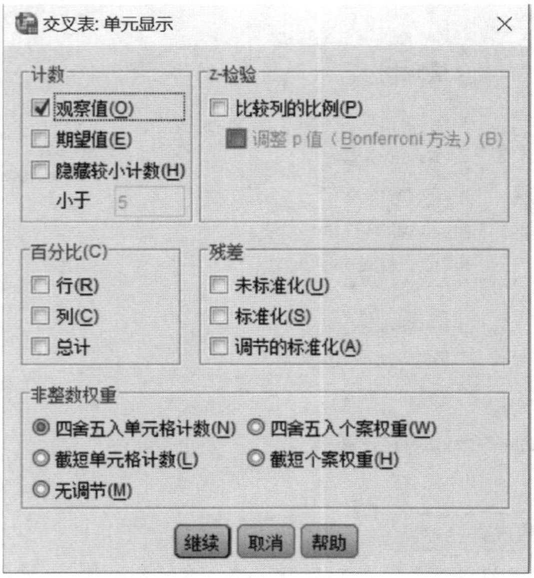

图 11-11 “交叉表：单元显示”对话框

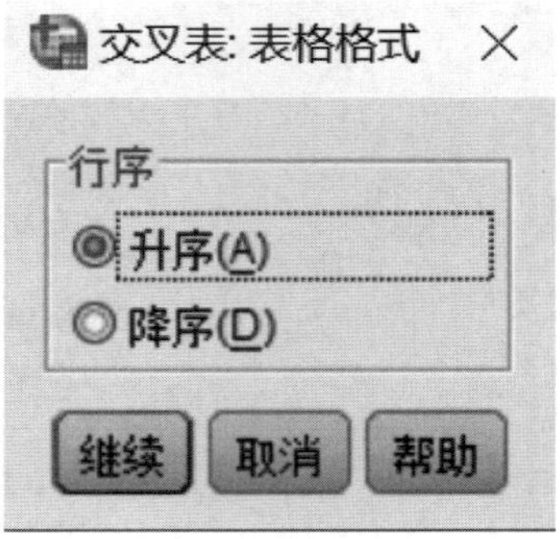

图 11-12 “交叉表：表格格式”对话框

二、列联表分析的 SPSS 实现

1. 实例内容

在一次上海大学生身体素质的实际调查中，选择了部分大专院校的学生进行实际问卷调查(数据文件 11-03. sav)。调查内容主要包括：性别、出生日期、身高、体重、血型、教育背景、学科、男女身高级别和男女体重级别等内容。请根据调查数据分析下面两个问题。

(1)进行“性别”和“体重级别”双因素交叉作用下的列联表分析，并研究“性别”对“体重级别”有无显著性影响。

(2)进行“教育背景”和“身高级别”双因素交叉作用下的列联表分析，并研究“教育背景”对“身高级别”有无显著性影响。

2. 实例操作

本案例主要是分析“性别”“教育背景”等因素对“体重”“身高”等变量的数量影响关系。由于这里涉及多个影响变量，所以可以考虑利用列联表来分析这些因素的交叉影响，具体操作步骤如下。

(1)打开数据文件 11-03. sav，选择菜单栏中的“分析”—“描述性统计”—“交叉表”命令，弹出“交叉表”对话框。

(2)在候选变量列表框中将变量“性别”添加到“行”列表框中，表示它是交叉列联表中的行变量；将变量“体重级别”添加至“列”列表框中，表示它是交叉列联表中的列变量。

(3)单击“统计量”按钮，弹出“交叉表：统计量”对话框，勾选“卡方”复选框，利用卡方检验来检验“性别”和“体重级别”的独立性；再单击“继续”按钮，返回“交叉表”对话框。

(4)由于要进行“性别”和“体重级别”的频数分析，因此在“交叉表”对话框中单击“单元格”选项，弹出“交叉表：单元显示”对话框，勾选“百分比”选项组中的“行”“列”和“总计”复选框，再单击“继续”按钮，返回“交叉表”对话框。

(5)勾选“显示复式条形图”复选框，表示利用条形图来反映不同性别之间的体重级别差异。

(6)单击“确定”按钮完成操作。

三、列联表分析的结果分析

1. 基本统计信息汇总

执行完上述 SPSS 操作后，结果输出的是基本统计信息汇总，如表 11-4 所示。这里选取了 214 个学生样本，样本数据没有缺失。

2.“性别”与“体重级别”的列联表

如表 11-5 所示的是“性别”变量和“体重级别”变量的列联表。行变量是“性别”，列变量是“体重级别”。由于系统默认是升序排列，所以 3 类“体重级别”依次的排列是轻、中等和重。可以看到，总共 69 名男学生中，“轻”体重级别有 17 人，“中等”体重级别有 35 人，“重”体重级别有 17 人，呈对称分布特征；但在所有 145 名女学生中，共有 136 名同学的体重级别为“轻”，数据呈现明显的左偏态特征，这也说明女生体重从总体上要低男生体重一个级别。

每个单元格都列出了行百分比、列百分比和合计百分比，它们都描述了各类变量古总体的比重。例如，以男性和“轻”体重级别交叉的单元格为例，该单元格内自上而下依次为：第一个数"17"为该单元格的实际频数；第二个行百分比"24.6%"表示这种体重级别的男生占所有男生数量的百分比；第三个列百分比"11.1%"表示这种体重级别的男生占所有这种体重级别学生数量的百分比。

3."性别"和"体重级别"的独立性检验

上面的列联表只是从百分比大小说明了男、女学生的体重级别差异很大，但不同性别的学生体重级别究竟有无显著性差异，还是要借助于卡方检验。如表 11-6 所示是"性别"对"体重级别"有无显著性影响的卡方检验结果。第一列是检验统计量的名称，第二列是各检验统计量的观测值，第三列是自由度，第四列是概率 p 值。第一列卡方检验的零假设是男学生和女学生的体重没有显著性差异。系统默认显著性水平为 0.05，由于卡方检验概率 p 值都小于 0.05，则拒绝零假设，认为不同性别的学生体重有显著性差异。

表 11-4　基本统计信息汇总

	案例					
	有效的		缺失		合计	
	N	占比(%)	*N*	占比(%)	*N*	占比(%)
性别×体重级别	214	100.0	0	0	214	100.0

表 11-5　"性别"和"体重级别"变量的列联表

			体重级别			合计
			轻(60kg 以下)	中等(60～70kg)	重(70kg 以上)	
性别	男	计数	17	35	17	69
		性别中的占比(%)	24.6	50.8	24.6	100.0
		体重级别中的占比(%)	11.1	85.4	85.0	32.2
	女	计数	136	6	3	145
		性别中的占比(%)	93.8	4.1	2.1	100.0
		体重级别中的占比(%)	88.9	14.6	15.0	67.8
合计		计数	153	41	20	214
		性别中的占比(%)	71.5	19.2	9.3	100.0
		体重级别中的占比(%)	100.0	100.0	100.0	100.0

表 11-6　卡方检验结果

检验统计量	值	*df*	渐进 Sig.(双侧)
Pearson 卡方	109.715[a]	2	0.000
似然比	111.290	2	0.000
线性和线性组合	92.739	1	0.000
有效案例中的 *N*	214		

4. 条形图

SPSS 的输出结果显示了不同性别学生的体重级别条形图，如图 11-13 所示，从条形图的高低变化可以直观地看到性别对体重级别影响的显著性。

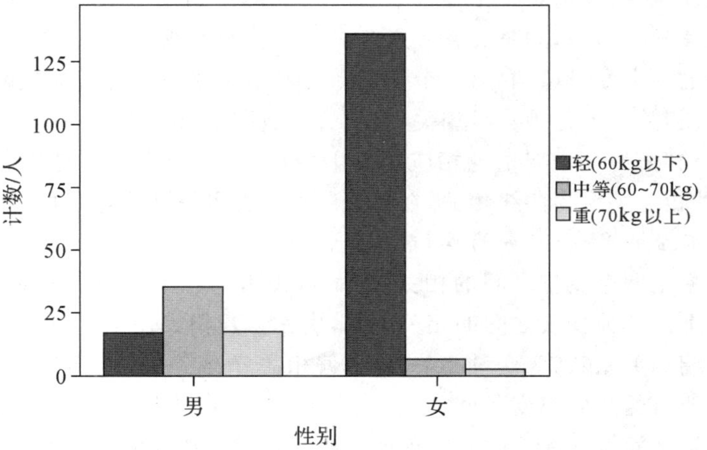

图 11-13　体重级别条形图

至于本案例中的第二个问题，感兴趣的读者可以自己练习完成。

第四节　相关分析

【本节知识分解】

1. 相关分析的目的是了解变量间相互联系的密切程度

2. 实际分析中，相关分析可以按照不同的标准进行划分

3. 相关系数用 r 表示，取值介于 −1 到 1 之间，当 $0<|r|<1$ 时，表示两变量存在一定的线性相关。$|r|$ 数值越接近于 1，表示其相关性越高；当 $|r|$ 数值越接近于 0 时，表示其相关性越低

4. 偏相关分析指当 2 个变量同时与第 3 个变量相关时，排除第 3 个变量影响的情况下，对另外两个变量之间进行相关程度分析

相关分析是研究事物之间是否具有相关性及相关性强弱的一种统计方法，线性相关分析是研究两个变量之间的相关性强弱及方向的一种方法。

从不同的分类角度进行分析，相关分析可以有多种分类。

1. 根据相关程度的不同，相关关系可分为完全相关、不完全相关和无相关

当一种现象的数量变化完全由另一种现象的数量变化所确定，这两种现象间的关系为完全相关。如果两个现象之间互不影响，其数量变化各自独立，我们称其为无相关现象。如果两种现象之间的关系介于无相关和完全相关之间，则称其为不完全相关。

2. 根据变量值变动方向的趋势，相关关系可分为正相关和负相关

正相关是指一个变量的数值增加或减少时，另一个变量的数值也随之增加或减少，两个变量变化方向相同。负相关是指两个变量变化方向相反，即随着一个变量数值的增加，另一个变量的数值反而减少；或随着一个变量数值的减少，另一个变量的数值反而增加。

3. 根据变量关系的形态，相关关系可分为直线相关和曲线相关

两个变量中的一个变量增加，另一个变量随之发生大致均等的增加或减少，近似地表现为一条直线，这种相关关系称为直线相关，在相关散点图上可呈现为一条直线。当两个变量中的一个变量变动时，另一个变量也相应地发生变动，但这种变动不是均等的，近似地表现为一条曲线，这种相关关系为曲线相关，在相关散点图上可呈现为弯月形。

4. 根据研究变量的多少，可分为单相关、复相关

所研究的如果是两个变量之间的相关关系，可称为单相关。如果所研究的是一个变量与两个或两个以上的其他变量之间的相关关系，则称为复相关。

本章主要介绍相关系数、双变量相关分析、偏相关分析。

相关分析主要目的是研究变量间关系的密切程度。在统计分析中，常利用相关系数定量地描述两个变量之间线性关系的紧密程度。相关系数是描述线性关系强弱和方向的统计量，取值范围为(−1,1)。

根据数据特点的不同，通常采用不一样的相关系数，下面介绍三种相关系数，分别是线性相关系数、Spearman 等级相关系数和 Kendall 等级相关系数。

一、相关系数

1. 线性相关系数

线性相关用来度量具有线性关系的两个变量之间相关关系的密切程度及相关方向，适用于满足正态分布的数据。线性相关系数，又称 Pearson 相关系数，有时也称积差相关系数。

$$\rho_{X,Y}=\mathrm{corr}(X,Y)=\frac{\mathrm{cov}(X,Y)}{\sigma_X\sigma_Y}=\frac{E[(X-\mu_X)(Y-\mu_Y)]}{\sigma_X\sigma_Y}$$

2. Spearman 等级相关系数

Spearman 等级相关系数相当于 Pearson 相关系数的非参数形式，它根据数据的秩而不是数据的实际值计算，适用于有序数据和不满足正态分布假设的等间距数据。取值范围也在(−1,1)，绝对值越大，相关性越强，取值符号表示相关的方向。

Spearman 等级相关系数检验零假设就是相关系数为 0，在小样本的情况下，Spearman 等级相关系数就是检验统计量，当是大样本的时候，采用正态检验统计量，当零假设成立时，小样本统计量服从 Spearman 分布，大样本统计量近似服从标准正态分布。

3. Kendall 等级相关系数

Kendall 等级相关系数是对两个有序变量或两个秩变量之间相关程度的测度，属于非参数统计。零假设就是相关系数为 0，在小样本的情况下，Kendall 等级相关系数就是检验统计量，当是大样本的时候，采用正态检验统计量，当零假设成立时，小样本统计量服从 Kendall 分布，大样本统计量近似服从标准正态分布。

相关系数不能直接用来说明样本来自的总体是否具有显著的线性相关性，而需要通过

假设检验的方式对样本来自的总体是否具有显著的线性相关性进行推断统计，先进行零假设，然后构造检验统计量，计算检验统计量的观测值和概率 p 值，根据 p 值和显著性水平的大小，来决定拒绝或接受零假设，零假设即两个总体无显著的线性关系。

二、双变量相关分析

1. 双变量相关系数

双变量相关分析的数据特点可以选择不同的相关系数，对正态分布的数据可以选择 Pearson 相关系数来进行分析；对于其他类型的，可以选择 Spearman 等级相关系数和 Kendall 等级相关系数。

(1)参数设置。

①打开数据文件，选择“图形”—“旧对话框”—“散点/点状”—“简单分布”—“定义”，然后从变量列表中分别把变量拖到简单散点图的 X 轴和 Y 轴，单击“确定”按钮，输出散点图，如图 11-14 所示。观察散点图，可以初步判断两者之间存在一定的正相关性，所以有必要进行下一步的相关分析。

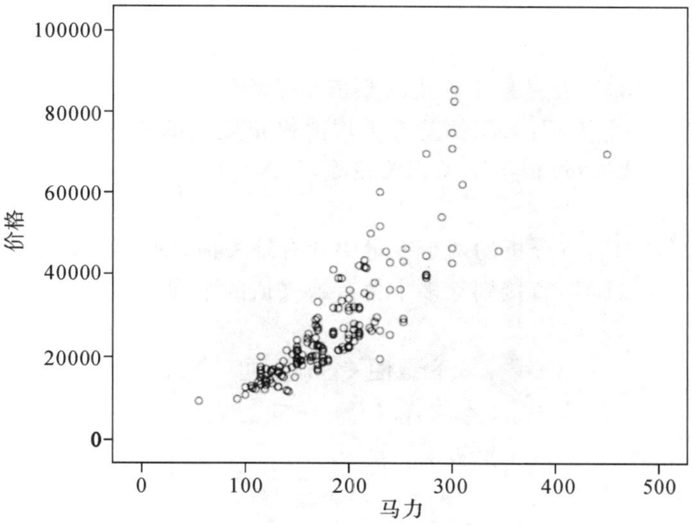

图 11-14　价格对马力的散点图

②在初步分析后，选择“分析”—“相关”—“双变量”，弹出“双变量相关”对话框，如图 11-15所示，各项含义如下。

“变量(V)”：将左侧的源变量列表中的变量选入其中。

“相关系数”：三个选项，相关系数的值范围为－1(完全负相关)到 1(完全正相关)，0 表示没有线性关系。

“显著性检验”：

“双侧检验(T)”：事先不知道是正相关还是负相关，勾选此项。

“单侧检验(L)”：事先知道相关的方向，勾选此项。

“标记显著性相关(F)”：勾选此项，则输出结果中达到 0.05 显著性水平时，右上角用“＊”表示比较显著；若达到 0.01 显著性水平时，右上角用“＊＊”表示极显著。

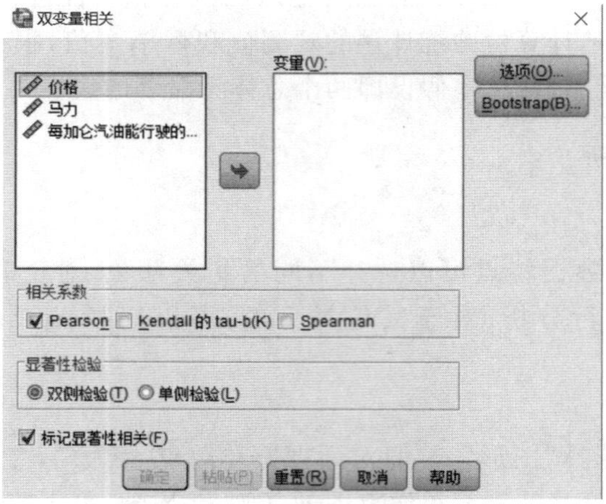

图 11-15 “双变量相关”对话框

③单击“选项(O)”按钮，弹出“双变量相关性：选项”对话框，如图 11-16 所示，各项含义如下。

“统计量”：

“均值和标准差(M)”：在结果中输出观察值得平均值和标准差。

“叉积偏差和协方差(C)”：叉积偏差等于均值修正变量的积的总和；协方差是关于两个变量相关性的非标准化度量，值等于叉积偏差除以($N-1$)。

“缺失值”：

“按对排除个案(P)”：待分析的两个变量中含有缺失值，则剔除这个个案。

“按列表排除个案(L)”：直接剔除多个含有缺失值的个案。

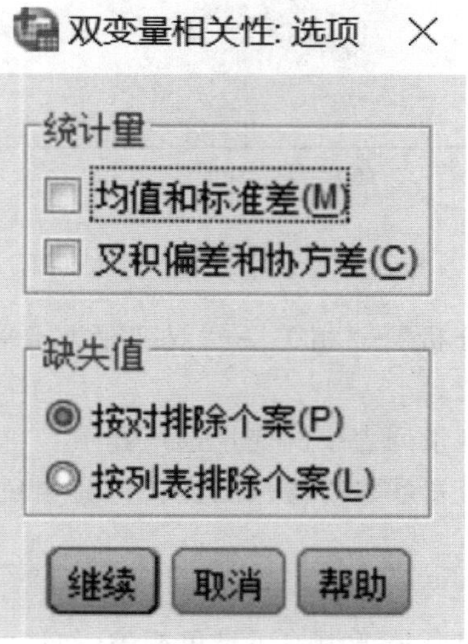

图 11-16 “双变量相关性：选项”对话框

2. 双变量相关分析的 SPSS 实现

(1)实例内容。

道琼斯工业平均指数(DJIA)和标准普尔指数 500(S&P 500)都被用作股市全面动态测度。DJIA 是基于 30 种股票的价格动态;S&P 500 是由 500 种股票组成的指数。有人说 S&P 500 是股票市场功能的一种更好的测度,因为基于更多的股票。数据显示了 DJIA 和 S&P 500 在 2007 年 10 周内的收盘价(数据文件 11-04. sav)。请计算它们之间的样本相关系数。不仅如此,样本相关系数告诉我们 DJIA 和S&P 500 之间的关系是怎样的?

(2)实例操作。

由于数值都是连续型变量,同时根据两个股票指数的散点图(见图 11-17),可见它们呈显著的线性相关,因此可以采用 Pearson 相关系数来测度它们之间的相关性。但为了比较,我们也计算了这两组变量的 Kendall 和 Spearman 相关系数,具体操作步骤如下。

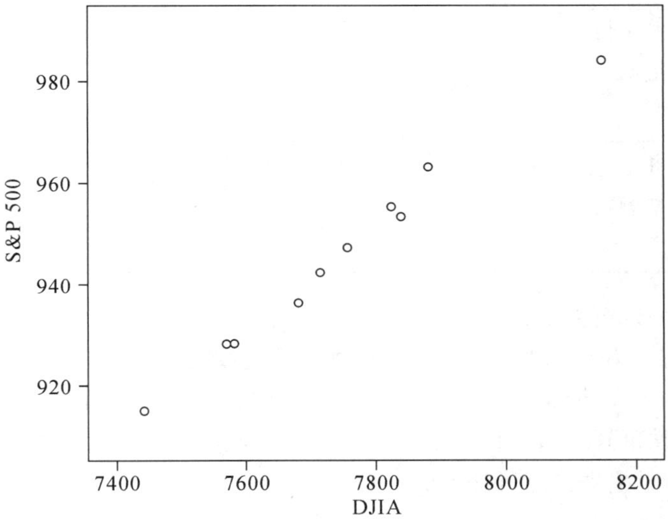

图 11-17　股票指数散点图

①打开数据文件 11-04. sav,选择菜单栏中的"分析"—"相关"—"双变量"命令,弹出"双变量相关"对话框。其中,变量 DJIA 表示道琼斯工业平均指数,变量 SP 表示标准普尔指数。

②在左侧的候选变量列表框中选择 DJIA 和 SP 变量,将其添加至"变量(V)"列表框中。

③在"相关系数"选项组中选择"Pearson"、"Kendall"和"Spearman"三种相关系数类型。

④单击"选项"按钮,弹出"双变量相关性:选项"对话框。在"统计量"选项组中勾选"均值和标准差(M)"复选框,表示要输出基本统计量。单击"继续"按钮返回"双变量相关"对话框,单击"确定"按钮完成操作。

3. 双变量相关分析的结果分析

(1)描述性统计分析表。

执行完上面的操作后,首先给出的是当前样本的描述性统计分析表,如表 11-7 所示。可以看到,样本容量都等于 10,道琼斯工业平均指数和标准普尔指数的平均值分别为 7743.60 和 945.10,两者差距显著。同时,两者的方差差距也很明显。

表 11-7 描述性统计分析表

	均值	标准差	N
DJIA	7743.60	197.326	10
SP	945.10	19.947	10

(2)Pearson 相关系数表。

接着，SPSS 列出了道琼斯工业平均指数和标准普尔指数的 Pearson 相关系数表，如表 11-8所示。可以看到，两种指数的 Pearson 系数值高达 0.995，非常接近 1；同时，相伴概率 p 值明显小于显著性水平 0.01，这也进一步说明两者高度正线性相关。

表 11-8 Pearson 相关系数表

		DJIA	SP
DJIA	Pearson 相关性	1	0.995**
	显著性(双侧)		0.000
	N	10	10
SP	Pearson 相关性	0.995**	1
	显著性(双侧)	0.000	
	N	10	10

(3)非参数相关系数表。

表 11-9 为非参数相关系数表，列出了两种股票指数的 Kendall 和 Spearman 相关系数，分别等于 0.944 和 0.985；同时，它们的概率 p 值也远小于显著性水平。但本案例中，Spearman 相关系数和 Kendall 相关系数都小于 Pearson 相关系数，显然这是在秩变换或数据按有序分类处理时损失信息所导致的。

表 11-9 非参数相关系数表

			DJIA	SP
Kendall 的 tau_b	DJIA	相关系数	1.000	0.944**
		Sig.(双侧)		0.000
		N	10	10
	SP	相关系数	0.944**	1.000
		Sig.(双侧)	0.000	
		N	10	10
Spearman 的 rho	DJIA	相关系数	1.000	0.985**
		Sig.(双侧)		0.000
		N	10	10
	SP	相关系数	0.985**	1.000
		Sig.(双侧)	0.000	
		N	10	10

通过以上分析可以看到，道琼斯工业平均指数和标准普尔指数具有高度正相关性，一个指数上涨或下跌时，另一个指数也会伴随着上涨或下跌。

三、偏相关分析

视频：
相关分析

1. 偏相关系数

线性相关分析计算的是两个变量间的相关系数，它分析两个变量之间线性相关的程度，但是现实中，事物之间的联系可能存在多个主体之间，因此往往因为第三个变量的作用使得相关系数不能真实地反映两个变量间的线性相关程度。例如身高、体重与肺活量之间的关系，如果使用 Pearson 相关计算其相关系数，可以得出肺活量、身高和体重均存在较强的线性相关性质。但实际上呢，对体重相同的人而言，身高值越大其肺活量也不一定越大。因为身高与体重有着线性关系，肺活量与体重有着线性关系，因此得出了身高与肺活量之间存在较强的线性关系的错误结论。偏相关分析就是在研究两个变量之间的线性相关关系时控制可能对其产生影响的变量。

偏相关分析是在相关分析的基础上考虑了两个因素以外的各种作用，或者说在扣除了其他因素的作用大小以后，重新来测度这两个因素间的关联程度。这种方法的目的就在于消除其他变量关联性的传递效应。

偏相关系数在计算时可以首先分别计算三个因素之间的相关系数，然后通过这三个简单相关系数来计算偏相关系数，公式如下：

$$r_{12(3)} = \frac{r_{12} - r_{13}r_{23}}{\sqrt{1-r_{13}^2}\sqrt{1-r_{23}^2}}$$

上式就是在控制了第三个因素的影响下所计算的第一、第二个因素之间的偏相关系数。当考虑一个以上的控制因素时，公式由此类推。

2. 偏相关分析的 SPSS 实现

(1)实例内容。

在我国的金融市场中，股票市场和债券市场都是其中的重要组成部分。研究它们之间的关系有利于我们弄清楚金融市场之间的关联特征。但是我国债券市场主要由银行间债券市场和证券交易所市场组成，并且它们处于相对分割的状态，在投资主体、交易方式等方面存在显著差异。文件 11-05.sav 列出了近几年我国股票市场、交易所国债市场和银行间国债市场的综合指数，请利用相关分析研究这三个市场的关联特征。

(2)实例操作。

由于这里要研究三个金融市场之间的关系，因此首先可以利用简单相关分析方法来初步探讨它们之间的联系。表 11-10 计算了股市和债市的 Pearson 相关系数。从表中数据可以看到，三个市场间的价格相关系数较高，其中交易所和银行间国债市场相关系数高达 0.922，而它们和股市的相关系数相对较低，分别是 0.411 和 0.419，从数值大小可以看到这两个子市场和股市的关联性差异不明显。

表 11-10　股市和债市的 Pearson 相关系数

控制变量		股票指数	交易所国债指数	银行间国债指数
股票指数	Pearson 相关性	1	0.411**	0.419**
	显著性(双侧)		0.000	0.000
	N	1321	1321	1321
交易所国债指数	Pearson 相关性	0.411**	1	0.922**
	显著性(双侧)	0.000		0.000
	N	1321	1321	1321
银行间国债指数	Pearson 相关性	0.419**	0.922**	1
	显著性(双侧)	0.000	0.000	
	N	1321	1321	1321

注:** 表示在 0.01 水平(双侧)上显著相关。

但是,就相关系数本身而言,它未必是两个事物间线性关系强弱的真实体现,往往有夸大的趋势,因为它在计算时都没有考虑第三方的影响,这就有可能导致对事物的解释出现偏差。这里,股市、银行间国债市场和交易所国债市场之间肯定是相互关联的,两个市场间的关系强弱肯定要受到第三方的影响制约,市场间的关系强弱可能存在传递效应。基于这种考虑,这里要引入偏相关系数测度市场间的关系,具体操作步骤如下。

(1)打开数据文件 11-05. sav,选择菜单栏中的"分析"—"相关"—"偏相关"命令,弹出"偏相关"对话框。其中,变量 stock 表示股票价格指数,变量 jys 表示交易所国债指数,变量 yhj 表示银行间国债指数。

(2)在左侧的候选变量列表框中选择 stock 和 jys 变量,将其添加至"控制"列表框中。同时将 yhj 变量添加至"控制"列表框中,这样就表示在控制了银行间国债市场的影响后,计算股票市场和交易所国债市场的相关系数。同理,可以将 stock 和 jys 变量分别设定为控制变量,计算剩余两个市场的相关系数。

(3)单击"选项"按钮,弹出"偏相关:选项"对话框。在"统计量"选项组中勾选"均值和标准差"复选框,表示要输出基本描述统计量。单击"继续"按钮,返回"偏相关"对话框,单击"确定"按钮完成操作。

3. 偏相关分析的结果分析

(1)描述性统计分析表。

执行完上述操作后,首先给出的是当前样本的描述性统计分析表,如表 11-11 所示。可以看到,样本容量都等于 1321,三个市场综合指数的样本均值和样本方差都有一定的差距。

表 11-11　描述性统计分析表

样本	均值	方差	N
股票指数	1.6305E3	613.14785	1321
交易所国债指数	1.0625E2	5.51477	1321
银行间国债指数	1.0765E2	5.15824	1321

(2)偏相关系数表。

表 11-12 至表 11-14 给出了三个市场之间的偏相关系数。在控制了股市指数后,银行和交易所市场间的相关系数没有发生太大变化,仍然高达 0.906,说明了这两个市场的关系密切,且股市对两市波动影响较小。而银行间国债市场与股市的偏相关系数却发生了显著变化:银行间市场和股市的 Pearson 相关系数为 0.419,而在控制了交易所指数后,它们之间的偏相关系数下降为 0.114;同理,交易所国债市场和股市的相关系数也由 0.411 下降到 0.070。这说明了第三方市场对剩余两个市场确实存在显著影响,通过简单相关系数还无法深入刻画市场之间的关系。这里引入偏相关系数是比较适合的。

表 11-12　股市和交易所国债市场的偏相关系数

控制变量			股票指数	交易所国债指数
银行间国债指数	股票指数	相关性	1.000	0.070
		显著性(双侧)		0.011
		df	0	1318
	交易所国债指数	相关性	0.070	1.000
		显著性(双侧)	0.011	
		df	1318	0

表 11-13　股市和银行间国债市场的偏相关系数

控制变量			股票指数	银行间国债指数
交易所国债指数	股票指数	相关性	1.000	0.114
		显著性(双侧)		0.000
		df	0	1318
	银行间国债指数	相关性	0.114	1.000
		显著性(双侧)	0.011	
		df	1318	0

表 11-14　交易所和银行间国债市场的偏相关系数

控制变量			银行间国债指数	交易所国债指数
股票指数	银行间国债指数	相关性	1.000	0.906
		显著性(双侧)		0.000
		df	0	1318
	交易所国债指数	相关性	0.906	1.000
		显著性(双侧)	0.000	
		df	1318	0

【本章重要知识小结】

1. SPSS 提供的基本统计量大致可以分成三类：集中趋势的统计量、离散程度的统计量和总体分布的统计量。

2. 通过频数分析，借助描述多种类型变量的统计和图形显示，可以了解变量取值的状况，把握数据分布特征。

3. 描述性统计分析是分析数据的观测个数、中心趋势，以及到中心值的变异或离散程度的一种过程。

4. 列联表是指一个频率对应两个变量的表，经常被用来分析调查结果。通过列联表，可以对两两变量间是否存在一定的相关性进行分析。

5. 相关分析是研究事物之间是否具有相关性及相关性强弱的一种统计方法，从不同的分类角度进行分析，相关分析可以有多种分类。

6. 在统计分析中，相关系数常被用来定量地描述两个变量之间线性关系的紧密程度。根据数据特点的不同，通常采用不一样的相关系数。

【复习题】

一、判断题

1. 频数分析中的图标功能可以形象且直观地显示变量之间的取值情况。（　　）
2. 描述性统计分析方法中，系统可以对选择的变量进行标准化处理。（　　）
3. 集中趋势可以理解为一组数据远离其中心值的程度。（　　）
4. 交叉列联表可以用来研究变量之间的相关性。（　　）

二、选择题

1. 频数分析是运用统计量和图形来描述多种类型的变量，下列选项不属于频率分析中的统计量的是（　　）

A. 百分位值　　B. 分布指标　　C. 集中趋势　　D. 卡方

2. 相关关系可以按照不同的形态，以及不同的标注进行划分，下列选项中不属于按相关程度划分的一项为（　　）

A. 完全相关　　B. 单相关　　C. 不完全相关　　D. 无相关

三、简答题

1. 频数分析中都具有哪些统计量和参数？
2. 描述分析方法中的集中趋势都包括哪些度量？
3. 什么是相关分析？它有哪些不同的分类角度？

四、上机操作题

1. 请运用 SPSS 中的描述分析方法，设置统计选项为均值、标准差、最小值、最大值、峰度与偏度，分析一年内销售数据的中心趋势，以及到中心值的变异或离散程度。（数据见描述分析销售数据. sav）

2. 请运用双变量相关分析方法来分析学生两门功课考试成绩之间的相关性。

（数据见双变量相关分析考试成绩. sav）

数据文件

第十二章　均值检验与方差分析

【本章教学主要内容】

➢　模块一：均值检验

1.假设检验

2.平均值检验

3.单样本T检验

4.两独立样本T检验

5.配对样本T检验

➢　模块二：方差分析

1.单因素方差分析

2.多因素方差分析

【本章教学目的】

1.理解假设检验、方差分析的含义

2.熟知各个对话框中的参数含义

3.熟悉掌握各个假设检验、方差分析的操作步骤

4.学会分析各项结果的含义

第一节　均值检验

【本节知识分解】

1.假设检验为显著性检验，是用来判断样本与样本、样本与总体的差异造成原因的一种统计推断方法

2.假设检验首先提出一个假设，然后通过检验样本统计量的差异来推断总体参数之间是否存在差异。它是以最小概率为标准，对总体的状况所做出的假设进行判断

3.均值检验：通过比较两个样本的均值来判断两个总体的均值是否相等

4.单样本T检验：推断样本数据的平均值和指定的检验值之间的差异是否显著

5.两独立样本T检验：在两个样本相互独立的前提下，检验两个样本的总体均数是否存

在显著差异

6.配对样本T检验：检验两配对总体的均值是否存在显著差异

一、假设检验

由于总体中的每个个体间均存在差异，在抽取样本的时候，即使严格遵守随机抽样原则，也会由于多抽到一些数值较大或较小的个体致使样本统计量与总体的参数之间有所不同：由于实验者测量技术的差别或测量仪器精确程度的差别等因素造成的偏差，使样本统计量与总体参数之间存在差异。

对总体特征的推断一般采用参数估计和假设检验两类方式实现，SPSS兼顾了这两类方式，由于其原理基本类似，本章仅对假设检验做重点讲述，并且在假设检验的结果中也会给出在一定的置信度下，一些统计量的置信区间。

假设检验的基本思路是首先对总体参数提出零假设，然后利用样本的数据去验证先前提出的假设是否成立。如果样本数据不能充分证明和支持零假设，则在一定的概率条件下，拒绝零假设；反之，如果样本数据不能充分否认零假设，则不能拒绝零假设。

在假设检验的推断过程中，基本原则就是依靠统计分析推断原理，即小概率事件在一次特定的抽样中几乎不可能发生，如果发生了小概率事件，就有利于拒绝零假设。

假设检验的一般步骤如下所述。

1.提出零假设(H_0)

根据检验的目标，对需要检验的最终结果提出一个零假设。例如，需要检验一个班级同学的平均身高是否等于170cm，即可以做出零假设，H_0：h=170。

2.选择检验统计量

假设检验中，总是通过计算检验统计量的概率值进行判断，这些统计量服从或近似服从已知的某种分布，常用的有t分布、F分布等。

3.计算检验统计量观测值发生的概率

在认为零假设成立的前提下，计算检验统计量观测值发生的概率，记为p，概率p值就是零假设成立的前提下样本值发生的概率，对此可以根据一定的标准来判定其发生的概率是否是小概率。

4.给定显著性水平，做出判断

显著性水平是指零假设正确却被错误拒绝的概率，一般取0.01或0.05，即零假设正确且正确接受的概率为99%或95%，换言之，概率p值小于显著性水平时，则拒绝零假设，此时零假设正确却被错误拒绝的概率小于显著性水平，即小于预定的水平，就是说零假设正确却被错误拒绝的概率在我们容忍的范围内，认为拒绝零假设正确；反之，概率值大于显著性水平时，则接受零假设。

二、平均值检验

均值过程可以计算一个或多个自变量类别中因变量的子组平均值和相关的单变量统计，也可以通过比较两个样本的均值来判断两个总体的均值是否相等。零假设：两个样本的均值没有显著差异。

1. 参数设置

(1)打开数据文件,选择"分析"—"比较平均值"—"平均值",弹出"均值"对话框,如图12-1所示,各项含义如下。

①"因变量列表(D)":从左侧的变量列表中选择一个或多个变量进入其中。

②"自变量列表(I)":从左侧的变量列表中选择一个或多个变量进入其中。其中,自变量列表还可以选择一层或多层变量,通过单击"下一张(N)"完成。

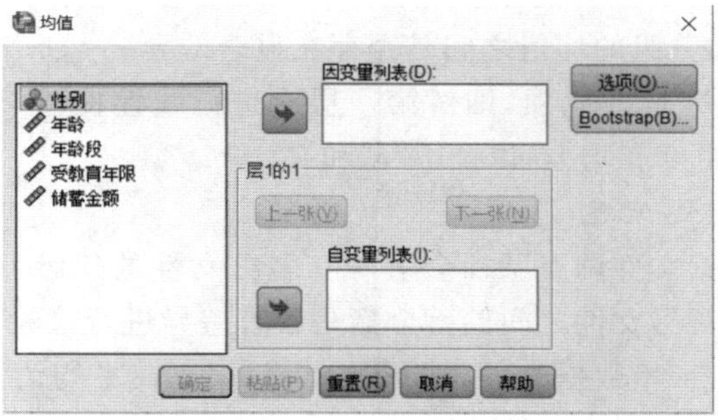

图 12-1 "均值"对话框

(2)单击"选项(O)"按钮,弹出"均值:选项"对话框,如图12-2所示,设置输出的统计量,各项含义如下。

①"统计量(S)":该列表用于显示统计量,包括中位数、组内中位数、均值的标准误等,可以通过单击➥按钮,将左边需要统计的项目选入右边的"单元格统计量(C)"中。

统计量中有一些如平均值、中位数等,其余各项含义如下:

"第一个":显示在数据文件中遇到的第一个数据值。

"最后一个(T)":显示在数据文件中遇到的最后一个数据值。

"调和均值":在组中的样本大小不相等的情况下用来估计平均组大小。调和均值是样

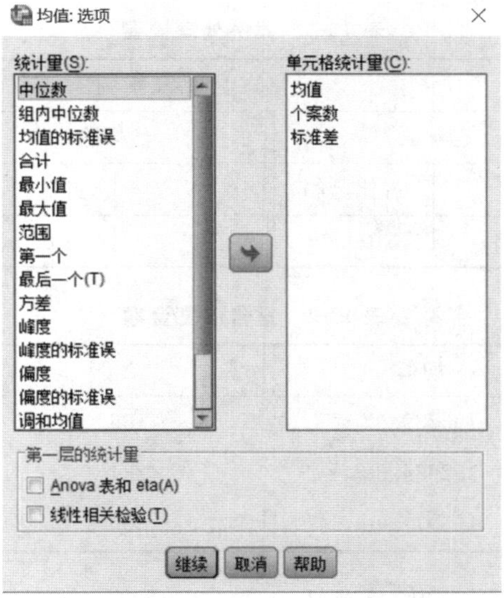

图 12-2 "均值:选项"对话框

本总数除以样本大小的倒数总和。

“几何平均值”:数据值的乘积的 n 次根,其中 n 代表个案数目。

“个案总数的百分比”:每个类别中的个案总数的百分比。

“总和的百分比”:每个类别中的总和百分比。

②“单元格统计量(C)”:显示选中需要统计的统计量。

③“第一层的统计量”。

“Anova 表和 eta(A)”: 选择此项,即对第一层次进行方差分析,显示单因素方差分析表,可以得出第一层次的分组的均值之间是否存在显著差异。

“线性相关检验(T)”:选择此项,即对第一层次进行线性检验,计算与线性和非线性成分相关联的平方和 、自由度和均方,以及 F/R 和 R^2。

2. 平均值检验的 SPSS 实现

“data12-01. sav”数据文件调查了社会上 400 名男女性的年龄、受教育年限、储蓄金额,现要求利用平均值检验对男女性之间储蓄金额是否有差异进行检验。

(1)打开“data12-01. sav”数据文件,选择“分析”—“比较平均值”—“平均值”,弹出如图 12-1 所示的“均值”对话框。

(2)在左侧的变量列表中选中“储蓄金额”变量,单击“继续”按钮,将其选入“因变量列表”;将“性别”变量选入“自变量列表”中。

(3)单击“选项(O)”按钮,弹出如图 12-2 所示的“均值:选项”对话框,统计量为系统默认,勾选“Anova 表和 eta(A)”和“线性相关检验”复选框,单击按钮返回主对话框。

(4) 完成所有设置后,单击“确定”按钮执行命令。

3. 平均值检验的结果分析

从表 12-1 和表 12-2 可以看出个案数为 400,其中男性的个案为 166,储蓄金额的平均值为 198239.97,标准偏差为 100439.918;女性的个案为 234,储蓄金额的平均值为 192834.38,标准偏差为 84223.143。

表 12-1　案例处理摘要

	案例					
	已包含		已排除		总计	
	N	占比(%)	N	占比(%)	N	占比(%)
储蓄金额×性别	400	100.0	0	0.0	400	100.0

表 12-2　报告储蓄金额

性别	均值	N	标准差
男	198239.97	166	100439.918
女	192834.38	234	84223.143
总计	195077.70	400	91120.918

从表 12-3 和表 12-4 可以看出,显著性为 0.560,大于 0.05,说明男性与女性的储蓄金额之间没有显著差异,此外,相关性测量中 eta 的平方为 0.001。

表 12-3　ANOVA 表[a]

			平方和	df	均方	F	显著性
储蓄金额×性别	组间	(组合)	2.838×10^{9}	1	2.838×10^{9}	0.340	0.560
	组内		3.317×10^{11}	398	8.335×10^{9}		
	总计		3.320×10^{11}	399			

a. 少于三组,无法计算储蓄金额×性别的线性度量。

表 12-4　相关性测量

	eta	eta 方
储蓄金额×性别	0.029	0.001

三、单样本 T 检验

单样本 T 检验的目的是推断样本数据的平均值和指定的检验值之间的差异是否显著。

零假设:样本数据的均值与检验值之间不存在显著差异。$H_0: \mu=\mu_0$,其中 μ 为样本数据的均值,μ_0 为检验值。

1. 参数设置

(1) 打开数据文件,选择"分析"—"比较平均值"—"单样本 T 检验",弹出"单样本 T 检验"对话框,如图 12-3 所示,各项含义如下。

①"检验变量(T)":从左侧的变量列表中选择一个变量进入其中。

②"检验值(V)":在"检验值"框中输入一个数值。

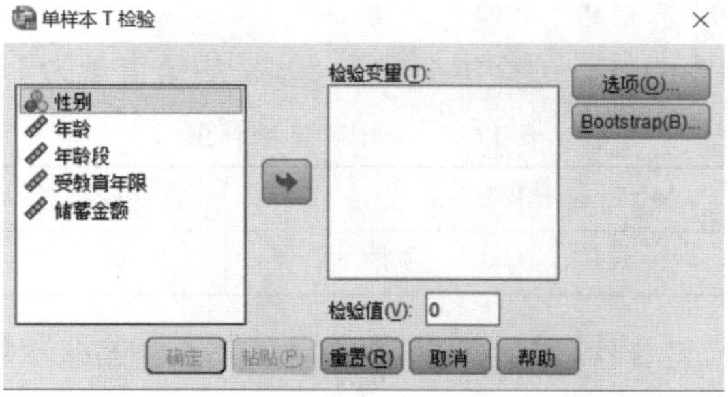

图 12-3　"单样本 T 检验"对话框

(2)单击"选项(O)",弹出"单样本 T 检验:选项"对话框,如图 12-4 所示。

①"置信区间百分比(C)":在框中输入数值,一般为 95 或 99,即显示平均值和假设的检验值之差的 95%或 99%的置信区间。

②"缺失值"。

"按分析顺序排除个案(A)":在分析过程中,仅剔除在该变量上为缺失值的个案,样本大小可能随检验的不同而不同。

"按列表排除个案(L)":剔除含有缺失值的所有个案,样本大小在各个检验之间恒定。

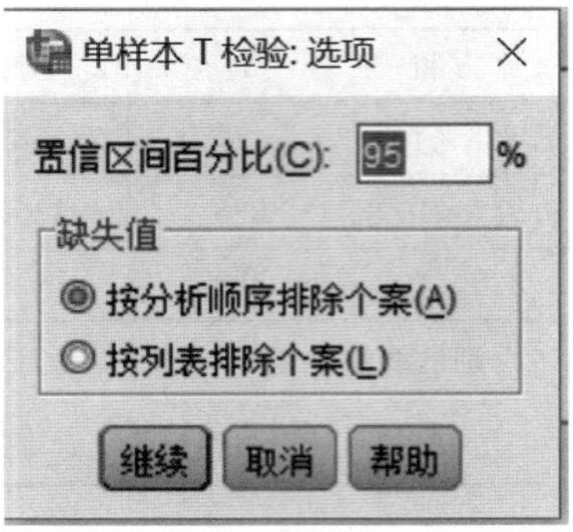

图 12-4 “单样本 T 检验:选项”对话框

2. 单样本 T 检验的 SPSS 实现

采用“data12-02. sav”数据文件,该文件显示的是某饮料 3 月份在 80 个销售网点的销售量,根据市场预测模型的分析,该饮料在各销售网点的平均销量为 80 箱。请利用单样本 T 检验来分析该饮料的实际销量与市场预测模型的预测是否一致。

(1)打开“data12-02”数据文件,选择“分析”—“比较平均值”—“单样本 T 检验”,弹出如图 12-3 所示的“单样本 T 检验”对话框。

(2)选择“饮料的销售量”变量,单击➜按钮,将其选入“检验变量(T)”列表,在“检验值(V)”框中输入“80”,即零假设:$\mu=50$,μ 为销量平均值。

(3)单击“选项(O)”按钮,弹出如图 12-4 所示的“单样本 T 检验:选项”对话框,选项为系统默认。单击“继续”按钮返回主对话框。

(4)完成所有设置后,单击“确定”按钮执行命令。

3. 单样本 T 检验的结果分析

从表 12-5 可以看出参与统计的样本个数为 80,平均销售量为 78.71 箱。

表 12-5 单个样本统计量

样本	N	均值	标准差	均值的标准误
饮料的销售量	80	78.71	10.617	1.187

由表 12-6 可以看出,显著性(双侧)为 0.281,大于 0.05,因此不能拒绝零假设,所以认为此次实际销售数量与销售模型的预测无显著差异。

表 12-6 单个样本检验

<table>
<tr><th rowspan="3">样本</th><th colspan="6">检验值=80</th></tr>
<tr><th rowspan="2">t</th><th rowspan="2">df</th><th rowspan="2">Sig.(双侧)</th><th rowspan="2">均值差值</th><th colspan="2">差分的 95% 置信区间</th></tr>
<tr><th>下限</th><th>上限</th></tr>
<tr><td>饮料的销售量</td><td>−1.085</td><td>79</td><td>0.281</td><td>−1.287</td><td>−3.65</td><td>1.08</td></tr>
</table>

四、两独立样本的 T 检验

两独立样本 T 检验就是在两个样本相互独立的前提下,检验两个样本的总体均值是否存在显著差异。零假设:两个样本数据的均值不存在显著差异。

1. 参数设置

(1)打开数据文件,选择“分析”—“比较平均值”—“独立样本 T 检验”,弹出“独立样本 T 检验”对话框,如图 12-5 所示,各项含义如下。

①“检验变量(T)”:从左侧的变量列表中选择一个变量进入其中。

②“分组变量(G)”:从左侧的变量中选择一个变量进入其中。选入分组变量后,激活“定义组(D)”按钮,单击弹出“定义组”对话框,如图 12-6 所示,对分组变量进行定义。

“使用指定值(U)”:在“组 1(1)”“组 2(2)”两个框中输入分组变量值,表示进行两组比较,一般输入“1”和“2”。

“割点(C)”:通过分割点将分组变量分成两组,一组大于等于分割点数值,另一组小于分割点数值。

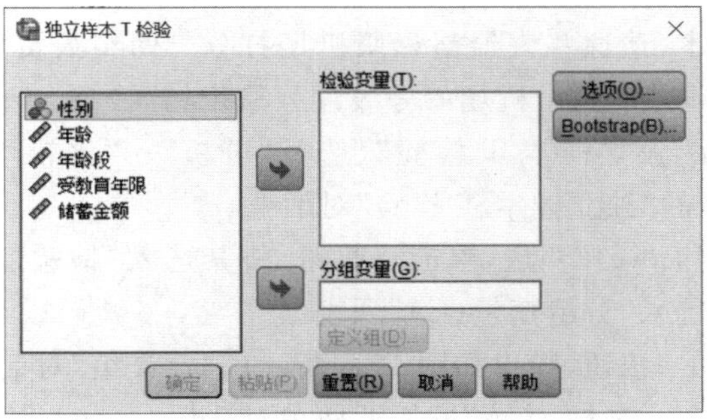

图 12-5 “独立样本 T 检验”对话框

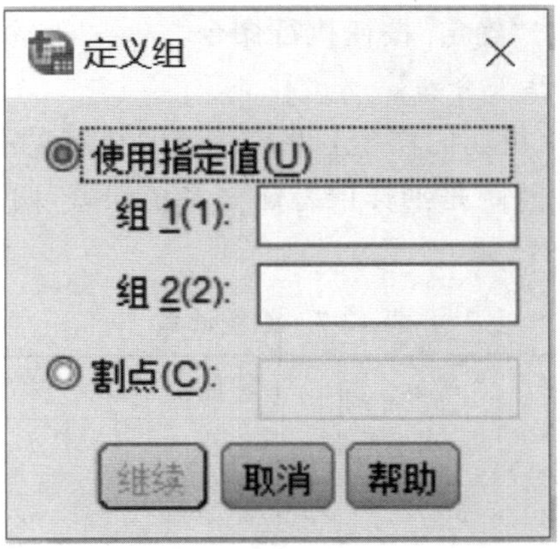

图 12-6 “定义组”对话框

(2)单击“选项(O)”按钮,弹出“独立样本 T 检验:选项” 对话框,如图 12-7 所示。

2. 两独立样本 T 检验的 SPSS 实现

采用“data12-03. sav”数据文件,国际航空运输协会对商务旅游人员进行一项调查,以便确定多个国际机场的登记分数,最高分为 10 分,分数越高说明其等级越高,假设有一个由 50 名商务旅行人员组成的简单随机样本,要求这些人给迈阿密机场打分;另外有一个由 50 名

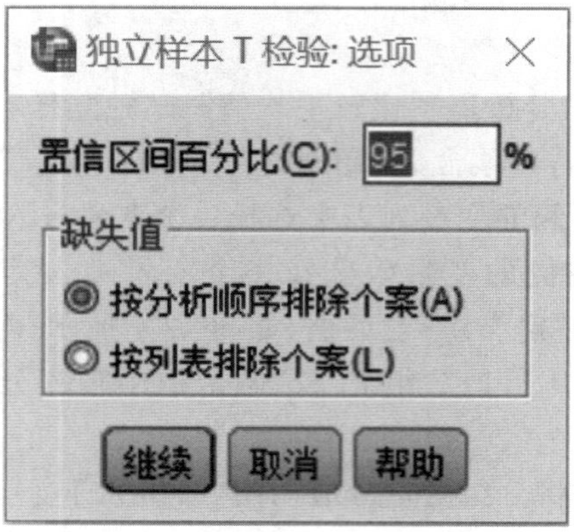

图12-7 “独立样本 T 检验:选项”对话框

商务旅行人员组成的样本,请这些人给洛杉矶机场打分。两组人员打出的等级分数如数据“data 12-03. sav”所示,请判断两个机场的等级评分是否相同?

(1)打开数据文件“两独立样本 T 检验”,选择“分析”—“比较均值”—“独立样本 T 检验”,弹出如图 12-5 所示的“独立样本 T 检验”对话框。

(2)选择“等级分数(score)”变量,单击➡按钮,将其选入“检验变量(T)”列表,选择“X”变量,单击➡按钮,将其选入“分组变量(G)”列表。

(3) 单击“定义组(D)”按钮,弹出如图 12-6 所示的“定义组”对话框,分别在“组 1(1)”和“组 2(2)”中输入“1”和“2”,单击“继续”按钮返回主对话框。

(4)单击“继续”按钮,弹出如图 12-7 所示的“独立样本 T 检验:选项”对话框,选项都选择系统默认,单击“选项(O)”按钮返回主对话框。

(5)完成所有设置后,单击“确定”按钮执行命令。

3. 两独立样本 T 检验的结果分析

从表 12-7 可以看出,两个机场的样本容量都是 50,机场的平均等级是 6.34 和 6.76,数值大小差距不大。但是,这种差距是抽样误差还是系统误差,两个机场的平均等级得分是否相同,还要具体观察 T 检验的结果。

表 12-7 组统计量

	x	N	均值	标准差	均值的标准误
等级分数	迈阿密	50	6.34	2.163	0.306
	洛杉矶	50	6.76	2.378	0.336

由表 12-8 可知,两组的总体方差齐性,因为在“方差方程的 Levene 检验”框中显著性为 0.770,大于 0.05,则选择“假设方差相等”这一行的 t 检验结果,在“均值方程的 t 检验”中,显著性(双侧)为 0.358,大于 0.05,说明两组数据的均值不存在显著差异,即两个机场的等级得分相同。这个结论说明商务人员认为两个机场在服务水平和服务质量等方面是没有差异的。

表 12-8　两独立样本 T 检验分析结果

		方差方程的 Levene 检验		均值方程的 t 检验						
		F	Sig.	t	df	Sig.（双侧）	均值差值	标准误差值	差分的 95% 置信区间 下限	差分的 95% 置信区间 上限
等级分数	假设方差相等	0.086	0.770	−0.924	98	0.358	−0.420	0.455	−1.322	0.482
	假设方差不相等			−0.924	97.131	358	−0.420	0.455	−1.322	0.482

五、配对样本的 T 检验

在数据分析中，有些数据是成对出现的，是两个样本的一种特殊状态，配对样本的 T 检验用于检验两个配对总体的均值是否存在显著差异。零假设：两个配对样本数据的均值不存在显著差异。

视频：独立样本 T 检验

1. 参数设置

(1)打开数据文件，选择“分析”—“比较平均值”—“配对样本 T 检验”，弹出“配对样本 T 检验”对话框，如图 12-8 所示。“成对变量(V)”列表用于将变量列表中的配对变量选入其中。

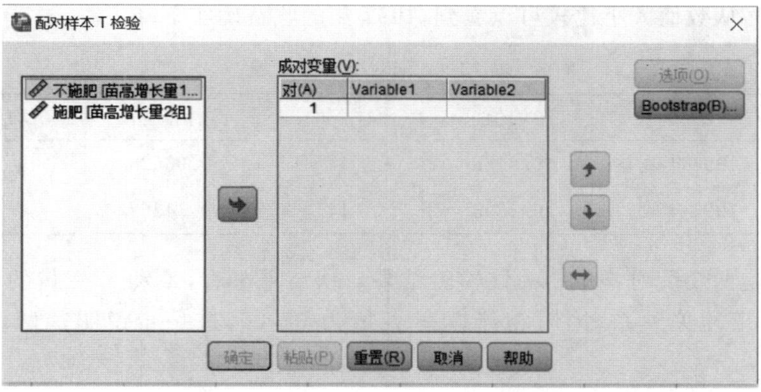

图 12-8　“配对样本 T 检验”对话框

(2)选入成对变量后，激活“选项(O)”按钮，单击弹出“配对样本 T 检验：选项”对话框，如图 12-9 所示。

2. 配对样本 T 检验的 SPSS 实现

“data12-04.sav”数据文件是部分美国公司在 1996 年第四季度和 1997 年第四季度的每股收益。1997 年，亚洲许多国家爆发了大规模的金融危机，致使许多国家的经济发展停滞不前。投资商预言：亚洲经济的低迷对 1997 年第四季度美国公司的收益造成负面影响。请用配对样本 T 检验来判断投资商的预言是否正确。

(1)打开数据文件“data12-04.sav”，选择“分析”—“比较平均值”—“配对样本 T 检验”，弹出如图 12-8 所示的“配对样本 T 检验”对话框。

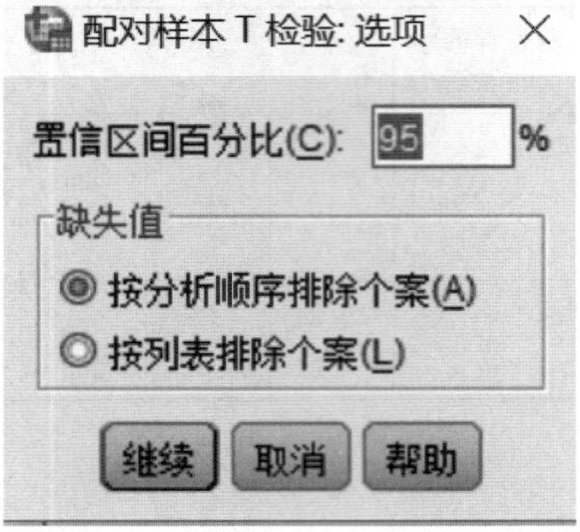

图 12-9 “配对样本 T 检验:选项”

(2)在左侧变量列表中选中检验变量“X”和“Y”变量,单击➡按钮,将其选入“成对变量(V)”列表中。

(3)单击“选择(O)”按钮,弹出如图 12-9 所示的“配对样本 T 检验:选项”对话框,选项都选择系统默认,单击“确定”按钮执行命令。

3. 配对样本 T 检验的结果分析

从表 12-9 可以看出,1996 年美国公司的平均收益为 0.6126,而 1997 年美国公司的平均收益为 0.4893,从数值大小比较可以看到,1997 年的收益确实下降了。

表 12-9 配对样本统计量

		均值	N	标准差	均值的标准误
对 1	1996 年收益	0.6126	14	0.33626	0.08987
	1997 年收益	0.4893	14	0.54262	0.14502

表 12-10 是两个配对样本相关性检验结果。从结果来看,X 和 Y 变量的相关系数等于 0.825,呈高度正相关关系;同时相伴概率 p 值为 0.000,进一步说明这两组样本相关性显著。

表 12-10 配对样本相关系数

		N	相关系数	Sig.
对 1	1996 年收益和 1997 年收益	14	0.825	0.000

从表 12-11 可以看出,配对样本 T 检验的统计量 t 等于 1.425,自由度 df 为 13,概率 p 值等于 0.178,大于显著性水平 0.05,因此接受零假设,认为美国公司在 1996 年和 1997 年的收益没有显著性差异。也就是说,虽然亚洲金融危机造成了美国公司利润的下滑,但从统计角度上看,这种影响虽然存在但不显著,没有对这些公司的经营发展造成实质性影响。

表 12-11　两配对样本 T 检验的分析结果

		成对差分					t	df	Sig.（双侧）
		均值	标准差	均值的标准误	差分的 95%置信区间				
					下限	上限			
对 1	1996—1997 年收益	0.12429	0.32644	0.08725	−0.06420	0.31277	1.425	13	0.178

第二节　方差分析

【本节知识分解】

1. 方差分析是可以分析两个及两个以上样本均数差别的显著性检验的统计方法

2. 方差分析包括总体正态分布性、齐效性与相互独立性 3 种假设条件

3. 方差分析是对数据变异量的分析，一般包括设定假设、方差齐性检验、计算变异量、自由度检验、F 值检验等过程

4. 单因素方差分析主要研究单个因素对观测变量的影响，也可以理解为研究一个大于或等于两个处理水平的自变量对因变量影响的分析方法

5. 双因素方差分析主要通过研究因变量的均值是否存在显著性差异，来探讨一个因变量是否受到多个自变量的影响

方差分析由英国统计学家 R. A. Fisher 首创，故方差分析又称 F 检验(F test)。在实际工作中，常常需要对多个总体的均值进行比较，并分析它们之间的差异，这可以利用方差分析实现。方差分析被广泛应用于教育学、农学、医学等领域。本节主要介绍方差分析的概述、单因素方差分析、多因素方差分析。

一、方差分析的概述

1. 方差分析的基本原理

方差分析，用于研究自变量与因变量是否有关系及关系强弱。其实质是将所有测量值间总变异中的离均差平方和自由度，按照其变异的来源分解为多个部分，然后，求相应部分的变异；再用各部分的变异与组内变异进行比较，得出统计量 F 值；最后，根据 F 值的大小确定 p 值，做出统计推断。

(1)方差分析的基本概念。

在方差分析中，有三个基本概念：因素、水平和观测变量。因素，指影响观测变量变化的条件；水平，指因素的量的不同级别或质的不同类别；观测变量，指所得的样本数据。例如，研究冰箱销售量受三个等级价格的影响程度，其中，冰箱销售量为观测变量，商品价格为因素，商品价格的三个等级为水平。

(2)方差分析的误差来源。

理论上每个观测值都有一个真值，但由于存在误差，观测值并不能完全等于真值，所以

观测值=真值+误差,每一观测值都有或正或负的误差。

根据误差来源,可以将误差分成两类:一种是完全偶然性的,找不出确切的原因,称为随机误差;另一种是有一定原因的,称为系统误差。

衡量同一水平下样本数据的误差,称为组内误差;衡量不同水平下样本数据的误差,称为组间误差。组内误差只包含随机误差,而组间误差既包含随机误差,也包含系统误差。

(3)方差分析的条件。

方差分析需要满足以下 3 个基本假设:

①各个总体服从正态分布;

②各个总体的方差相等;

③观测值独立。

满足这 3 个基本假设,方差分析对各个总体的显著性差异判断,就转化为对各个总体均值是否存在差异的判断了。

二、方差分析的基本步骤

1. 提出假设检验

假设因素有 n 个水平,每个水平的均值分别用 $\mu_1, \mu_2, \cdots, \mu_n$ 表示,要检验 n 个水平的均值是否相等,需要提出如下假设检验:

$H_0: \mu_1 = \mu_2 = \mu_n$

$H_1: \mu_1, \mu_2, \cdots, \mu_n$ 不全相等

2. 构造统计量

$$F = MSB/MSE = [SSB/(r-1)]/[SSE/(n-r)]$$

原假设满足的条件下,该统计量服从自由度为 $(r-1, n-r)$ 的 F 分布。

3. 指定显著性水平 α

一般 α 取值为 0.05 或 0.01。α 值用以衡量(或拒绝)原假设成立所需证据的指标。α 值越小,否定原假设的条件越高,不容易否定原假设;α 值越大,否定原假设的条件越低,比较容易否定原假设。

4. 计算检验统计量 F 和其对应的 p 值

5. 对比 p 值和 α,结合原假设做出推断

若 $p<\alpha$,则拒绝原假设,接受备择假设,得出不同因素水平下观测变量各总体均值存在显著差异的结论;若 $p>\alpha$,则不能拒绝原假设,应认为不同因素水平下的观测变量各总体均值无显著差异。

三、单因素方差分析

单因素方差分析,用于检验单因素水平下的一个或多个独立因变量均值是否存在显著差异,即检验单因素各个水平的值是否来自同一个总体。由此可以看出,用于分析的数据包括一个因素(自变量)、一个或多个相互独立的因变量。

1. 单因素方差分析的重要前提

(1)方差齐性检验。

方差齐性检验,是对控制变量不同水平下各观测变量总体的方差相等进行分析。因为

方差齐性是方差分析的前提条件，所以，必须对方差齐性进行检验。SPSS 单因素方差分析中，方差齐性检验采用同质性检验的方法。

(2)多重比较检验。

多重比较，是对每两个水平下因素变量的均值做比较。当确定因素对因变量产生了显著影响，则可利用多重比较，进一步确定该因素的不同水平对因变量的影响程度如何，即其中哪些水平的作用显著，哪些水平的作用不显著。SPSS 提供了很多多重比较的检验方法，主要差异表现在检验统计量的构造上。

方差齐性前提下的检验方法：

LSD 方法：即最小显著性差异法。其本质上是用 t 检验完成各组间的配对比较，检验敏感性高低，水平的均值只要存在一定程度的微小差异就可能被检验出来。该方法适用于各总体方差相等的情况，但它没有对第一类错误的概率问题加以有效控制和调整。

2. 参数设置

(1)打开数据文件，选择“分析”—“比较平均值”—“单因素 ANOVA”，弹出“单因素方差分析”对话框，如图 12-10 所示，各项含义如下。

①“因变量列表(E)”：将左侧的变量列表中的连续型因变量选入其中。若选择了多个因变量，SPSS 将分别对每个选定的因变量做单因素方差分析。

②“因子(F)”：将左侧变量列表中取值为整数的因变量选入其中。

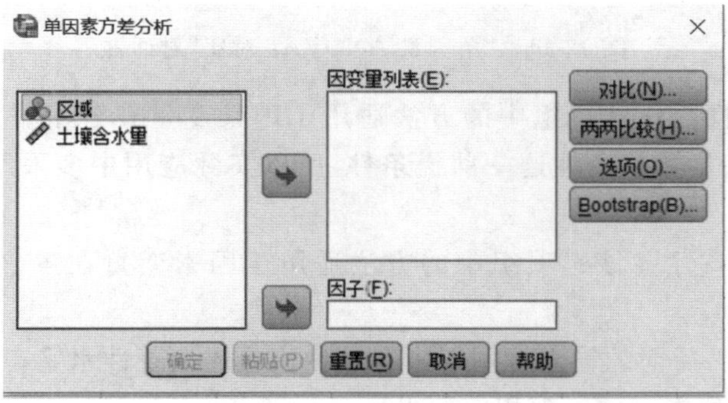

图 12-10 “单因素方差分析”对话框

(2)单击“对比(N)”按钮，弹出“单因素 ANOVA：对比”对话框，如图 12-11 所示，该对话框是用来实现先验对比检验和趋势检验的，各项含义如下。

①“多项式”：用于趋势检验。选中后激活“度(D)”，可在后面的下拉列表中选择趋势检验的方法，有线性、二次项、立方项和五次项。

②“1 的对比 1”：该选项组用于先验对比检验，由 SPSS 以 t 检验进行验证。需要用户在“系数”后面的方框中依次输入系数，系数的顺序对应于因变量的水平值的顺序，此时需保证系数之和为 0。比如，比较第一水平和第三水平的均值，则需要把第二水平和第四水平的系数指定为 0；比较第一水平和第二水平的均值，则只输入前两个系数即可。另外，若用户需要建立多组对照关系，则单击“上一张(V)”或“下一张”按钮进行不同组的切换和编辑。

(3)单击“事后多重比较(H)”，弹出“单因素 ANOVA：两两比较”对话框，如图 12-12所示。该对话框是用来实现多重比较检验的，各项含义如下。

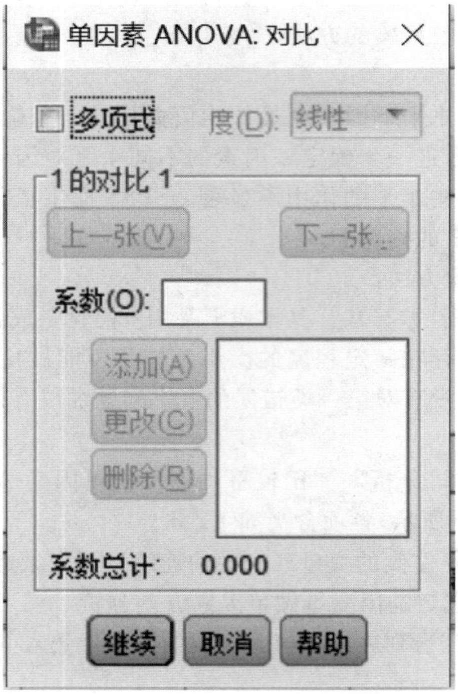

图 12-11 “单因素 ANOVA：对比”对话框

①“假定方差齐性”：该选项组中的方法适用于因素变量在各水平下方差齐性的情况。由于方差分析必须满足方差齐性这一前提条件，所以实际应用中多采用“假定方差齐性”中的方法。

②“未假定方差齐性”：该选项组中的方法适用于因素变量在各水平下方差不齐性的情况。

③“显著性水平”：后面的输入框用于指定各种检验的显著性水平。SPSS 默认的显著性水平为 0.05，用户可根据需要输入相应的水平。

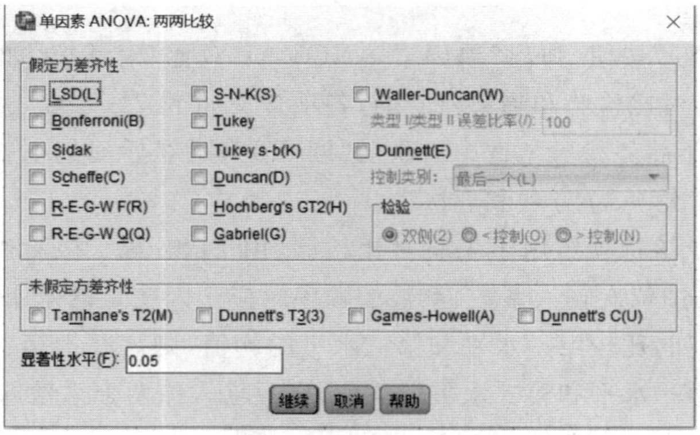

图 12-12 “单因素 ANOVA：两两比较”对话框

(4)单击“选项(O)”按钮，弹出“单因素 ANOVA：选项”对话框，如图 12-13 所示。该对话框用来对方差分析的前提条件进行检验，并可输出相关统计量和对缺失值进行处理，各项含义如下。

①“描述性(D)”：输出每组中每个因变量的基本描述统计量，包括个案数、均值、标准差、标准偏差、最小值、最大值和 95%置信区间。

②“固定和随机效果(F)”：显示固定效应模型的标准差、标准误差和 95%的置信区间，以及随机效应模型的标准误差、95%的置信区间及方差成分间的估计值。

③“方差同质性检验(H)”：即方差齐性检验。用于计算分组均值相等的 Levene 统计量，以检验组方差是否相等，该检验方法不依赖于正态的假设。

④“Brown-Forsythe(B)”与“Welch(W)”：是用于检验各组均值是否相等的统计量。当不能确定方差齐性假设时，该统计量比 F 统计量有优势。

⑤“均值图(M)”：输出均值分布图，即在各水平下的因变量均值的折线图。

⑥“缺失值”：提供了两种缺失值的处理方式，分别为“按分析顺序排除个案”和“按列表排除个案”。“按分析顺序排除个案(A)”给定分析中的因变量或因素变量有缺失值的个案不用于该分析，也不使用超出因素变量指定范围的个案。“按列表排除个案(L)”是排除因素变量有缺失值的个案，或在主对话框中的因变量列表上的任何因变量值缺失的个案，需要注意的是，若未指定多个因变量，则该选项不起作用。

图 12-13 “单因素 ANOVA：选项”对话框

3. 单因素方差分析的 SPSS 实现

"data12-05. sav"数据文件是某高校学生在某公园的 4 个区域进行土壤含水量的调查，每个区域包括 3 个样点，现要求利用单因素方差分析对各个区域的土壤含水量进行差异性检验。

(1)打开"data12-05. sav"数据文件，选择"分析"—"比较平均值"—"单因素 ANOVA"，弹出如图 12-10 所示的"单因素方差分析"对话框。

(2)在左侧的变量列表中选中"土壤含水量"变量，单击➡按钮，将其选入"因变量列表(E)"。

(3)在左侧的变量列表中选中"区域"变量，单击➡按钮，将其选入"因子(F)"。

(4)单击"对比(N)"按钮，弹出如图 12-11 所示的"单因素 ANOVA：对比"对话框。勾选"多项式"复选框，激活"度(D)"下拉菜单，默认选择"线性"，单击"继续"按钮返回主对话框。

(5)单击"事后多重比较(H)"按钮，弹出如图 12-12 所示的对话框。勾选"LSD(L)"复选框，其他设置采用默认值，单击"继续"按钮返回主对话框。

(6)单击"继续"按钮，弹出如图 12-13 所示的"单因素 ANOVA：选项"对话框。勾选"描述性(D)"和"方差同质性检验(H)"复选框；选中"均值图(M)"复选框；对"缺失值"选项采用默认设置，单击"选项(O)"按钮返回主对话框。

(7)完成所有设置后，单击"确定"按钮执行命令。

4. 单因素方差分析的结果分析

从表 12-12 可以看出，每个区域均有 3 个样本，总样本数为 12，总平均值为 19. 1017。

表 12-12 描述

土壤含水量

区域	N	均值	标准差	标准误	均值的 95%置信区间		极小值	极大值
					下限	上限		
公园 A 区	3	19. 6667	1. 86296	1. 07558	15. 0388	24. 2945	17. 69	21. 39
公园 B 区	3	15. 3800	1. 17145	0. 67634	11. 4700	18. 2900	14. 55	16. 72
公园 C 区	3	19. 4033	2. 07001	1. 19511	14. 2611	24. 5455	17. 33	21. 47
公园 D 区	3	21. 9567	1. 06077	0. 61144	19. 3216	24. 5918	20. 92	23. 04
总数	12	19. 1017	2. 82428	0. 81530	17. 3072	20. 8961	14. 55	23. 04

从表 12-13 可以看出，显著性为 0. 728，远大于 0. 05，因此，认为各组的总体方差相等，即满足方差齐性这一前提条件。

表 12-13 方差齐性检验

土壤含水量

Levene 统计量	df_1	df_2	显著性
0. 443	3	8	0. 728

从表 12-14 可以看出，总离差平方和为 87. 742，组间离差平方和为 67. 236，组内离差平方和为 20. 506，组间离差平方和可以被线性解释的部分为 17. 800；方差检验 $F=8.744$，对

应的显著性为 0.007，小于显著性水平 0.05，因此，认为 4 组中至少有一组与另外一组存在显著性差异。

表 12-14　ANOVA

土壤含水量

			平方和	df	均方	F	显著性
组间	(组合)		67.236	3	22.411	8.744	0.007
	线性项	对比	17.800	1	17.800	6.944	0.030
		偏差	49.436	2	24.718	9.643	0.007
	组内		20.506	8	2.563		
	总数		87.742	11			

从表 12-15 可以看出，公园 A 区与公园 C 区、D 区，以及公园 C 区与公园 D 区的显著性水平高于 0.05，说明这几组之间的差异不显著，而其他各组之间差异显著。表中标有“*”标识的表示两者之间存在显著差异。

表 12-15　多重比较

土壤含水量

LSD

(I) 区域	(J) 区域	均值差 (I−J)	标准误	显著性	95%置信区间	
					下限	上限
公园 A 区	公园 B 区	4.28667*	1.30723	0.011	1.2722	7.3011
	公园 C 区	0.26333	1.30723	0.845	−2.7511	3.2778
	公园 D 区	−2.29000	1.30723	0.118	−5.3045	0.7245
公园 B 区	公园 A 区	−4.28667*	1.30723	0.011	−7.3011	−1.2722
	公园 C 区	−4.02333*	1.30723	0.015	−7.0378	−1.0089
	公园 D 区	−6.57667*	1.30723	0.001	−9.5911	−3.5622
公园 C 区	公园 A 区	−0.26333	1.30723	0.845	−3.2778	2.7511
	公园 B 区	4.02333*	1.30723	0.015	1.0089	7.0378
	公园 D 区	−2.55333	1.30723	0.087	−5.5678	0.4611
公园 D 区	公园 A 区	2.29000	1.30723	0.118	−0.7245	5.3045
	公园 B 区	6.57667*	1.30723	0.001	3.5622	9.5911
	公园 C 区	2.55333	1.30723	0.087	−0.4611	5.5678

注：* 表示均值差的显著性水平为 0.05。

从图 12-14 可以看出，公园 B 区的均值相对较小，土壤含水量均值小于其他各区。

综上所述，公园 4 个区的土壤含水量不相同。

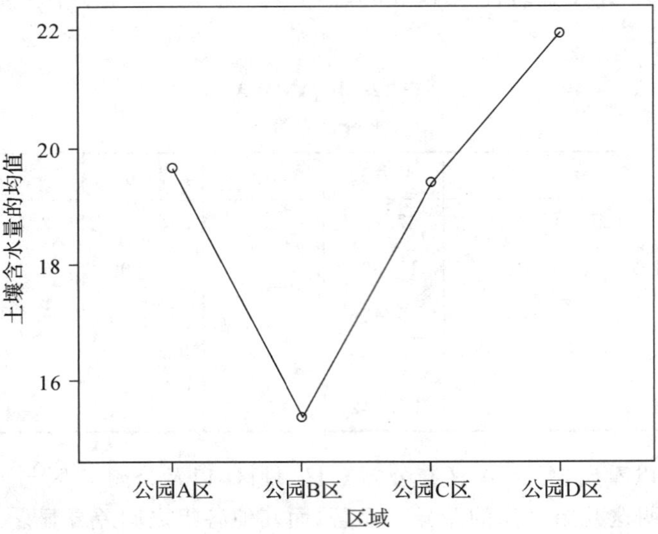

图 12-14　均值折线图

四、多因素方差分析

视频：
方差分析

多因素方差分析的基本思想等同于单因素方差分析，但其研究的是两个或两个以上因素对因变量的作用和影响，以及这些因素共同作用的影响。例如，研究肥料和施肥量对苗木生长的影响是否显著，则是双因素的方差分析；若还需研究土壤种类因素对苗木生长的影响，则成了三因素的方差分析；如此等等。

假设研究员只研究肥料和施肥量对苗木生长的影响，那么两个因素可能是相互独立地影响苗木生长，也可能相互作用一起影响苗木生长。由此可知，在多因素方差分析中，存在两种类型：有交互作用和无交互作用。有交互作用表示因素不是独立的，是共同作用对因变量产生一个新的效应，而非因素分别作用的简单相加。无交互作用则表示因素是独立的，是单独对因变量产生作用的。

1. 参数设置

(1)打开数据文件，选择“分析”—“一般线性模型”—“单变量”，弹出“单变量”对话框，如图 12-15 所示，其中各项含义如下。

①“因变量(D)”：是定量变量。

②“固定因子(F)”：是分类变量。

③“随机因子(A)”：用于指定总体的随机样本。

④“协变量(C)”：是与因变量相关的定量变量。

⑤“WLS 权重(W)”：是用于加权的最小平方分析。该项可为加权最小二乘分析指定权重变量，也可给不同的测量精度以适当补偿。如果加权变量的值为 0、负数或缺失，那么将该个案从分析中排除。

(2)单击“模型(M)”，弹出“单变量：模型”对话框，如图 12-16 所示，各项含义如下。

①“指定模型”：包括两个选项，“全因子(A)”和“设定(C)”。

“全因子(A)”：表示建立全因素模型，包括所有因素主效应、所有协变量主效应以及所

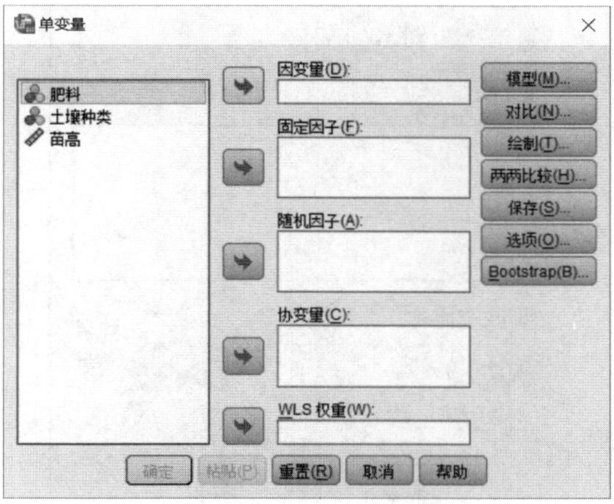

图 12-15 “单变量”对话框

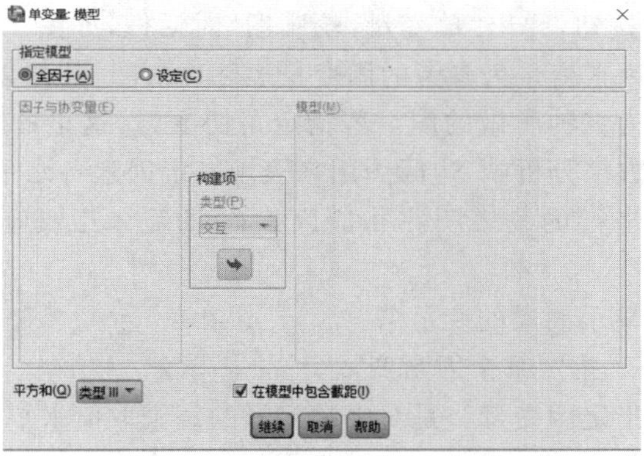

图 12-16 “单变量:模型”对话框

有因素间的交互效应,不包括协变量与其他因素的交互效应。

“设定(C)”:需要用户指定一部分交互效应,单击选中该选项后,激活下面的“因子与协变量(F)”、“构建项”和“模型(M)”,从因子与协变量把相关效应选入模型,在中间的类型下拉列表里指定交互的类型。

②“构建项”。

③“平方和(Q)”。

④“在模型中包含截距(I)”。

(3)单击“对比(N)”按钮,弹出“单变量:对比”对话框,如图 12-17 所示,各项含义如下。

①“因子(F)”:在该列表框中显示出所有在主对话框中所选中的因素变量,因素变量名后括号中的是当前的对比方法。

②“更改对比”:在该选项组中可以改变对照方法。操作方法:在“因子”列表框中选中需要改变对照方法的因子,然后单击“对比”下拉菜单按钮,在弹出的下拉菜单中选择需要的方法,可选项有无、偏差、简单、差值、Helmert、重复、多项式。改变对比的设置完成后,单击“更改(C)”按钮完成更改。改变了的对比方法显示在“因子”列表框中。

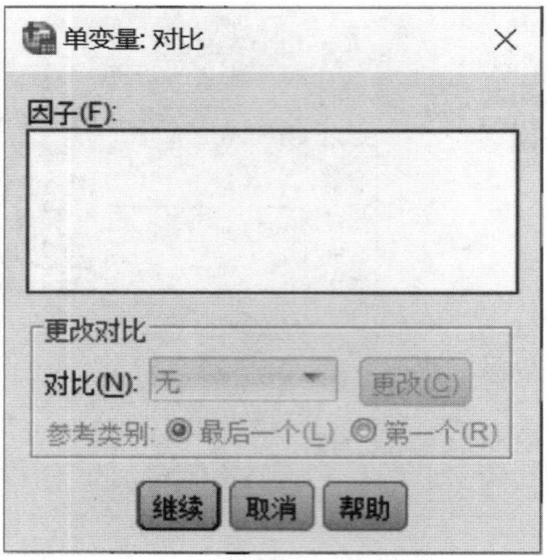

图 12-17 “单变量:对比”对话框

(4)单击“绘图(T)”按钮,弹出“单变量:轮廓图”对话框,如图 12-18 所示。在该对话框中可以绘制一个或多个因素变量为参考的因变量边际均值图,其指以某因素变量为横轴,因变量边际均值的估计值为纵轴所做的图。若指定了协变量,这里的均值就是经过协变量调整后的均值。在单因素方差分析中,边际图用来表现指定因素各水平的因变量均值;在多因素边际均值图中,相互平行的线表明在相应因素之间无交互效应,反之亦然。各项含义如下。

①“因子(F)”:用于显示因素的变量名。

②“水平轴(H)”:用于指定某个因素变量。

③“单图(S)”:用于指定因变量。是对因素变量的每个取值水平做一条曲线。

④“多图(P)”:用于指定因变量。是对因素变量的每个取值水平分别做一个图形。

⑤“图(T)”:用于显示添加的变量。操作方法:将“因子(F)”列表中的因素变量移动到右侧的不同列表框中,移动完毕后,单击“添加(A)”按钮,将所选因素选入“图(T)”中。

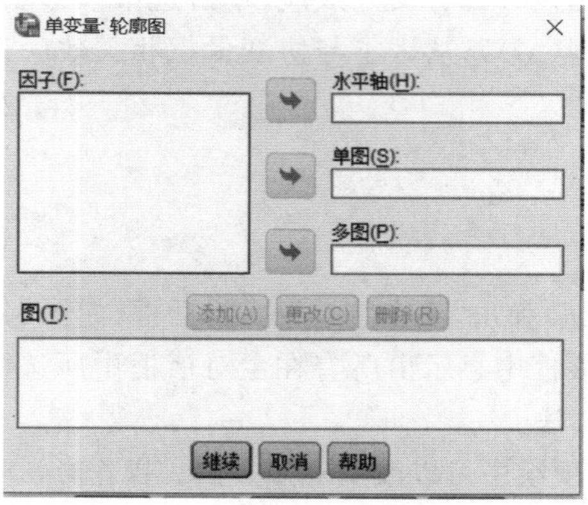

图 12-18 “单变量:概要图”对话框

(5) 单击“两两比较(H)”按钮,打开“单变量:观测均值的两两比较”对话框,如图 12-19

所示，各项含义如下。

①“因子(F)”:用于显示因素的变量名。

②“两两比较检验(P)”:用于显示被选入进行事后检验的变量名。

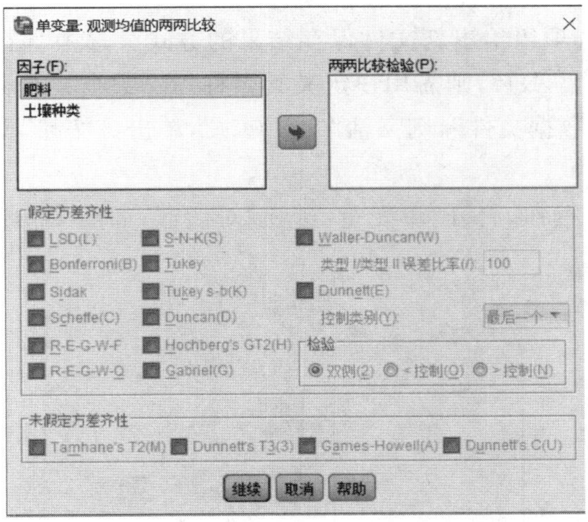

图 12-19 “单变量:观测均值的两两比较”对话框

(6)单击“保存(S)”按钮,弹出“单变量:保存”对话框,如图 12-20 所示。在该对话框中可以将预测值、残差和诊断数据作为新变量保存到指定的数据文件,以便在其他分析过程中使用,各个选项的含义如下。

①“预测值”:该选项组给出每个个案的预测值保存选项,包括未标准化、加权和标准误差,其中“加权”项是在选择了主对话框中“WLS 权重”变量后激活的。

②“诊断”:该选项组给出诊断结果保存选项,包括 Cook 距离和杠杆值。其中,Cook 距离表示把一个个案从计算回归系数的样本中除去所引起的残差变化的大小,Cook 距离越

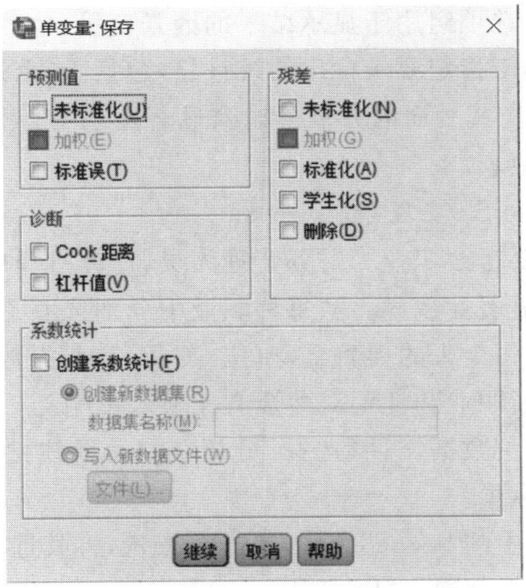

图 12-20 “单变量:保存”对话框

大，表明该个案对回归系数的影响越大；杠杆值用于衡量单个观测对模型拟合效果的影响程度。

③“残差”：该选项组显示残差的保存选项，包括未标准化、加权、标准化 、学生化和删除。

④“系数统计”：该选项组给出新文件保存结果的方式。选中“创建系数统计(F)”复选框后，若单击“创建新数据集(R)”，则需用户定义其名称，在“数据集名称”后面的方框中输入名称即可；若选择“写入新数据文件”，则激活“文件(L)”，单击该按钮，则将参数估计值、协方差矩阵保存到一个新文件中。

(7)单击“选项(O)”按钮，打开“单变量：选项”对话框，如图 12-21 所示，各项含义如下。

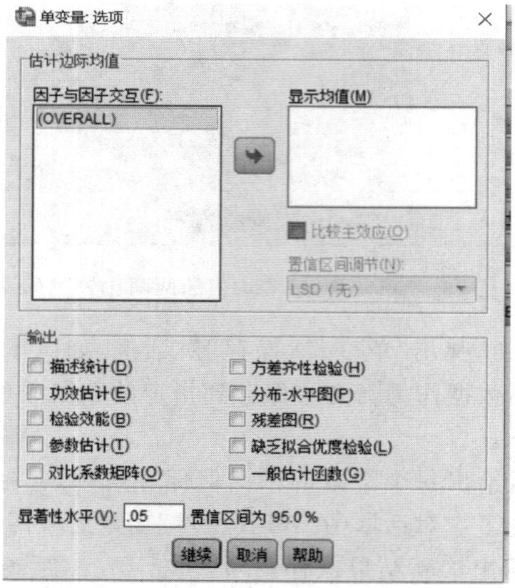

图 12-21 “单变量：选项”对话框

①“估计边际均值”：该选项组用于显示结果的因素变量。

②“输出”：该选项组用于指定要求输出的统计量，包括 10 个选项。

③“显著性水平(V)”：在其后面的方框中输入显著性水平，用于检验事后多重比较的置信水平和计算检验观测效能。

2. 两因素方差分析的 SPSS 实现

假设某一杂志的记者要考察职业为财务管理人员、计算机程序员和药剂师的男女雇员，其每周的薪金之间是否有显著性差异。从每种职业中分别选取了 5 名男性和 5 名女性组成样本，并且记录下来样本中每个人的周薪金(单位：美元)。所得数据见“data12-06. sav”。请你用两因素方差分析来判断职业和性别对薪金有无显著影响。

(1)打开“data12-06. sav”数据文件，选择“分析”—“一般线性模型”—“单变量”，弹出如图 12-15 所示“单变量”对话框。

(2)选中左侧变量列表中的“wage”变量，单击➡按钮，将其选入“因变量(D)”；选中“job”和“sex”变量，单击➡按钮，将其选入“固定因子(F)”。

(3)单击“继续”按钮，弹出“单变量：观测均值的两两比较”对话框。在“因子(F)”列表框中选择“job”变量至“两两比较检验(P)”列表框，并且勾选“LSD(L)”选项。这里表示要进行职业变量的两两多重比较。再单击“两两比较(H)”按钮，返回主对话框。

(4)单击“选项”按钮，弹出“单变量:选项”对话框，勾选“描述统计(D)”“方差齐性检验(H)”复选框。单击“继续”按钮返回“单变量”对话框。完成所有设置后，单击“确定”按钮执行命令。

3. 两因素方差分析的结果分析

表 12-16 列出了不同职业、性别每周薪金的样本均值和标准差。从数值大小比较看，不少职业和性别之间每周薪金差异较大，说明有进一步采用方差分析的必要。

表 12-16 描述性统计量

因变量:每周薪金。

职业	性别	均值	标准偏差	N
1	1	979.00	110.560	5
	2	635.00	116.951	5
	总计	807.00	210.672	10
2	1	797.00	90.529	5
	2	741.00	87.667	5
	总计	769.00	89.047	10
3	1	1047.00	96.636	5
	2	931.00	107.320	5
	总计	989.00	114.049	10
总计	1	941.00	142.956	15
	2	769.00	159.562	15
	总计	855.00	172.650	30

从表 12-17 可以看出，由于概率 p 值 0.856 明显大于显著性水平，故认为样本数据的方差是相同的，满足方差分析的前提条件。

表 12-17 误差方差等同性的 Levene 检验[a]

因变量:每周薪金。

F	df_1	df_2	Sig.
0.383	5	24	0.856

注:检验零假设，即在所有组中因变量的误差方差均相等。

a. 设计:(截距＋job＋sex＋job)×sex

表 12-18 中，第一行的校正模型是对所用方差分析模型的检验，其原假设为模型中所有的影响因素均无作用，即职业、性别及两者的交互作用等对每周薪金都无显著影响。该检验的 p 值远小于 0.05，因此所用模型有统计学意义，以上所提到的因素中至少有一个是有显著差异的，但具体是哪些则需要阅读后面的分析结果。

第二行是对模型中常数项是否等于0进行的检验，虽然根据概率 p 值判断它显著不等于0，但它在分析中没有实际意义，忽略即可。第三、四行分别是对职业、性别的影响效应进行的检验，其零假设分别是：职业或性别对薪金没有显著性差异。但这两行对应的相伴概率 p 都接近0，显然小于显著性水平0.05。可见，两者分别对薪金有显著性影响。

第五行是对职业和性别的交叉作用进行检验，可见 p 为0.011，小于显著性水平，表示交互作用对观测变量每周薪金有显著性的影响。从上面方差分析结果看到，职业、性别及其两者的交互项都直接影响了每周薪金的高低，存在统计学意义上的显著差异。

表 12-18 主体间效应的检验

因变量：每周薪金。

源	III 型平方和	df	均方	F	Sig.
校正模型	612880.000[a]	5	112776.000	11.761	0.000
截距	21930750.000	1	21930750.000	2100.714	0.000
job	276560.000	2	128280.000	12.246	0.000
sex	221880.000	1	221880.000	21.254	0.000
job * sex	115440.000	2	57720.000	5.529	0.011
误差	250552.000	24	10439.667		
总计	22795182.000	30			
校正的总计	864432.000	29			

a. $R^2=0.710$（调整 $R^2=0.650$）

表12-19显示了不同职业之间每周薪金均值比较结果。表中的 * 表示在显著性水平0.05的条件下，相应的两组均值存在显著性差异。可以通过比较表中概率 p 值大小来判断职业之间的薪金水平是否有显著差异。从结果来看，药剂师和其他两个职业的每周薪金存在显著性差异。该职业的平均薪金要明显高于财务管理和计算机程序员职业。

表 12-19 多个比较

每周薪金

LSD

(I) 职业	(J) 职业	均值差值 (I－J)	标准误差	Sig.	95%置信区间	
					下限	上限
1	2	38.00	45.694	0.414	－56.31	122.31
	3	－182.00*	45.694	0.001	－276.31	－87.69
2	1	－38.00	45.694	0.414	－122.31	56.31
	3	－220.00*	45.694	0.000	－314.31	－115.69
3	1	182.00*	45.694	0.001	87.69	276.31
	2	220.00*	45.694	0.000	115.69	314.31

注：基于观测到的均值；误差项为均值方(错误)＝10439.667；* 均值差值在0.05级别上较显著。

【本章重要知识小结】

1. 假设检验是以最小概率为标准,对总体的状况所做出的假设进行判断。在给定的显著水平 α 下,检验统计量观测值发生的概率$<\alpha$,拒绝原假设而接受备择假设;当检验统计量观测值发生概率$>\alpha$,接受原假设。

2. 均值过程是计算一个或多个自变量类别中因变量的子组均值和相关的单变量统计,通过均值还可以获得单因素方差分析、eta 和线性相关检验。

3. 单样本 T 检验的过程是检验单个变量的均值是否与指定的常数不同。

4. 独立样本 T 检验又称为两独立样本 T 检验,是根据来自两个总体的独立样本来推断两个总体的均值是否存在显著差异,适用于检验两个样本是否来自具有相同均值的总体。

5. 配对样本 T 检验主要用于检验两个相关样本总体的均值是否相同。配对样本通常具有两组样本的样本数相同,以及两组样本观测值的先后顺序一一对应且不能随意更改的特征。

6. 方差分析可以对两组以上的数据进行差异性分析,是对各个控制变量的不同水平,以及各水平交互搭配对观测变量存在显著性影响的分析过程。

7. 单因素方差分析又称一维方差分析,主要研究单个因素对观测变量的影响。

8. 双因素方差分析通过研究因变量的均值是否存在显著性差异,来探讨一个因变量是否受到多个自变量的影响。

【复习题】

一、判断题

1. 在假设检验之前,要先确定原假设和零假设。 (　　)

2. 独立样本 T 检验中,来自两个总体的独立样本的样本容量必须相同。 (　　)

3. 使用单样本 T 检验可以比较样本的平均数与确定总体均值的差异。 (　　)

4. 方差分析中的相互独立性指样本中的个体的值是相互独立的。 (　　)

二、选择题

1. 下列选项中,不属于配对样本 T 检验结果分析表的为 (　　)

A. 组统计量　　B. 成对样本检验

C. 成对样本相关系数　　D. 成对样本统计量

2. 在进行方差分析时,为了保证分析结果的准确性,还需要考虑数据是否满足方差分析的假设条件。下列选项中,不属于方差分析假设条件的一项为 (　　)

A. 总体正态分布性　　B. 交互性

C. 齐效性　　D. 相互独立性

三、简答题

1. 假设检验的一般步骤是什么?

2. 独立样本 T 检验过程中可分为哪两种检验方法?

3. 如何对数据进行双因素方差分析?

四、上机操作题

1. 请运用双因素方差分析法来分析每个学生不同的补习时间与智商水平对考试成绩的

影响程度。(数据见双因素分析成绩提高水平的因素.sav)

2.某医疗机构为研究高血压与性别及年龄的关系,特抽查了一组数据进行分析。在该数据中,主要记录了被测试者的年龄、性别、高压与低压值。请运用均值比较分析方法,比较不同性别下高压数值的均值情况。(数据见均值比较数据.sav)

数据文件

第十三章　回归分析

【本章教学主要内容】

- ➢ 模块一：一元线性回归分析

1. 基本原理
2. 参数设置
3. 一元线性回归的 SPSS 实现

- ➢ 模块二：多元线性回归分析

1. 基本原理
2. 多元线性回归的 SPSS 实现

【本章教学目的】

1. 深刻理解回归分析的实质
2. 熟知各个对话框的参数含义
3. 熟练掌握各个回归分析的操作步骤
4. 深刻理解各项结果的含义

回归分析是确定两种或两种以上变量之间相互依赖的定量关系的一种统计分析方法，运用十分广泛。它通过回归方程的形式描述和反映这种关系，帮助人们准确把握变量受其他一个或多个变量影响的程度，进而为控制和预测提供科学依据。

回归分析中研究的变量分为因变量和自变量，因变量是随机变量，自变量也成为因素变量，是可以加以控制的变量。回归分析按照涉及的自变量的多少，可分为一元回归分析和多元回归分析；按照自变量和因变量之间的关系类型，可分为线性回归分析和非线性回归分析。如果在回归分析中只包括一个自变量和一个因变量，且两者的关系可用一条直线近似表示，这种回归分析称为一元线性回归分析。如果回归分析中包括两个或两个以上的自变量，且因变量和自变量之间是线性关系，则称为多元线性回归分析。

第一节　SPSS 在一元线性回归分析中的应用

【本节知识分解】

1. 一元线性回归模型是在不考虑其他影响因素的条件下，或是在认为其他影响因素确定的情况下，分析某一个因素(自变量)是如何影响因变量的

2. 在求解出了回归模型的参数后，不能立即将结果付诸实际问题的分析和预测，通常要进行各种统计检验

一、一元线性回归的基本原理

1. 方法概述

线性回归模型侧重考察变量之间的数量变化规律，并通过线性表达式，即线性回归方程，来描述其关系，进而确定一个或几个变量的变化对另一个变量的影响程度，为预测提供科学依据。

一般线性回归的基本步骤如下。

(1)确定回归方程中的自变量和因变量。

(2)从收集到的样本数据出发确定自变量和因变量之间的数学关系式，即确定回归方程。

(3)建立回归方程，在一定统计拟合准则下估计出模型中的各个参数，得到一个确定的回归方程。

(4)对回归方程进行各种统计检验。

(5)利用回归方程进行预测。

2. 基本原理

当自变量和因变量之间呈现显著的线性关系时，则应采用线性回归的方法，建立因变量关于自变量的线性回归模型。根据自变量的个数，线性回归模型可分为一元线性回归模型和多元线性回归模型。

一元线性回归模型是在不考虑其他影响因素的条件下，或是在认为其他影响因素确定的情况下，分析某一个因素(自变量)是如何影响因变量的。一元线性回归的经验模型是：

$$\hat{y}=\hat{\beta}_0+\hat{\beta}_1 x$$

式中，$\hat{\beta}_0$ 表示回归直线在纵轴上的截距，是回归系数，它表示当自变量变动一个单位所引起的因变量的平均变动值。

3. 统计检验

在求解出了回归模型的参数后，一般不能立即将结果付诸实际问题的分析和预测，通常要进行各种统计检验，例如拟合优度检验、回归方程和回归系数的显著性检验以及残差分析等。这些内容，我们将结合案例来具体讲解。

二、参数设置

(1)打开数据文件，选择菜单栏中的“分析”—“回归”—“线性”命令，弹出“线性回归”对

话框，如图 13-1 所示，这是线性回归分析的主操作窗口。

在左侧的候选变量列表框中选择一个变量，将其添加至“因变量(D)”列表框中，作为一元线性回归的因变量。

在左侧的候选变量列表框中选择一个变量，将其添加至“自变量(I)”列表框中，作为一元线性回归的自变量。

在对话框的“方法(M)”下拉列表框中可以选择自变量的进入方式，一共有 5 种方法可以选择。

(2)在候选变量列表框中选择一个变量进入“个案标签(C)”列表框中，它的取值将作为每条记录的标签。这表示在作图时，以哪个变量作为各样本数据点的标志变量。

(3)在候选变量列表框中选择一个变量进入“WLS 权重(H)”列表框中，表示选入权重变量进行权重最小二乘法的回归分析。

(4)单击“确定”按钮结束操作，SPSS 软件自动输出结果。

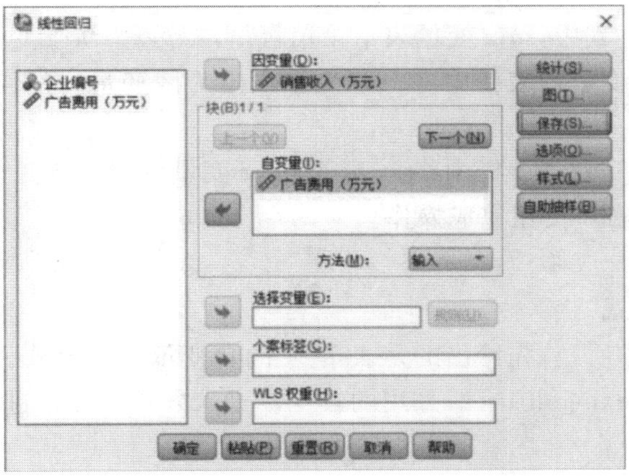

图 13-1　“线性回归”对话框

三、一元线性回归的 SPSS 实现

1. 实例内容

数据文件“data13-01. sav”是七大品牌饮料的广告支出与箱销售量，请利用回归分析来分析广告支出与箱销售量的关系。

2. 实例操作

现在厂商要研究广告支出与箱销售量之间的关系，则可以建立回归模型来探讨它们的关系，即：

箱销售量＝f(广告支出)

首先绘制了这两组变量的散点图 13-2，图形显示它们呈线性关系，则可以建立一元线性回归模型如下：

$$sale_i = \beta_0 + \beta_1 \times expenditure_i + \varepsilon_i$$

一元线性回归分析的具体操作步骤如下。

(1)打开数据文件“data13-01. sav”，选择菜单栏中的“分析”—“回归”—“线性”命令，弹

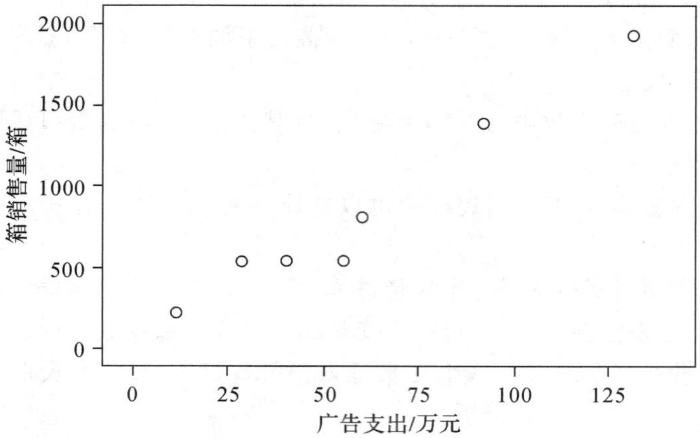

图 13-2　广告支出与箱销售量的散点图

出“线性回归”对话框。其中，*sale* 变量表示箱销售量，*expenditure* 变量表示广告支出。

(2)在左侧的候选变量列表框中将 *sale* 变量设定为因变量，将其添加至“因变量(D)”列表框中。

(3)在左侧的候选变量列表框中将 *expenditure* 变量设定为自变量，将其添加至“自变量(I)”列表框中，单击“确定”按钮完成操作。

3. 实例结果及分析

(1)自变量进入方式。

执行完上面的操作后，首先给出的是表 13-1 的自变量进入方式。可以看到回归模型的选入变量是广告支出(expenditure)，采用的自变量进入方式是强行进入法，也就是将所有的自变量都放入模型中。

(2)模型摘要。

如表 13-2 所示是对模型的汇总，其实就是对方程拟合情况的描述。通过这个表可以知道相关系数的取值(R)，相关系数的平方即可决系数(R^2)，校正后的可决系数(调整的 R^2)和回归系数的标准误(Std. Error of the Estimate)。注意这里的相关系数大小和前面相关分析中计算出的结果完全相同。可决系数 R^2 的取值介于 0 和 1 之间，它的含义就是自变量所能解释的方差在总方差中所占的百分比，取值越大说明模型的效果越好。本案例计算的回归模型中可决系数 R^2 等于 0.957，模型拟合效果较好。

(3)方差分析表。

如表 13-3 所示是对回归模型进行方差分析的检验结果，主要用于分析整体模型的显著性。可以看到方差分析结果中 F 统计量等于 110.420，概率 p 值小于显著性水平 0.05，所以该模型是有统计学意义的，即广告支出和箱销售量之间的线性关系是显著的。

(4)回归系数表。

如表 13-4 所示列出了本案例进行的一元回归模型常数项回归系数的估计值和检验的结果。可见 $\beta_0=-15.420$，$\beta_1=14.424$，故回归方程如下：

$$箱销售量=-15.420+14.424\times 广告支出$$

这表明广告支出每增加 1 个单位，箱销售量平均增加 14.424 个单位，说明了广告支出这种促销方式的有效性。

表 13-4 中还使用 T 检验对各个参数进行了显著性检验。其中,对常数项 β_0 的 T 检验是检验其是否显著为 0,但这在回归分析问题中一般是没有实际意义的,因此不用加以关心。回归系数 β_1 的 T 检验概率 p 值小于显著性水平,则应该拒绝零假设,认为 β_1 显著不为 0。

表 13-1　自变量进入方式

模型	输入的变量	移去的变量	方法
1	广告支出[a]		输入

a. 已输入所有请求的变量;b. 因变量:箱销售量。

表 13-2　模型摘要

模型	R	R^2	调整的 R^2	标准估计的误差
1	0.978[a]	0.957	0.948	136.21405

a. 预测变量:常量,广告支出。

表 13-3　方差分析表

模型		平方和	df	均方	F	Sig.
1	回归	2048759.078	1	2048759.078	110.420	0.000[a]
	残差	92771.339	5	18554.268		
	总计	2141530.417	6			

a. 预测变量:常量,广告支出;b. 因变量:箱销售量。

表 13-4　回归系数表

模型		非标准化系数		标准系数	t	Sig.
		B	标准 误差	试用版		
1	(常量)	−15.420	97.226		−0.159	0.880
	广告支出	14.424	1.373	0.978	10.508	0.000

a. 因变量:箱销售量。

第二节　SPSS 在多元线性回归分析中的应用

【本节知识分解】

1. 多元线性回归模型是指有多个自变量的线性回归模型,它用于揭示因变量与多个自变量之间的线性关系

2. 对多元线性回归方程的拟合优度检验一般采用调整的可决系数 R^2,而不是一元线性模型中常用的统计量 R^2

一、多元线性回归的基本原理

1. 方法概述

在回归分析中，如果有两个或两个以上的自变量，就称为多元回归。事实上，一种现象常常是与多个因素相联系的，由多个自变量的最优组合共同来预测或估计因变量，比只用一个自变量进行预测或估计更有效、更符合实际，因此，多元线性回归比一元线性回归的实用意义更大。

2. 基本原理

多元线性回归模型是指有多个自变量的线性回归模型，它用于揭示因变量与多个自变量之间的线性关系。多元线性回归方程的经验模型是：

$$\hat{y}=\hat{\beta}_0+\hat{\beta}_1x_1+\hat{\beta}_2x_2+\cdots+\hat{\beta}_kx_k$$

式中，假设该线性方程有 k 个自变量 $x_1,\cdots,x_k$，$\hat{\beta}_1(i=1,\cdots,k)$是回归方程的偏回归系数。$\hat{\beta}_i$ 表示在其他自变量保持不变的情况下，自变量 x_i 变动一个单位所引起的因变量的平均变动单位。

多元线性回归分析是一元线性回归分析的自然推广形式，两者在参数估计、显著性检验等方面非常相似，因此这里就不再重复介绍了。需要强调的是，对多元线性回归方程的拟合优度检验一般采用调整的可决系数 R^2，而不是一元线性模型中常用的统计量 R^2。这是因为调整的 R^2 比 R^2 更能准确反映回归方程对样本数据的拟合程度。

二、多元线性回归的 SPSS 操作详解

由于多元线性回归模型是一元回归模型的推广，因此两者在 SPSS 软件中的操作步骤是非常相似的。选择菜单栏中的“分析”—“回归”—“线性”命令，弹出“线性回归”对话框。这既是一元线性回归也是多元线性回归的主操作窗口。因此，读者可以参考本章第一节的操作步骤。只不过由于多元回归模型涉及多个自变量，因此在图 13-1 中要在“线性回归”对话框左侧的候选变量列表框中选择多个变量，将其添加至“自变量(I)”列表框中，即选择这些变量作为多元线性回归的自变量。

三、多元线性回归的 SPSS 实现

1. 实例内容

娱乐时光影剧院公司的总经理希望了解公司投放的电视广告费用和报纸广告费用对公司收入的影响，收集了以往 8 周的样本数据(数据文件“data13-02.sav”)，请建立模型分析这两种广告形式对公司营业收入的影响。

视频：
回归分析

2. 实例操作

本案例要分析电视广告和报纸广告变量的系数大小来研究这两种广告形式对收入的影响程度高低。但是，收入和广告费用是否呈线性关系，则首先要绘制散点图来判断。通过图 13-3 三维散点图可以看到，这三个变量之间呈现明显的线性增长关系，因此可以建立如下营业收入的二元线性回归模型。

$$Income_i=\beta_0+\beta_1\times tv_i+\beta_2\times newspaper_i+\varepsilon_i$$

多元线性回归分析的具体操作步骤如下。

(1)打开数据文件"data13-02. sav",选择菜单栏中的"分析"—"回归"—"线性"命令,弹出"线性回归"对话框。其中,变量 *income* 表示每周营业总收入,变量 *tv* 表示电视广告费用,变量 *newspaper* 表示报纸广告费用。

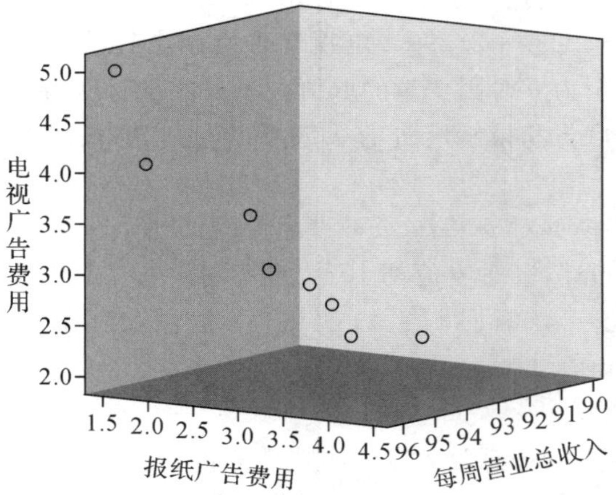

图 13-3 电视广告费用和报纸广告费用与每周营业总收入的散点图

(2)在左侧的候选变量列表框中将 *income* 设定为因变量,将其添加至"因变量(D)"列表框中。

(3)在左侧的候选变量列表框中将 *tv* 和 *newspaper* 变量设定为自变量,将其添加至"自变量(I)"列表框中。

(4)单击"保存(S)"按钮,弹出"线性回归:保存"对话框,勾选"预测值"和"残差"选项组中的"未标准化"复选框,表示要输出非标准化的回归模型的拟合预测值和残差,单击"继续"按钮返回主对话框,单击"确定"按钮完成操作。

3. 实例结果及分析

(1)自变量进入方式。

执行完上面的操作后,首先给出的是自变量进入方式,如表 13-5 所示。由于这里的自变量进入方式采用的是系统默认方式,即强行进入法,可以看到回归模型的选入变量是报纸广告费用和电视广告费用。

(2)模型汇总。

如表 13-6 所示是对模型的汇总,给出了衡量该回归方程优劣的统计量。R 为复相关系数,它表示模型中所有自变量(*tv*、*newspaper*)与因变量(income)之间的线性回归关系的密切程度,它的取值介于 0 和 1 之间,取值越大,说明线性回归关系越密切。可决系数 R^2 等于复相关系数的平方,这里等于 0.919。调整的 R^2 是我们重点关注的统计量:它的值越大,模型拟合效果越好;表 13-6 中调整的 R^2 为 0.887 。最后给出的是剩余标准差,它是残差的标准差,其大小反映了建立的模型预测因变量的精度。剩余标准差越小,说明建立的模型效果越好。

(3)方差分析表。

如表 13-7 所示是回归模型的方差分析表。可以看到,方差分析结果中 F 统计量等于 28.378,概率 p 值(0.002)小于显著性水平(0.05),所以该模型是有统计学意义的,即两种广告支出费用和每周营业收入之间的线性关系是显著的。

(4)回归系数表。

如表 13-8 所示为回归系数表,给出了回归模型的常数项(Constant)、电视广告费用和报纸广告费用的偏相关系数,它们分别等于 83.230、2.290 和 1.301,于是得到回归方程如下。

每周营业总收入=83.230+2.290×电视广告费用+1.301×报纸广告费用。其中,常数项表示当自变量取值全为 0 时因变量的取值大小。即没有这两种广告投入时影剧院的营业收入。同时比较电视广告和报纸广告的系数可以看到,电视广告对影剧院的收入影响要大于报纸广告。

表 13-8 中还给出了模型对 p 和 $income$ 变量的偏回归系数是否等于 0 的 T 检验结果。t 值分别等于 7.532 和 4.057,概率 p 值都小于显著性水平 0.05,因此认为偏相关系数 B1、B2 显著不等于 0。在输出一般偏回归系数的同时,也输出了各自的标准化偏回归系数(Standardized Coefficients)。

(5)残差分析表。

如表 13-9 所示是每周营业总收入变量的残差分析表,具体残差计算式如下:

残差=每周营业总收入实际值-每周营业总收入预测值

可以看到残差的最小值等于-0.632,最大值等于 0.658,均值等于 0.000,这说明模型的拟合效果还是不错的。

(6)预测值与实际值。

在完成操作输入后,在数据文件“data13-02.sav”的数据编辑窗口会增加 PRE_1 和 RES_1变量,它们分别表示模型的预测值和对应的残差,如图 13-4 所示。

同时可以绘制因变量每周营业总收入的实际值和预测值的折线图,如图 13-5 所示。可以明显看到两者间的差距比较小,即模型拟合效果很理想。

表 13-5 输入/移去的变量[b]

模型	输入的变量	移去的变量	方法
1	报纸广告费用,电视广告费用	.	输入

a. 已输入所有请求的变量;b. 因变量:每周营业总收入。

表 13-6 模型汇总[b]

模型	R	R^2	调整的 R^2	标准估计的误差
1	0.959[a]	0.919	0.887	0.643

a. 预测变量:常量,报纸广告费用,电视广告费用;b. 因变量:每周营业总收入。

表 13-7 方差分析表

模型		平方和	df	均方	F	Sig.
1	回归	23.435	2	11.718	28.378	0.002[a]
	残差	2.065	5	0.412		
	总计	25.500	7			

a. 预测变量:常量,报纸广告费用,电视广告费用;b. 因变量:每周营业总收入。

表 13-8　回归系数表

模型		非标准化系数		标准系数	t	Sig.
		B	标准误差	试用版		
1	（常量）	83.230	1.574		52.882	0.000
	电视广告费用	2.290	0.304	1.153	7.532	0.001
	报纸广告费用	1.301	0.321	0.621	4.057	0.010

a.因变量：每周营业总收入。

表 13-9　残差分析表

	极小值	极大值	均值	标准偏差	N
预测值	90.41	96.63	93.75	1.830	8
残差	−0.632	0.658	0.000	0.543	8
标准预测值	−1.824	1.575	0.000	1.000	8
标准残差	−0.984	1.024	0.000	0.845	8

a.因变量：每周营业总收入。

income	tv	newspaper	PRE_1	RES_1
96	5.0	1.5	96.63249	-.63249
90	2.0	2.0	90.41244	-.41244
95	4.0	1.5	94.34231	.65769
92	2.5	2.5	92.20802	-.20802
95	3.0	3.3	94.39391	.60609
94	3.5	2.3	94.23801	-.23801
94	2.5	4.2	94.41970	-.41970
94	3.0	2.5	93.35312	.64688

图 13-4　预测值和残差

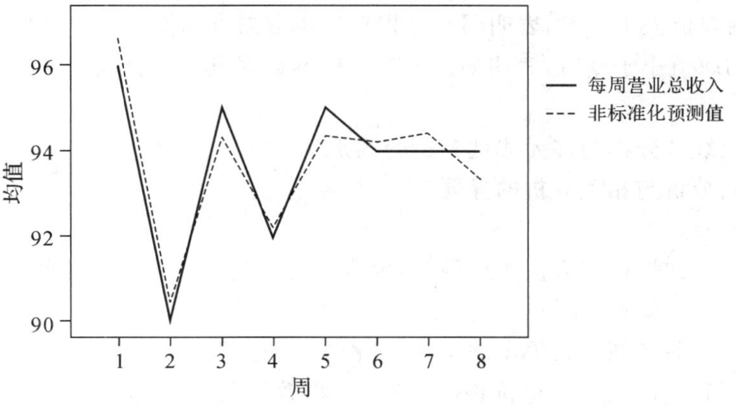

图 13-5　预测值和实际值的折线图

【本章重要知识小结】

1. 回归分析使用数学公式的方式来表达变量之间的关系，相关分析则是检验和度量变量之间关系的密切程度，在分析数据方面两者是相辅相成的。

2. 线性回归是使用数理统计中的回归分析，对两种或两种以上变量相互依赖定量关系分析的一种统计分析方法。按照自变量和因变量之间的关系类型，可以分为线性回归和非线性回归。

3. 一元线性回归方程中，可以用 R^2 统计量来判定回归方程的拟合优度。R^2 的取值介于 0～1，当 R^2 取值越接近于 1 时，表明回归方程对样本数据点的拟合优度越高。多元线性回归方程中，则用调整的 R^2 来判定回归方程的拟合优度。

4. 一元线性回归方程中，当回归系数为 0 时，x 和 y 之间不存在线性关系。

【复习题】

一、判断题

1. 线性回归中，可分为一元线性回归和多元线性回归。（　　）

2. 回归分析中，不需要区分自变量和因变量。（　　）

3. R^2 也叫可决系数，指的是自变量所能接受的方差在总方差中所占的百分比，取值越大，说明模型的效果越好。（　　）

4. 多元线性回归方程的拟合优度通常是用调整的 R^2，因为调整的 R^2 比 R^2 更能准确反映回归方程对样本数据的拟合程度。（　　）

二、选择题

1. 一元线性回归模型的表现公式为：$y=bx+a$，其中 y 表示（　　）

A. 自变量　　B. 因变量

C. 回归系数　　D. 常数项

2. 一元线性回归方程的拟合优度检验是由 R^2 统计量来判断的，其中（　　）

A. 当 R^2 的取值越接近 1 时，表明回归方程对样本数据点的拟合优度越高

B. 当 R^2 的取值越接近 0 时，表明回归方程对样本数据点的拟合优度越高

C. 当 R^2 的取值大于 1 时，表明回归方程对样本数据点的拟合优度越高

D. 当 R^2 的取值小于 0 时，表明回归方程对样本数据点的拟合优度越高

三、简答题

1. 简述一元线性分析与多元线性分析的区别。

2. 简述回归分析与相关分析的异同。

四、上机操作题

1. 请运用一元线性回归方法，分析刚出生婴儿与出生 3 个月后婴儿的体重关系。（数据见一元线性回归分析体重.sav）

2. 数据为同一品牌同型二手车的车龄、里程数（万公里）及其价格（万元）数据，请用多元回归分析方法，判定价格与车龄、里程数的关系。（数据见二手车车价.sav）

数据文件

>>> 第五部分

结束篇

第十四章　管理研究与论文写作总结

写严谨的、专业的学术性文章，与写一般文章有一点重要的不同。那就是：前者是写给内行的，是给专于某项题材的一小撮人看的，因此学术文章要写得简洁且清楚。

——张五常

【本章教学主要内容】

➢ 模块一：管理研究过程总结

1. 管理研究的过程与逻辑
2. 管理研究的选题与创新来源

➢ 模块二：管理类论文写作框架的比较总结

1. 管理类论文的前置部分写作目的与要点
2. 案例研究论文的实证写作框架
3. 统计研究论文的实证写作框架

【本章教学目的】

1. 明确管理研究的思维逻辑，并由此理解管理研究的一般过程
2. 明确管理研究的选题来源和创新来源的内在逻辑
3. 明确管理类论文的整体写作框架和写作要点
4. 明晰案例研究论文和统计研究论文实证部分写作框架及差异

第一节　管理研究过程的总结

【本节知识分解】

1. 管理研究的过程与逻辑
2. 管理研究的选题与创新来源

一、管理研究的过程与逻辑

1. 管理研究的过程与方法论

科学研究过程，是一个不断从现象到本质的探究的过程；也是一个不断认识世界，发现规律的过程；同时还是一个从认识论到方法论的过程。管理研究作为科学研究的一个领域，遵循科学研究的三部曲范式：提出问题、分析问题与解决问题。

管理研究讲究科学性和规范性，需要科学、规范的研究方法。管理研究方法论阐述管理学科研究工作的基本原则、途径和过程。管理研究方法论是在总结前人经验基础上，提出有效的管理研究工作的规范（李怀祖，2004）。它是提高研究工作效率和质量的重要保证，也是受过专业水平训练的标志。

2. 管理研究的逻辑与常用方法

管理研究的逻辑，既有现实归纳逻辑，也有理论演绎逻辑；既包括了定性的研究方法如案例研究，也包括了定量的研究方法如统计研究。不同的研究方法的研究过程和规范性要求具有较大区别，适用的情景也不相同。管理研究方法没有好坏区别，只有使用条件的差异。不同研究方法的研究目的都是围绕研究问题进行的，它们都是开展管理研究的必要基础，是保证管理研究的科学性和规范性的基本前提。

二、管理研究的选题与创新来源

1. 管理研究的选题来源

管理研究的选题，既可以来自对现实热点的关注，通过保持现实敏感性获得；也可以来自对理论前沿的关注，通过保持理论前沿性获得。不管选题途径如何，都强调选题需要具有理论和现实意义，选题时也都强调尽量“小题大做”。

2. 管理研究的创新来源

管理研究强调继承发扬，即需要博古通今，“站在巨人肩上”熟悉该领域重要的研究文献，同时在研究结果上要强调研究的创新性。因此管理研究开展过程中，问题的来源和分析过程中，首先要建立在文献检索、文献阅读和进行文献综述的基础上，然后是在前人研究基础上继续将研究深入或者弥补当前研究存在的不足。这一过程就好比是最早只有“馒头”，而我们想在这个基础上有些变化时，首先可能连馒头是如何做出来的都不知道，因此我们首先要学习做馒头的工艺流程和明确背后的原因。比如用的原材料有哪些？和面需要多少水？为什么要放在蒸笼里用高温蒸？当我们明确了这些后，我们可能就尝试着想，是否可以增加使用一些素材，在馒头里包点蔬菜、糖或者肉，这样我们就做出了菜包、糖包和肉包，食材上的变化就带来了创新；如果我们再改变加工方法，不用蒸而是用油炸，就做出了煎包，用水煮，就做出了水饺。如果把食材量再减少，面皮变薄，就做出了馄饨。这些就和管理研究的创新是一样的道理。我们可以在研究方法、研究内容、研究视角等方面进行改变，从而实现研究结果的创新。

第二节　管理类论文写作框架的比较总结

【本节知识分解】

1. 管理研究论文的前置部分写作要点
2. 案例研究论文与统计研究论文在实证部分的写作比较

管理类论文写作强调论点、论据和论证方式。即围绕论点，采取合适的论证方式，展示相关论据。论文的写作过程要求有理有据、有血有肉。判断论文的水平主要从规范性和创新性两方面进行。

一、管理类论文写作框架的前置部分写作

管理类研究的前置部分，主要包括中英文摘要和关键词。

1. 摘要的写作目的和要点

摘要是用精练的语言文字对论文正文内容进行浓缩，让读者阅读摘要后就能大致清楚作者文章的主要观点与结论等。

因此，摘要一般在200～350个汉字，摘要写作的基本要求是能通过摘要了解全文主要内容。但是，很多初学者在写摘要的时候，容易把摘要写成论文正文的引言，即用大量的文字去描述为什么要研究文章的这个问题，以及这个要研究的问题当前的背景和研究的意义。摘要写作的要点应包括四个方面：(1)文章的研究对象；(2)研究方法；(3)研究内容；(4)研究结论。将这四个方面写入了摘要后，通过摘要就基本实现了概括全文的目的。

> **摘要：**通过选取最新一代众创空间——浙江润湾创客中心，对其创业孵化模式特色的全方位深入案例研究发现：新型众创空间系统聚焦创业企业孵化过程多种需求并提供发展的关键资源和服务，构筑了双生态、多要素、全过程孵化融合的创业生态系统。它由内而外包括了"产业+服务"双生态圈的核心生态层、多要素功能网络空间的完整要素层、全过程专业辅导的外围动态保护层，从而提高了企业孵化速度和成功率。

2. 关键词的写作目的和要点

关键词在论文中的主要目的有两个：(1)方便读者通过关键词对文章研究的主题有大致的了解；(2)特别重要的是，在数据库中进行文献检索时，关键词是一个重要的检索条件，有助于读者更快速、准确地通过关键词检索到所需要的文献。从作者角度出发，也是使自己的文章更好地被读者检索到的重要途径。因此关键词的选取是非常重要的，文章写作的重要目的是让更多的人看到自己的研究成果，而关键词则是让文章被读者看到的一个重要方式。

管理类论文的关键词一般为3～6个。关键词的选择要求是通过关键词能搜索到该篇文章，能用以表示全文主题内容信息。因此关键词的选取可以从文章题目中寻找，或者是文章研究的几个主题，关键词必须是管理类的专业词，一般以名词或者动词或者两者组合为

主，不要介词（的、地、得）。关键词之间用分号隔开，最后一个关键词后不要添加符号。

二、管理类论文写作框架的正文部分写作总结

管理类论文写作的总体框架，包括四部分：第一部分是引言，第二部分是文献综述，第三部分是实证分析，第四部分是结论与启示（为了便于比较，这里把前面阐述的案例和统计研究写作的原第三、第四两个部分统一为第三部分）。

1. 正文的第一部分：引言部分写作

引言部分，从字面含义去理解就是要引出研究问题，所以它写作的内容包括以下几个方面。

PPT：论文总体框架总结

（1）研究意义，在第一章里讨论过什么样的问题是一个好的研究问题的时候，谈到了研究的问题需要具备理论意义和现实意义，所以这里的研究意义也就是谈到的好的问题的理论意义和现实意义。即为什么要研究这个题目，它有什么样的意义？

（2）研究背景，研究背景又包含了理论背景和现实背景，在研究问题提出的时候，强调研究问题来自于对现实和对理论前沿的关注，所以研究背景的写作就是要向读者交代这个主题下当前有了哪些相关的研究，这是理论背景。而现实背景就是这个主题下当前的现实状况是什么。比如我们研究创业成功率这个主题，当前的现实背景就是国家积极推动“大众创业，万众创新”，全国上下创业热情高涨，但是创业的成功率却不高。

（3）研究目的与内容，当研究问题具有重要的意义，既是理论的热点，也是现实中关注的重点，那作者准备研究的重点是什么？研究的目的是什么？需要在这个部分阐述。

（4）研究方法与技术路线，即研究采取定量方法或者定性方法，研究准备如何开展进行。

这是正文的第一部分：引言部分的写作逻辑和主要内容。总结归纳一下，引言部分的内容都是在讲要准备研究一个什么样的问题，准备如何来研究？它的研究到底有什么样的意义？实际上在阐述作者的研究设计，研究的实际工作还没有正式开展（至少写法上如此），它就像我们建造房子的一个可行性方案论证，其实房子目前都还在图纸上或者在头脑中，也相当于创业者对风投阐述准备做的一个创业项目。

2. 正文的第二部分：文献综述的写作

论文正文第二部分是文献综述的写作，文献综述写作一般包含五个方面的内容，分别是文献的收集与筛选、文献的整体情况描述、文献的分析与归纳、文献的总结与评价以及未来研究展望。这部分的内容，我们前面都已经详细地阐述过了，这里不做赘述。

3. 正文的第三部分：实证分析的写作

论文写作的第三部分是实证分析的写作，实证分析由于分析的问题不同，以及现有理论的成熟度不同，我们会选择定性的案例研究方法或者定量的统计研究方法，这两种不同的方法，在论文写作框架中也有比较大的区别。

在案例研究的写作框架当中分为了三个部分：研究方法，案例分析，研究发现。在研究方法这个部分，我们前面谈到了主要交代为什么要选取案例研究方法？案例是怎么来选取的？我们的数据是怎么得到的？然后是对已经收集得到的数据进行案例分析，最后得到研究结果，并且和现有的相关文献进行对比，最后得出结论和启示，这是案例研究作为研究方法的论文写作实证分析的框架（见图 14-1）。

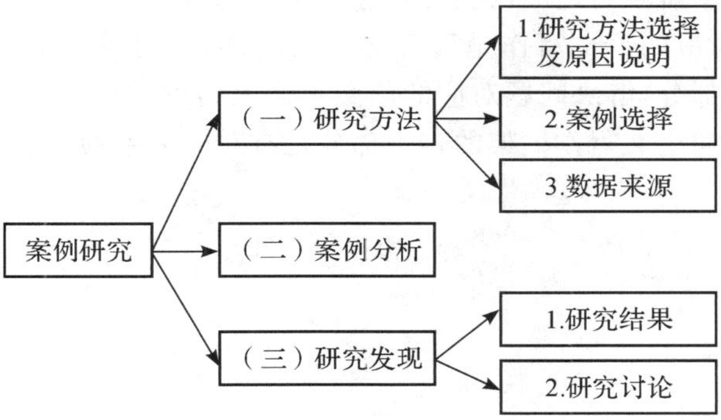

图 14-1　案例研究实证部分的写作框架

定量的统计研究作为研究方法的论文框架也包含三个部分，但是这三个部分和我们刚才谈到的案例研究是有比较大的区别的。这三个部分分别是：研究假设，实证分析，研究发现。我们看到区别比较大的是前面两个部分，第三个部分是比较类似的。由于统计研究是自上而下的理论演绎性的研究，所以第一部分是研究假设如何提出，研究假设一般是由来自当前比较成熟的理论的相关观点来推演。假设的提出是变量与变量之间的一种关系，需要把它转化为数字来进行实证分析，所以就需要把变量进行测度，这里可能用到因子分析，然后对测度出来的这些数字关系进行相关分析和回归分析，以此来检验我们的研究假设，最后进行结果的讨论，得到研究发现。这是统计研究作为研究方法的论文写作实证分析的三部分内容（见图 14-2）。

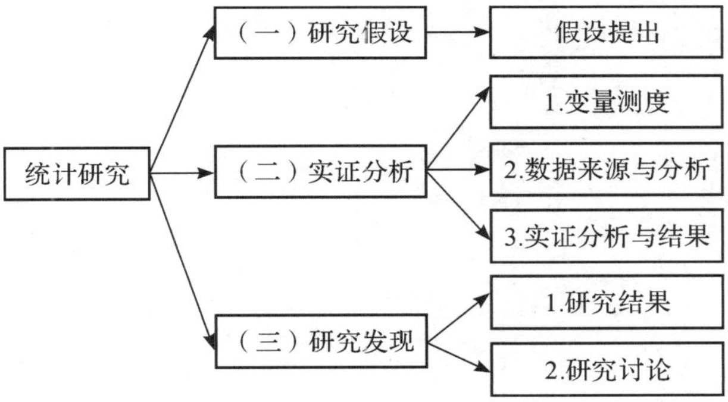

图 14-2　统计研究实证部分的写作框架

4. 正文的第四部分：结论与启示的写作

结论与启示部分的内容可以围绕文章的主要结论、理论贡献、政策建议和实践启示，以及研究的局限性与未来研究展望等内容进行。

结论部分主要是对文章研究得到的重要结果用精练的语言归纳概括，启示部分主要是指本文的研究结论对现实的企业或者个人具有的实践借鉴意义。

总结一下，本章阐述了管理研究的三个过程，提出问题、分析问题和解决问题，对应的论文写作，以及案例研究方法和统计研究方法在实证分析部分的写作框架。管理研究包括提出问题、分析问题和解决问题这三个阶段，当研究做完之后，要以文字的形式完成学术论文写作。管理研究的三个阶段和论文内容的对应关系是怎样的呢？一般而言，管理研究的提出问题，对应的论文写作是引言部分，分析问题对应的论文写作是文献综述和实证分析部分，解决问题对应的论文写作是结论和启示部分。所以管理研究的三个阶段和论文写作框架的各个部分是有对应关系的。

视频：
论文总体
框架总结

参考文献

[1] ZHIXING,X. ,TSUI,A. S. When Brokers May Not Work：The Cultural Contingency of Social Capital in Chinese High-tech Firms[J]. Administrative Science Quarterly, 2007,52(1):1-31.

[2] 陈晓萍,徐淑英,樊景立.组织与管理研究的实证方法[M].北京:北京大学出版社,2008.

[3] 徐淑英. MOR专刊:管理的中国理论与中国的管理理论[J]. Management of organizational review,2009,5(1).

[4] 曹正善.论开题报告的逻辑结构[J].学位与研究生教育,2008(1):9-12.

[5] 刘凤朝.撰写文科博士学位论文开题报告应注意的几个问题[J].学位与研究生教育,2005(12):42-45.

[6] 孙国强.管理研究方法:第二版[M].上海:格致出版社,上海人民出版社,2014.

[7] 罗伯特·K.殷.案例研究设计与方法:第3版[M].重庆:重庆大学出版社,2003.

[8] EISENHARDT,K. M. ,GRAEBNER,M. E. Theory building from cases: opportunities and challenges[J]. Academy of Management Journal,2007,50(1):25-32.

[9] EISENHARDT,K. M. Building Theories from Case Study Research[J]. Academy of ManagementReview,1989,14(4):532-550.

[10] 刘洋,应瑛.案例研究的三段旅程:构建理论、案例写作与发表[J].管理案例研究与评论,2015,8(2):189-198.

[11] 毛基业,李晓燕.理论在案例研究中的作用:中国企业管理案例论坛(2009)综述与范文分析[J].管理世界,2010(2):106-113,140.

[12] HERRIOTT,R. E. , FIRESTONE, W. A. Multisite Qualitative Policy Research: Optimizing Description and Generalizability[J]. Educational Researcher,1983,12(2):14-19.

[13] 吴金希,于永达.浅议管理学中的案例研究方法:特点、方法设计与有效性讨论[J].科学学研究, 2004(22):105-111.

[14] 周长辉.中国企业战略变革过程研究:五矿经验及一般启示[J].管理世界,2005(12):123-136.

[15] 李飞,陈浩,曹鸿星,等.中国百货商店如何进行服务创新:基于北京当代商城的案例研究[J].管理世界,2010(2):114-126.

[16] 李飞,王高,杨斌,等.高速成长的营销神话:基于中国10家成功企业的多案例研究[J].管理世界,2009(2):138-151.

[17] 毛基业，张霞. 案例研究方法的规范性及现状评估：中国企业管理案例论坛(2007)综述[J]. 管理世界，2008(4)：115-121.
[18] 周江华，仝允桓，李纪珍. 基于金字塔底层(BoP)市场的破坏性创新：针对山寨手机行业的案例研究[J]. 管理世界，2012(2)：112-130.
[19] 江诗松，龚丽敏，魏江. 转型经济背景下后发企业的能力追赶：一个共演模型——以吉利集团为例[J]. 管理世界，2011(4)：122-137.
[20] 张霞，毛基业. 国内企业管理案例研究的进展回顾与改进步骤：中国企业管理案例与理论构建研究论坛(2011)综述[J]. 管理世界，2012(2)：105-111.
[21] 陈春花，刘祯. 案例研究的基本方法：对经典文献的综述[J]. 管理案例研究与评论，2010，3(2)：175-182.
[22] 黄振辉. 多案例与单案例研究的差异与进路安排：理论探讨与实例分析[J]. 管理案例研究与评论，2010，3(2)：183-187.
[23] 林海芬，苏敬勤. 管理创新研究方法探析：探索性与解释性案例研究法的结合[J]. 科学学与科学技术管理，2010(6)：59-65.
[24] 吴结兵，郭斌. 企业适应性行为、网络化与产业集群的共同演化：绍兴县纺织业集群发展的纵向案例研究[J]. 管理世界，2010(2)：141-155，188.